Kohlhammer
Urban-
Taschenbücher

Band 371

Hans K. Schulze

Grundstrukturen der Verfassung im Mittelalter

Band I:
Stammesverband, Gefolgschaft, Lehnswesen, Grundherrschaft

3., überarbeitete Auflage

Verlag W. Kohlhammer
Stuttgart Berlin Köln

Die Deutsche Bibliothek - CIP-Einheitsaufnahme

Schulze, Hans K.:
Grundstrukturen der Verfassung im Mittelalter /
Hans K. Schulze. –
Stuttgart; Berlin; Köln: Kohlhammer.

Bd. 1: Stammesverband, Gefolgschaft, Lehnswesen, Grundherrschaft.
  – 3., überarb. Aufl. – 1995
  (Urban-Taschenbücher; Bd. 371)
  ISBN 3-17-013663-1
NE: GT

3., überarbeitete Auflage 1995
Alle Rechte vorbehalten
© 1985 Verlag W. Kohlhammer GmbH
Stuttgart Berlin Köln
Verlagsort: Stuttgart
Gesamtherstellung:
W. Kohlhammer Druckerei GmbH + Co. Stuttgart
Printed in Germany

Inhalt

Einleitung

Die Geschichtsforschung des 19. und frühen 20. Jahrhunderts hat die Verfassung, das Rechtsleben und die soziale Ordnung des Mittelalters in höchst intensiver Weise erforscht und auf der Grundlage vieler eindringlicher Spezialuntersuchungen ein imponierendes Lehrgebäude errichtet. Dieses Lehrgebäude schien eine Zeitlang auf festen Fundamenten zu ruhen, bis in den dreißiger Jahren unseres Jahrhunderts die verfassungs- und sozialgeschichtliche Forschung vor allem im deutschsprachigen Raum wieder stärker in Bewegung geriet. Die Erfahrungen der eigenen Gegenwart, die natürlich auch schon auf die Anschauungen der älteren Geschichtsforschung eingewirkt hatten, haben die Historiker für neue Fragestellungen empfänglich gemacht. Gegen die ältere Forschung, die zu einem beträchtlichen Teil von Rechtshistorikern getragen worden war, wurde der Vorwurf erhoben, in unzulässiger Weise die Staats- und Gesellschaftstheorien der Neuzeit auf das Mittelalter übertragen zu haben. Um der Logik und der Systematik willen sei außerdem zu sehr von der geschichtlichen Wirklichkeit abstrahiert worden.

Bei der Entwicklung neuer verfassungs- und sozialgeschichtlicher Lehrmeinungen spielten die Anregungen, die die allgemeine Rechts-, Verfassungs- und Sozialgeschichtsforschung von der aufblühenden Disziplin der Landesgeschichte empfing, eine wichtige Rolle. Die intensive Erforschung der Verhältnisse in kleinräumigen historischen Landschaften hat Ergebnisse geliefert, die unser Bild von der Gesellschaftsordnung des Mittelalters farbiger, nuancenreicher, aber auch schwerer überschaubar gemacht haben.

Unter der massiven Kritik, die in den letzten Jahrzehnten an den Methoden und Lehrmeinungen der sogenannten »klassischen deutschen Rechts- und Verfassungsgeschichtsforschung« geübt worden ist, schien das Lehrgebäude vollständig zusammenzubrechen. Inzwischen hat sich jedoch mehr und mehr gezeigt, daß wesentliche Teile davon tragfähiger sind, als man zunächst glaubte. Es muß daher stets im einzelnen geprüft werden, was Bestand hat und was durch neue Erkenntnisse wirklich überholt ist.

Die verschiedenen Theorien, die in der neueren Forschung seit den dreißiger Jahren entwickelt worden sind, lassen sich ihrerseits kaum zu einem neuen wissenschaftlich fundierten Lehrgebäude zusammenfügen. Ein solcher Neubau ist auch in diesem Buch nicht beabsichtigt. Die Zielsetzung ist wesentlich bescheidener. Es soll versucht werden, in systematischer Form einige wichtige Elemente der mittelalterlichen Gesellschaftsordnung vorzustellen, da deren Kenntnis für die Orientierung in der Vielfalt des historischen Geschehens unbedingt erforderlich ist. Es wird dabei von dem Bestand an Fakten ausgegangen, den die Geschichtsforschung nach ihrem methodologischen Selbstverständnis als gesichertes Wissen betrachten darf. Außerdem sollen divergierende Lehrmeinungen, Forschungskontroversen und offene Fragen zur Sprache kommen. Die Notwendigkeit, eine Fülle von Einzeldarstellungen und Spezialuntersuchungen zu einem Überblick zusammenzufügen, führte zu Vereinfachungen und Generalisierungen. Das Risiko, als terrible simplificateur zu erscheinen, mußte in Kauf genommen werden, denn in der gegenwärtigen Forschungssituation ist jeder Versuch einer Synthese damit belastet.

Leider war es nicht möglich, die verfassungsgeschichtlichen Grundstrukturen des gesamten europäischen Geschichtsraumes einer vergleichenden Betrachtung zu unterziehen, wie dies Heinrich MITTEIS für den Staat des hohen Mittelalters und François Louis GANSHOF für das Lehnswesen getan haben. Selbst die Beschränkung auf das fränkisch-deutsche Mittelalter bereitete angesichts des kontroversen und vielfach ungleichmäßigen Forschungsstandes noch beträchtliche Schwierigkeiten, vor allem hinsichtlich des Spätmittelalters.

Das Buch ist als Lehrbuch konzipiert und wendet sich an denjenigen, der einen Zugang zur mittelalterlichen Rechts-, Verfassungs- und Sozialgeschichte sucht. Um die Lektüre im Selbststudium zu erleichtern, werden schwierigere Begriffe und Termini der Fachsprache nach Möglichkeit an Ort und Stelle erläutert. Die Literaturangaben sind auf ein Minimum beschränkt worden und werden aus didaktischen Gründen nicht in die Anmerkungen verbannt. Auf einen Anmerkungsapparat wurde verzichtet, da er ohnehin nur einen sehr begrenzten Umfang gehabt hätte. Einige besonders aussagekräftige Quellenstellen werden im Text im originalen Wortlaut angeführt und erläutert, um wenigstens ansatzweise in die Problematik der historischen Überlieferung und der Quelleninterpretation einzuführen. Übersetzungen oder Paraphrasen sollen dem Leser das Verständnis der Quellen erleichtern.

Die Wahl des Gegenstandes, die Formulierung des Titels und die Art der Darstellung sind keine Selbstverständlichkeiten, sondern bedürfen eigentlich einer ausführlichen theoretisch-methodologischen Begründung. Ist doch die Trennung von Ereignis- und Strukturgeschichte in der Geschichtsforschung ebenso umstritten wie Definition und gegenseitige Abgrenzung von Rechts-, Verfassungs- und Sozialgeschichte.

Theodor Schieder, Geschichte als Wissenschaft. Eine Einführung, München–Wien 1965.

Karl-Georg Faber, Theorie der Geschichtswissenschaft, München 1971 (= Becksche Schwarze Reihe, Bd. 78).

In der Mediävistik, der »Wissenschaft vom Mittelalter«, wird unter Verfassung nicht nur die politische Grundordnung eines Staates, sondern der Gesamtaufbau der Gesellschaft verstanden. Walter SCHLESINGER hat die mittelalterliche Verfassungsgeschichte daher mit einem etwas altmodischen Ausdruck als die »Geschichte der Volksordnung« charakterisiert. In diesem umfassenderen Sinne untersucht die mediävistische Verfassungsgeschichte die normativen Grundlagen der mittelalterlichen Gesellschaftsordnung, deren inneren Aufbau und die darin herrschenden funktionalen Wechselbeziehungen. Die Untersuchung der geschriebenen und ungeschriebenen Normen bringt enge Kontakte mit der Rechtsgeschichte. Da das Spannungsverhältnis zwischen den rechtlichen Normen und ihrer Verwirklichung ebenfalls zum Bereich der Verfassungsgeschichte gehört, berührt sie sich auch mit der politischen Geschichte. Durch die Analyse des Aufbaues und der Funktionen gesellschaftlicher Schichten und Verbände reicht sie in den Bereich der Sozialgeschichte hinein. Die mediävistische Verfassungsgeschichte schließt partiell Rechts- und Sozialgeschichte ein und überschneidet sich an einigen Stellen auch mit der politischen Geschichte, der Wirtschaftsgeschichte und sogar der Geistes- oder Ideengeschichte. Dem Verfassungshistoriker ist eine strukturgeschichtliche Betrachtungsweise seit langem nicht fremd, obgleich der Begriff der Struktur früher noch nicht oder nur selten verwandt worden ist.

Gegenstand und Begriffe der Verfassungsgeschichtsschreibung. Tagung der Vereinigung für Verfassungsgeschichte in Hofgeismar am 30./31. März 1981, Berlin 1983 (= Der Staat, Beiheft 6).

Otto Gerhard Oexle, Sozialgeschichte – Begriffsgeschichte – Wissenschaftsgeschichte. Anmerkungen zum Werk Otto Brunners. In: VSWG 71, 1984, S. 305–341.

Die einzelnen verfassungsgeschichtlichen Grundstrukturen, die in diesem und dem folgenden Bande dieses Werkes beschrieben werden, sind Elemente der mittelalterlichen Gesellschaftsordnung. Sie sind also Teile eines umfassenderen sozialen Systems und stehen als

solche miteinander in engen Wechselbeziehungen. Diese Wechsel-
wirkung ergibt sich nicht zuletzt daraus, daß die Phänomene, die
wir als Grundstrukturen bezeichnen, im Kern Personenverbände
sind. Der einzelne Mensch, der im Rahmen dieser Strukturen tätig
wird, ist in der Regel nicht einem einzigen Personenverband zugeordnet, sondern gehört gleichzeitig oder auch im Laufe seines Lebens mehreren an. Verfassungsgeschichtliche Grundstrukturen
zeichnen sich durch Stabilität und Dauerhaftigkeit aus, sind aber
natürlich wie alle historischen Erscheinungen auch Veränderungen
unterworfen. Diese strukturellen Wandlungsprozesse dürfen nicht
isoliert gesehen werden, sondern in ihrer Interdependenz. In einer
systematisch angelegten Darstellung werden die einzelnen Phänomene voneinander getrennt, so daß die zwischen ihnen bestehenden Zusammenhänge und Wechselwirkungen nur andeutungsweise
sichtbar gemacht werden können. Sie bietet dafür den Vorteil, daß
die einzelnen Kapitel in sich relativ geschlossen sind und einzeln
benutzt werden können. Daher ist das Buch bis zu einem gewissen
Grad auch als Nachschlagewerk verwendbar.

Mein herzlicher Dank gilt allen, die mir bei der Arbeit an diesem
Buche mit Rat und Tat zur Seite gestanden haben, meinen Freunden, meinen Studenten und vor allem meinem Wissenschaftlichen
Mitarbeiter Otto Volk. Ich widme es dem Andenken an meinen
verehrten Lehrer Walter Schlesinger.

I. Der Stammesverband

1. Begriffsbestimmung

Der Begriff Stamm gehört zu den Grundkategorien nicht nur der Geschichtswissenschaft, sondern auch anderer Wissenschaften, vor allem der Ethnologie, Volkskunde, Soziologie, allgemeinen Staatsrechtslehre und Sprachwissenschaft. In diesen Disziplinen spielt der Stammesbegriff eine mehr oder weniger bedeutsame Rolle. Der Historiker fragt nach dem Stamm als einer geschichtswirksamen Gemeinschaft, der Ethnologe hat es vorrangig mit Völkerschaften zu tun, die nicht selten noch auf der organisatorischen Stufe eines Stammesverbandes stehen, und der Soziologe, speziell der Ethnosoziologe, erforscht den Stamm als einen besonderen Typus des menschlichen Zusammenlebens. Der Volkskundler beschäftigt sich unter anderem mit dem Verhältnis von Volkskultur und Stammeszugehörigkeit. In der allgemeinen Staatsrechtslehre interessiert der Platz, den der Stamm als staatliche oder wenigstens vorstaatliche politische Organisationsform in der Entwicklungsgeschichte des modernen Staates einnimmt. Die Sprachwissenschaft befaßt sich mit der Frage, ob und wie weit die Stämme sprachgeschichtliche und dialektologische Einheiten sind. Es wird deutlich, daß in den einzelnen Wissenschaften jeweils verschiedene Seiten des Phänomens im Zentrum des wissenschaftlichen Interesses stehen.
Es ist daher nicht einfach, eine Definition des Stammesbegriffes zu geben, die für all jene historischen Erscheinungen Gültigkeit beanspruchen kann, die von den verschiedenen Disziplinen als Stämme bezeichnet werden. Sehr oft wird die Definition zitiert, die von dem Ethnosoziologen Richard THURNWALD stammt:

>»Gruppen von Familien, Sippen, Gemeinden, Siedlungen, die eine gleiche Sprache reden, ähnliche Institutionen, Sitten und Gebräuche besitzen und in ihrer zivilisatorischen Ausrüstung einander ähnlich sind, werden von Europäern als ›Stamm‹ bezeichnet.« Richard Thurnwald, Die menschliche Gesellschaft in ihren ethno-soziologischen Grundlagen, 5 Bde. Berlin/Leipzig 1931–1935, Bd. 4, S. XVIII.

Der Historiker muß diese aus dem Beobachtungsfeld der Völkerkunde stammende Definition in verschiedener Hinsicht modifizieren:
1. In dieser Begriffsbestimmung werden menschliche Gemeinschaften und Kulturräume vom wissenschaftlichen Beobachter, also von außen her, zu Stämmen zusammengefaßt, ohne daß gefragt wird, ob eine solche Zuordnung dem Selbstverständnis der betroffenen Personengruppen entsprach. Der Ethnologe betrachtet »Gruppen von Familien, Sippen, Gemeinden, Siedlungen« als Stämme, wenn er sie als eine Sprach- und Kulturgemeinschaft erkennt. Dieses Vorgehen mag für die Völkerkunde aus forschungspraktischen und klassifikatorischen Erwägungen heraus akzeptabel sein, läßt aber ein Moment außer acht, das für eine Begriffsbestimmung aus historischer Sicht eminent wichtig ist, nämlich das Selbstverständnis der betreffenden Menschen, ihr Zusammengehörigkeitsgefühl und ihr Kontrastbewußtsein gegenüber anderen Verbänden. Das Stammesbewußtsein ist für den Historiker ein unverzichtbarer Bestandteil des Stammesbegriffes.
2. Man vermißt in der Definition einen Aspekt, der im Selbstverständnis der Angehörigen eines Stammes den ersten Platz einzunehmen pflegt, nämlich die Vorstellung der Zugehörigkeit zum gleichen Ethnos. Die Stammesgenossen betrachten sich prinzipiell als Angehörige einer Abstammungsgemeinschaft. Dabei ist es nicht entscheidend, wie weit diese Selbsteinschätzung als Blutsgemeinschaft tatsächlich der Wirklichkeit entsprach.
3. Die Definition von THURNWALD betont die sprachlichen und die kulturellen Momente. Der Historiker vermißt den politisch-organisatorischen Aspekt. Bei der Entstehung von Stämmen haben politische Vorgänge eine überaus wichtige Rolle gespielt, und auch später ist im allgemeinen ein bestimmter politisch-organisatorischer Rahmen vorhanden, in dem sich das Stammesleben vollzieht. Dabei ist es nicht erforderlich, daß der Stamm als souveräner politischer Verband, als ein Stammesstaat, in Erscheinung tritt. Er kann auch Teil einer umfassenderen politisch-organisatorischen Einheit sein. Der Verlust der politischen Funktionen konnte allerdings Gefahren für die Existenz des Stammes heraufbeschwören.
4. Der Historiker wird in einer Definition Wert auf die historische Dimension des Stammesbegriffes legen, d. h. auf die zeitliche Tiefendimension. Der Stamm ist aus historischer Sicht nicht allein eine politische und soziale Gemeinschaftsform und eine Sprach- und Kulturgemeinschaft, sondern auch ein historisches Phänomen, das unter den Aspekten von Zeit und Raum, Werden und Vergehen zu betrachten ist.
Der geschichtswissenschaftliche Stammesbegriff berücksichtigt da-

her nicht nur die Gemeinsamkeiten in Sprache, Sitte und Kultur, sondern auch die Gemeinsamkeiten ethnischer, bewußtseinsmäßiger, rechtlicher, siedlungsgeschichtlicher und politisch-organisatorischer Art. Der Stamm wird im folgenden als Abstammungsgemeinschaft, als Sprach-, Kultur- und Traditionsgemeinschaft, als Siedlungsverband, als Rechts- und Friedensgemeinschaft und als politisch-organisatorischer Verband betrachtet. Als historische Erscheinungen waren die Stämme permanenten Wandlungsprozessen unterworfen, so daß die einzelnen Merkmale in unterschiedlicher Weise miteinander kombiniert werden konnten und von unterschiedlichem spezifischen Gewicht waren.

In der von romantischen Denkmodellen sehr stark beeinflußten Wissenschaft des 19. Jahrhunderts spielte die Erforschung der germanischen Stämme eine große Rolle. Man betrachtete sie als natürlich gewachsene menschliche Gemeinschaften, die sich wohltuend vom neuzeitlichen bürokratischen Staat unterschieden. Diese Idealvorstellung vom Stamm als einem gleichsam naturhaft gestalteten Organismus hat in Deutschland lange nachgewirkt und in den dreißiger Jahren sogar eine Renaissance erlebt.
Neuere Forschungen führten zu einer Abkehr von diesem romantischen Bild des Stammes. Grundlegend waren die Untersuchungen von Reinhard Wenskus, nicht zuletzt wegen der umfassenden Berücksichtigung der Ergebnisse der archäologischen, ethnosoziologischen und sprachwissenschaftlichen Forschung. Für die folgenden Abschnitte wird nachdrücklich auf das Werk von Wenskus verwiesen.

Reinhard Wenskus, Stammesbildung und Verfassung. Das Werden der frühmittelalterlichen gentes, Köln/Graz 1961. 2. unveränderte Auflage 1977. Das umfangreiche Literaturverzeichnis bietet eine Bibliographie zur Stammeskunde der germanischen Zeit und des frühen Mittelalters.
Die Ablehnung des Stammesbegriffes durch Carlrichard Brühl, Deutschland–Frankreich. Die Geburt zweier Völker, Köln/Wien 1990, S. 243 ff., ist unbegründet. Zwar werden in den lateinischen Quellen die gleichen Termini für Völker und Stämme verwendet (gentes, populi, nationes), und auch der Sprachgebrauch der Historiker ist nicht immer eindeutig (z. B. germanische Völkerwanderung), aber es gibt deutliche Unterschiede zwischen den völkerwanderungszeitlichen und frühmittelalterlichen Stämmen und den späteren Völkern, die eine terminologische Unterscheidung rechtfertigen.
Ernst Schwarz, Germanische Stammeskunde, Heidelberg 1956 (= Germanische Bibliothek, Reihe 5). Eine knappe Einführung in die germanische Stammeskunde unter besonderer Berücksichtigung der Frage nach der Heimat und den Wanderungsbewegungen der einzelnen Stämme. Als Germanist geht Schwarz vor allem von den Ergebnissen philologischer Untersuchungen aus.

2. Die Hauptmerkmale des Stammesbegriffes

a) Der Stamm als ethnische Gemeinschaft

Die Verwendung des Wortes »Stamm« für eine Gruppe von Menschen erweckt die Vorstellung von einem blutsmäßigen Zusammenhang der in diesem Verband lebenden Personen. Dieses Denkschema, das zum ständigen Repertoire der gentilen Gedankenwelt gehört, war auch bei den germanischen Stämmen vorhanden. In extremer Form konnten sich die Angehörigen eines Stammes als die Nachkommenschaft eines einzigen Stammvaters betrachten. TACITUS berichtet in der Germania, daß die Germanen einen erdgeborenen Gott namens Tuisto feierten, dessen Sohn Mannus als Stammvater aller germanischen Völkerschaften galt. Von den drei Söhnen des Mannus stammten nämlich die Ingaevonen, Herminonen und Istaevonen ab:

Celebrant carminibus antiquis, quod unum apud illos memoriae et annalium genus est, Tuistonem deum terra editum. ei filium Mannum, originem gentis conditoremque, Manno tres filios assignant, e quorum nominibus proximi Oceano Ingaevones, medii Herminones, ceteri Istaevones vocentur. quidam, ut in licentiam vetustatis, pluris deo ortos plurisque gentis appellationes, Marsos, Gambrivios, Suebos, Vandilios affirmant, eaque vera et antiqua nomina (Germania 2).

Die Vorstellung von der Abstammung von einem gemeinsamen Stammvater verbindet sich leicht mit der Idee einer reinen und unvermischten Abkunft. In der Regel wurde die ethnisch reine Zusammensetzung eines Stammes höher bewertet als die Vermischung mit anderen ethnischen Gruppen. TACITUS äußert gleich zu Beginn des Abstammungskapitels die Ansicht, die Germanen seien Autochthonen, die sich nicht mit den Angehörigen anderer Völker vermischt hätten. Er sieht das offenbar positiv, und die Germanen selbst scheinen dieser Auffassung gewesen zu sein.

Es ist in der Forschung mit Recht betont worden, daß es sich bei der Idee von der Abstammungsgemeinschaft und der ethnischen Reinheit der Stämme selbstverständlich um eine Fiktion gehandelt hat, die mit der geschichtlichen Wirklichkeit nicht übereinstimmte. Aber auch dann, wenn die Vorstellungen der Stämme über ihre eigene Abkunft nicht der Realität entsprachen, waren sie doch ein wesentlicher Teil ihres Selbstverständnisses, ein konstitutiver Teil ihrer politischen Ideologie: »Stammessagen und genealogische Fabeleien können für das politische Bewußtsein eines Volkes viel mehr bedeuten als die tatsächliche, vergessene oder mißverstandene Abkunft« (Erich ZÖLLNER, Die politische Stellung der Völker im Frankenreich, Wien 1950, S. 29).

Durch die Vorstellung von der Blutsverwandtschaft aller Angehörigen eines Stammes wurden das Zusammengehörigkeitsgefühl und das Kontrastbewußtsein gestärkt. Solange die Bande der Familie und der Sippe als die naturgegebenen Verbindungen zwischen den Menschen aufgefaßt wurden, war der Glaube an die Abstammungsgemeinschaft ein wichtiges Bindemittel für den Zusammenhalt des Stammes: »Die Zähigkeit der Idee der Abstammungsgemeinschaft hat ihren letzten Grund doch offenbar darin, daß *enge* Verwandtschaft als die stärkste und ursprünglichste Bindekraft der Vergesellung empfunden wird« (WENSKUS, Stammesbildung und Verfassung, S. 16). Diese fiktive oder tatsächliche Verwandtschaft aller Stammesangehörigen untereinander erhob den Stamm fast automatisch in den Rang einer Friedens- und Rechtsgemeinschaft.

Die Idee der Abstammungsgemeinschaft hat auch ihren Niederschlag in der Etymologie der Wörter gefunden, die zum Wortfeld »Stamm« gehören. Das gilt nicht nur für das deutsche Wort Stamm, sondern auch für die verschiedenen griechischen und lateinischen Entsprechungen. Dem ethnisch-genealogischen Bereich ist das germanische Wort *theoda* zuzurechnen, das bedeutungsmäßig dem lateinischen *gens* entspricht. Es zielt auf die gemeinsame Abstammung eines Stammes oder Volkes, während die anderen germanischen Bezeichnungen für Volk, nämlich *liut* und *folk*, mehr das Volk im politisch-verfassungsmäßigen Sinne kennzeichnen.

Allerdings sind die sprachlichen Ableitungen in der Forschung noch umstritten und manche etymologisch-begrifflichen Deutungen anfechtbar. Vgl. dazu Wenskus, Stammesbildung und Verfassung, S. 46 ff. und grundlegend Günter Herold, Der Volksbegriff im Sprachschatz des Althochdeutschen und Altniederdeutschen, Halle 1941.

Die im Selbstverständnis der Stämme verankerte Idee von der gemeinsamen Abstammung und der Reinheit des Blutes entsprach nicht dem tatsächlichen Ablauf der Stammesbildung. Dieser Prozeß war über Jahrhunderte hinweg im Fluß und vollzog sich in der Form von Konzentrations- und Abspaltungsvorgängen, von Überschichtungs- und Assimilationsprozessen. Daher waren die Stämme in aller Regel ethnisch komplexe Gebilde, doch wurde eine gewisse Homogenität dadurch hergestellt, daß der Stamm eine Heiratsgemeinschaft war. Die ehelichen Verbindungen wurden innerhalb des eigenen Stammes geschlossen; dies förderte die Vorstellung von der Gemeinsamkeit der Abstammung, da man in der Tat mit vielen Stammesgenossen blutsverwandt oder verschwägert war. Heiratsverbindungen mit anderen Stämmen waren offenbar selten, jedenfalls für die Masse der Stammesmitglieder. Eine Ausnahme machten die Königsfamilien und die Aristokratie, die nicht selten Eheverbindungen mit Angehörigen der Oberschicht anderer Stämme schlossen. Politische Gründe haben dabei wohl die Hauptrolle gespielt.

b) Der Stamm als Sprach-, Kultur- und Traditionsgemeinschaft

REGINO VON PRÜM, ein fränkischer Geschichtsschreiber des ausgehenden 9. Jahrhunderts, nennt vier Merkmale, durch die sich die Stämme voneinander unterscheiden: *diversae nationes populorum inter se discrepant genere, moribus, lingua, legibus.* Neben der Abstammung *(genus);* den Sitten *(mores)* und den Gesetzen *(leges)* ist die Sprache ein wichtiges stammesspezifisches Unterscheidungsmerkmal. Der Stamm bildete eine Sprachgemeinschaft. Die Entstehung eines Stammesbewußtseins setzte die Existenz einer gemeinsamen Sprache voraus. Die Gemeinsamkeit der Sprache fördert das Zusammengehörigkeitsgefühl, während eine fremde Sprache in der Regel ein Distanzgefühl hervorruft.

Eine mehr oder weniger ausgeprägte Sprachgemeinschaft konnte auch mehrere Stämme umfassen. Verschiedene Stämme, die die gleiche oder eine sehr ähnliche Sprache sprechen, empfinden sich als Verwandte und werden von anderen ebenfalls als solche angesehen. Zum Beispiel weist TACITUS im Zusammenhang mit der Frage, ob die Bastarner zu den Germanen gehören, auf die Tatsache hin, daß sie *sermone, cultu, sede ac domiciliis ut Germani agunt* (Germania 46). Die Sprachverwandtschaft der Bastarner mit den Germanen wird von dem römischen Schriftsteller an erster Stelle genannt.

Über die Rolle der Sprache für die Stammesbildung und die interethnischen Aktionen der Völker vgl. Wenskus, Stammesbildung und Verfassung, S. 96 ff. Wenskus zieht völkerkundliches Vergleichsmaterial heran und entwirft in deutlicher Abkehr von älteren Forschungsansätzen ein sehr differenziertes Bild.

Wie weit die germanischen Stämme mit Sprachgruppen gleichgesetzt werden können, ist in der Germanistik umstritten. Das auf den ersten Blick einleuchtende Modell eines sprachlichen Stammbaumes, der vom Urgermanischen ausgehend über die drei Hauptäste des Ost-, West- und Nordgermanischen zu den einzelnen

Stammessprachen führt, wird in der Forschung größtenteils abgelehnt. Engere Beziehungen zwischen Stamm und Stammessprache sind jedoch anzunehmen, denn sprachliche Unterschiede zwischen den einzelnen Stämmen sind mehr oder weniger deutlich faßbar. Ob man von Stammessprache oder Stammesmundart sprechen will, ist für den Historiker nicht sehr relevant.

Der Stamm bildete eine Kulturgemeinschaft, charakterisiert durch Gemeinsamkeiten in Kleidung und Bewaffnung, Haartracht und Schmuckformen, Wirtschafts- und Siedlungswesen, Sitte und Brauchtum, materieller und geistiger Kultur. Auch die Art der Kriegsführung, die Kampfesweise, gehört in diesen Bereich. Es sind jene Sphären der menschlichen Existenz, die THURNWALD in seiner Definition des Stammesbegriffes als »Sitten, Gebräuche und zivilisatorische Ausrüstung« bezeichnet hat. Diese kulturellen Gemeinsamkeiten, die zu den Merkmalen des Stammesbegriffes gehören, schließen Unterschiede innerhalb eines Stammes nicht aus. Derartige Unterschiede können zum Beispiel der Ausdruck sozialer Differenzierung sein. Vor allem Tracht und Bewaffnung können schichtenspezifische Merkmale aufweisen und dadurch als Statussymbole wirken.
Es wäre jedoch falsch, unter allen Umständen Stammesverbände und Kulturgruppen zu identifizieren. Kulturräume können wesentlich ausgedehnter sein als der Siedlungsraum eines Stammes. Nicht selten gehören mehrere Stämme ein und derselben Kulturgruppe an. Natürlich muß beachtet werden, daß der Historiker mit Hilfe der Archäologie nur bestimmte Erscheinungen der materiellen Kultur erfassen kann, so daß ihm möglicherweise Unterschiede anderer Art verborgen bleiben. Dennoch sollte die Vor- und Frühgeschichtsforschung auf den Versuch, Fundgruppen ethnisch zu deuten und nach ihrem Zusammenhang mit den in der schriftlichen Überlieferung bezeugten Völkern und Stämmen zu fragen, nicht prinzipiell verzichten. Allerdings darf dies nur mit großer Vorsicht durchgeführt werden.

Für die Formierung und die Dauerhaftigkeit eines Stammes war es von fundamentaler Bedeutung, daß sich die Stammesangehörigen ihrer Gemeinsamkeiten in Sprache, Kultur und Geschichte auch wirklich bewußt waren. Für die Existenz eines Stammes war die Ausbildung einer historischen Tradition, eines auf den Stamm bezogenen Geschichtsbewußtseins, von größter Wichtigkeit: »Sobald eine Gemeinschaft eigene historisch-ethnische Traditionen entwickelt hat, beginnt ihre ethnische Existenz. Die Traditionsbildung ist

Voraussetzung geschichtlicher Kontinuität« (WENSKUS, Stammesbildung und Verfassung, S. 54). Die Entwicklung der Idee, einer
Traditionsgemeinschaft anzugehören, ist demnach eine der wichtigsten Voraussetzungen der Stammesbildung und verleiht ihr darüber hinaus ein Moment der Dauer.

Diese »Stammesideologie« fand ihren bezeichnendsten Ausdruck
in den Stammessagen, die ihrem Charakter nach naturgemäß meist
Herkunftssagen waren. WENSKUS unterscheidet drei Denkmodelle:
1. Autochthonismus: Der Stamm betrachtet sich als die ursprüngliche Bevölkerung seines Stammesgebietes. 2. Einwanderungstheo-
rie: Der Stamm ist in ein fremdes Land eingewandert und hat dies
durch Kampf oder mit List in Besitz genommen. 3. Vermischungs-
theorie: Die Bildung des Stammes erfolgte durch Vermischung eines Eroberervolkes mit der einheimischen Bevölkerung.

Ein wichtiger Bestandteil des gentilen Selbstbewußtseins und der
historischen Tradition war der Stammesname. Im eigenen Stammesnamen kam die Eigenständigkeit der Gruppe sinnfällig zum
Ausdruck. Diese Bedeutung der Namen ist bereits von TACITUS bezeugt. Die germanischen Völkerschaften, die ihre Bezeichnungen
auf die Namen der Söhne des Mannus zurückführten, betonten damit ihren vornehmen und göttlichen Ursprung. Die Stämme der
Marser, Gambrivier, Sueben und Wandilier nahmen für sich die
gleiche Herkunft in Anspruch, indem sie dem Mannus weitere Söhne zuschrieben, so daß auch ihre Stammesnamen *vera et antiqua
nomina* waren. Ein Beispiel für die Rolle, die die Namengebung in
der Stammestradition spielen konnte, bietet die Stammessage der
Langobarden, die von PAULUS DIACONUS überliefert wird. Die
Langobarden hießen in ihrer skandinavischen Heimat »Winiler«,
d. h. »Kämpfer«. Sie erhielten von Wotan selbst den neuen Namen
»Langobarden«.

Die germanischen Stämme waren in sozialer Hinsicht keineswegs
homogene und egalitäre Verbände, sondern bestanden aus verschiedenen Schichten, bei denen das gentile Denken wahrscheinlich
unterschiedlich ausgeprägt war. Der Stamm als Traditionsgemeinschaft wurde vermutlich in erster Linie von der Oberschicht getragen, doch darf man ein Stammesbewußtsein einfacher Art wohl bei
allen Stammesangehörigen voraussetzen.

c) Stamm und Stammesterritorium

Der Stamm ist ein Personenverband, der in aller Regel über einen
eigenen Lebensraum, ein Stammesterritorium, verfügte. Der Besitz

eines Stammesgebietes war aber keine conditio sine qua non, denn unter besonderen Umständen konnte ein Stamm auch ohne ein Stammesterritorium existieren. Manche germanischen Stämme sind in der Völkerwanderungszeit als reine Personenverbände in Erscheinung getreten. Eine Verbindung mit einem Stammesterritorium bestand nicht oder nur vorübergehend. Allerdings waren die germanischen Stämme ursprünglich seßhaft und besaßen Stammesgebiete, die gegeneinander fest abgegrenzt waren. Natürliche Grenzen und künstlich geschaffene Ödlandgürtel wurden bevorzugt. Diese Stämme gaben aus den verschiedensten Gründen ihre Wohnsitze auf und gingen auf die Suche nach neuem Siedlungsboden. Der Zustand der Seßhaftigkeit, der Besitz eines Stammesgebietes, war der Normalzustand, der durch die Wanderungs- und Eroberungszüge wieder hergestellt werden sollte.

Die Stammesbildung hat sich im allgemeinen auf der Grundlage einer Siedlungsgemeinschaft vollzogen, obgleich sich in der Zeit der Völkerwanderung aus Stammessplittern und Gefolgschaftshaufen neue Stämme entwickeln konnten. In diesem Falle fügte nicht die Siedlungsgemeinschaft den Stamm zusammen, sondern die gemeinsamen Landnahme- und Beutezüge. Wandergemeinschaften konnten sich zu Stämmen formieren, wenn Landnahme und Herrschaftsbildung gelangen.

Walter Schlesinger, Über germanisches Heerkönigtum. In: Das Königtum. Seine geistigen und rechtlichen Grundlagen, Sigmaringen 1956 (= Vorträge und Forschungen, Bd. III), S. 105–141; Wenskus, Stammesbildung und Verfassung, S. 439 ff.

Obgleich das Stammesterritorium für die Entstehung und die Kontinuität eines Stammes von großer Bedeutung war, wurde der Charakter des Stammes als eines Personenverbandes bei den Germanen offenkundig stets als vorrangig angesehen. Das zeigt sich daran, daß die Stammesbezeichnungen in der Regel die primären Benennungen sind. Vom Namen des Stammes wurde dann erst sekundär der Name des Siedlungs- und Herrschaftsraumes abgeleitet: Burgunder – Burgund, Franken – Frankreich/Francia, Langobarden – Lombardei, Thüringer – Thüringen, Angeln – England, Friesen – Friesland.

Nahm ein Stamm einen neuen Siedlungsraum in Besitz, traf er im allgemeinen auf eine bereits ansässige Bevölkerung, mit der er sich auseinandersetzen mußte. Vertreibung, Verknechtung und Symbiose waren die drei Hauptformen der Begegnung, natürlich mit den verschiedensten Kombinations- und Variationsmöglichkeiten. Die Gemeinsamkeit des Lebens- und Siedlungsraumes führte nicht ohne weiteres zur Verschmelzung oder zur Integration Fremder in den Stammesverband. Das gentile Denken konnte so stark sein, daß die stammesmäßigen Unterschiede trotz des gemeinsamen Siedlungsgebietes noch lange als solche empfunden wurden. Es hing von verschiedenen Faktoren ab, ob und in welchem Tempo eine Assimilierung oder die Entstehung eines neuen Ethnos erfolgten.

Ost- und Westgoten, Wandalen, Franken und Langobarden haben Gebiete in Besitz genommen, in denen eine zahlenmäßig weit überlegene romanische Bevölkerung lebte. Sie haben Germanenreiche auf römischem Boden gegründet und eine zahlenmäßig schwache Erobererschicht gebildet. Sie haben nur an einigen Punkten siedlungsmäßig Fuß gefaßt, so daß der Ausdruck »Stammesterritorium« falsche Vorstellungen erwecken würde.

Eine gewisse Sonderstellung nehmen die Franken ein, da bei ihnen Siedlung und Herrschaftsbildung in einem engeren Zusammenhang stehen. Sie haben ihr Stammesterritorium nicht aufgegeben, sondern sind von ihm aus nach Gallien vorgedrungen. Mit abnehmender Intensität haben sie ihren Siedlungsraum bis zur Seine und Loire ausgedehnt. Das Herrschaftgebiet der fränkischen Könige, das »regnum Francorum«, umfaßte aber später weite Gebiete, in denen keine Franken, sondern Romanen oder die Angehörigen anderer germanischer Stämme lebten. Es ist daher zwischen dem Bereich der fränkischen Herrschaft und der fränkischen Siedlung zu unterscheiden.

Das Ausmaß, das die fränkische Volkssiedlung in Gallien angenommen hat, ist in der Forschumg umstritten. Vgl. Franz Petri, Die fränkische Landnahme und die Entstehung der germanisch-romanischen Sprachgrenze in der interdisziplinären Diskussion, Darmstadt 1977 (= Erträge der Forschung, Bd. 70).

Für andere germanische Stämme trifft der Ausdruck Stammesterritorium auch nach dem Ende der Völkerwanderungszeit den Kern der Sache. Bayern, Alemannen, Thüringer, Sachsen und Friesen erscheinen als Siedlungsgemeinschaften im Rahmen von ausgeprägten Stammesterritorien.

Auch die elb- und ostseeslawischen Stämme waren in einer sehr dezidierten Weise Siedlungsverbände. Ihre Siedlungsräume waren zum Teil durch natürliche Grenzen voneinander geschieden. Manche Stammesnamen lassen erkennen, daß sich die Stammesbildung erst im Zusammenhang mit der Niederlassung in den neuen Siedlungsgebieten vollzogen hat. Nicht wenige slawische Stammesnamen basieren auf den naturräumlichen Gegebenheiten des Stam-

mesgebietes, zum Beispiel Pomoranen = Meeresanwohner, Hevel-
ler = Bewohner des Havellandes, Sprewanen = Leute an der Spree.

Grundlegend mit ausführlichen Literaturangaben Joachim Herrmann, Siedlung, Wirtschaft und gesellschaftliche Verhältnisse der slawischen Stämme zwischen Oder/Neiße und Elbe, Berlin 1968 (= Deutsche Akad. d.
Wiss. zu Berlin, Schriften d. Sektion f. Vor- und Frühgeschichte, Bd. 23).

Hansjürgen Brachmann, Slawische Stämme an Elbe und Saale, Berlin 1978
(= Schriften zur Ur- und Frühgeschichte, Bd. 32).

d) Der Stamm als Friedens- und Rechtsgemeinschaft

Da sich die Stämme als Abstammungs- und Blutsgemeinschaften
verstanden, liegt es nahe, den Stamm als eine auf Blutsbande ge-
gründete Friedensgemeinschaft aufzufassen. Der Stammesfriede,
der zur Sicherung der Existenz des Stammes als einer dauerhaften
politischen und sozialen Gemeinschaft notwendig war, trug allerdings andere Züge als der Friede innerhalb der Sippe, der engeren
Blutsgemeinschaft. Während innerhalb der Sippe jede Blut- und
Gewalttat einen unsühnbaren Bruch des Sippenfriedens bedeutete,
schloß der Stammesfriede Rache, Selbsthilfe und Fehde der Sippen
untereinander nicht aus. Er war kein friedlicher Zustand im modernen Sinne, sondern forderte nur die Bindung aller Stammesangehörigen an das Recht des Stammes. Er galt nicht als gebrochen, wenn
Rache und Fehde in den vom Recht geforderten Formen durchgeführt und beigelegt wurden. Es gab aber Taten, die die Rechtsordnung des Stammes in so gravierender Art und Weise verletzten, daß
dies als ein Bruch des Stammesfriedens angesehen wurde. Der Täter
wurde aus der Friedensgemeinschaft ausgestoßen, getötet oder
»friedlos gelegt«. Die Verhängung der »Friedlosigkeit« über einen
Missetäter bedeutete den Ausschluß aus der Friedens- und Rechtsgemeinschaft des Stammes, ein »Hausungs- und Gastungsverbot«
gegenüber dem Friedlosen und das Recht auf bußlose Tötung.

Wenskus, Stammesbildung und Verfassung, S. 35 ff., 38 ff.
Ekkehard Kaufmann, Zur Lehre von der Friedlosigkeit im germanischen
Recht. In: Beiträge zur Rechtsgeschichte. Gedächtnisschrift für Her-
mann Conrad, Paderborn 1979, S. 329–365.

Uneingeschränkter Friede, der unter dem besonderen Schutz der
Götter stand, herrschte während der Kultfeiern, auf der Volksversammlung, dem Thing, und während der Heerfahrt. Dieser kul-
tisch begründete Friedensschutz galt auch auf dem Weg zu diesen
Zusammenkünften. Die Mitwirkung der Priester bei der Abhaltung

der Stammesversammlung wird bereits bei TACITUS überliefert: *silentium per sacerdotes, quibus tum et coercendi ius est, imperatur* (Germania 11). Es handelt sich offensichtlich um die »Hegung« des Things, die feierliche Eröffnung und Verkündung des Thingfriedens. Die Strafgewalt der Priester bezog sich gewiß auf die Sicherung des Thingfriedens. Das Ritual der »Hegung«, der feierlichen »Einfriedung« des Gerichts- und Versammlungsplatzes, gehört zu den altertümlichen Rechtsbräuchen, die sich über das gesamte Mittelalter hinweg bis in die frühe Neuzeit erhalten haben.

Es war Aufgabe der Thinggenossen, die Friedens- und Rechtsordnung des Stammes gemeinsam zu schützen und aufrechtzuerhalten. »Auf dem Thing ist es möglich, Anklagen auf Leben und Tod zu erheben. Die Strafen richten sich nach der Art des Vergehens: Verräter und Überläufer hängt man an Bäumen auf; Leute, die im Kriege versagen oder sich dem Kriegsdienst entziehen oder sich durch widernatürliche Unzucht schänden, versenkt man im Moor und deckt noch Flechtwerk darüber . . . Aber auch in leichteren Fällen richtet sich die Strafe nach der Art des Vergehens. Wer überführt wird, muß eine Anzahl Pferde oder Vieh abliefern. Ein Teil der Buße fällt dem König oder dem Stamm zu, ein Teil dem Geschädigten oder seinen Verwandten.« (TACITUS, Germania 12) Die Aufrechterhaltung des Stammesfriedens ist also eine Angelegenheit der Gesamtheit der Stammesmitglieder und leitet sich möglicherweise aus dem Thing- und Kultfrieden ab, die den Stamm als Rechtsgemeinschaft umschlossen. Schwere Vergehen gegen die Interessen des Stammes wurden mit dem Tode bestraft. Auch weniger schwere Delikte galten offenbar als Bruch des Stammesfriedens; ein Teil der verwirkten Buße fiel an den König als den Repräsentanten des Stammes oder an den Stamm (*civitas*) selbst und war vermutlich die Strafe für diesen Bruch des Friedens. Daraus dürfte sich das »Friedensgeld« (*fredus*) entwickelt haben, das im Frankenreich eine große Rolle spielte und an den König gezahlt werden mußte. Der Königsfrieden des frühen Mittelalters ist wahrscheinlich eine Fortentwicklung des älteren Stammesfriedens. Der König wird während des gesamten Mittelalters als Wahrer des Friedens innerhalb seines Reiches betrachtet.

Die Friedens- und Rechtsgemeinschaft sind zwei Aspekte des gentilen Gedankens, die sehr eng miteinander verbunden sind. Das kommt auch in der Sprache zum Ausdruck, denn der »friedlos« gewordene Mann wird in nordischen Quellen als *útlagí* bezeichnet, d. h. als außerhalb des Rechts (*lag*) stehend. Durch einen Rechtsbruch verwirkte man im fränkischen Rechtsbereich das »Friedensgeld«, den *fredus*.

Die Gemeinsamkeit des Rechtes vereinte alle Stammesangehörigen, ungeachtet der Tatsache, daß es rechtliche Differenzierungen innerhalb eines Stammes gab. Für die Angehörigen der verschiedenen Rechtsstände (Adel, Freie, Liten, Unfreie) galten vielfach unterschiedliche Rechtssätze, so daß ein Stamm auch in rechtlicher Hinsicht keine egalitäre Gemeinschaft darstellte. Ursprünglich betrachtete man den Fremden, der natürlich außerhalb der Rechtsordnung des eigenen Stammes stand, offenbar als rechtlos. Das eigene Recht wurde als das einzig wirkliche Recht angesehen, in das ein Fremder nur über die Aufnahme als Gastfreund eingeschlossen werden konnte. Die Worte »Freund« und »Frieden« sind etymologisch eng miteinander verwandt.

Zu den Merkmalen des Stammesbegriffes gehörten nach REGINO VON PRÜM die Gesetze, die *leges*. Der Besitz eines eigenen Stammesrechts war für das Stammesbewußtsein und das Selbstwertgefühl der germanischen Stämme von großer Bedeutung. Dafür gibt es eine Reihe von eindrucksvollen Zeugnissen. Die sächsischen Scharen, die sich den Langobarden auf dem Zug nach Süden angeschlossen hatten, kehrten aus Italien in ihre Heimat zurück, weil die Langobarden ihnen nicht länger den Gebrauch des sächsischen Rechtes zugestehen wollten (PAULUS DIACONUS, Historia Langobardorum III 6). Der geforderte Verzicht auf das eigene Recht ist von den Sachsen offensichtlich als ein Angriff auf ihre ethnische Eigenständigkeit gewertet worden. Die enge Verbindung von Stammesbewußtsein und Recht kommt auch im Prolog zur Lex Salica, dem ältesten fränkischen Rechtsdenkmal, zum Ausdruck. Dieser Prolog spiegelt das fast zu einem gentilen Sendungsbewußtsein gesteigerte Stammesbewußtsein der Franken wider.

Der Stamm war auch als Rechtsgemeinschaft primär ein Personenverband, denn das Recht haftete an der Person. In der Wissenschaft wird vom Prinzip der Personalität des Rechts gesprochen. De facto fielen Stammesgebiet und Geltungsbereich des Stammesrechtes weitgehend zusammen, aber nicht de jure. Die Reichsgründungen germanischer Eroberervölker auf römischem Boden brachten ein Zusammenleben von Germanen und Romanen, dem auch im Rechtsleben Rechnung getragen werden mußte. Das römische Recht galt weiterhin für die eingesessene romanische Bevölkerung, während die Germanen ihre Stammesrechte gebrauchten. Die bisher nur mündlich überlieferten Rechte der Westgoten und Burgunder wurden unter spätrömischem Einfluß in lateinischer Sprache kodifiziert und etwa zur gleichen Zeit auch die Rechte der unter westgotischer und burgundischer Herrschaft lebenden Romanen aufgezeichnet. Für die Westgoten galt die Lex Visigothorum, für die Romanen die Lex Romana Visigothorum (Breviarium Alarici). Bei den Burgundern gab es die Lex Burgundionum für die germanische und die Lex Romana Burgundionum für die romanische Bevölkerung. Überliefert ist auch eine auf spätrömischem Vulgarrecht beruhende Lex Romana Curiensis, die wahrscheinlich entweder aus Churrätien oder Oberitalien stammt.

Von großer Bedeutung für die weitere Entwicklung war es, daß in dem ausgedehnten Frankenreich das Prinzip der Personalität des Rechtes grundsätzlich zur Geltung kam. Die Franken haben den germanischen Stämmen, die sie unterwarfen und ihrem Reich eingliederten, generell das jeweilige Stammesrecht gelassen. Die Stämme haben auf die Erhaltung ihrer traditionellen Rechtsordnung offensichtlich großen Wert gelegt, und die Anerkennung der Stämme als Rechtsgemeinschaften durch die Franken hat sicher wesentlich zur Konservierung der gentilen Struktur innerhalb des Frankenreiches beigetragen. Neben den Rechtsgewohnheiten der Franken und der Romanen blieben daher die Stammesrechte der Westgoten, Burgunder, Alemannen, Bayern, Thüringer, Sachsen und Friesen erhalten, und auch das langobardische Recht blieb nach der Eroberung des Langobardenreiches durch Karl den Großen 774 weiterhin in Gebrauch. Fränkisches Recht ist in der Lex Salica, Lex Ribuaria und der Lex Francorum Chamavorum (Ewa Chamavorum) überliefert, alemannisches Recht im Pactus Alamannorum und der Lex Alamannorum, bayerisches in der Lex Baiuvariorum und langobardisches im Edictum Rothari. Aufzeichnungen des thüringischen, sächsischen und friesischen Rechts sind die Lex Thuringorum, Lex Saxonum und Lex Frisionum.

Rudolf Buchner, Die Rechtsquellen, Weimar 1953 (= Wattenbach-Levison, Deutschlands Geschichtsquellen im Mittelalter. Vorzeit und Karolinger). Ruth Schmidt-Wiegand, Stammesrecht und Volkssprache. Ausgewählte Aufsätze zu den Leges barbarorum, 1991.

Das fränkische Königtum hat die Geltung der Rechte der verschiedenen Stämme innerhalb des Reiches voll anerkannt und zur Erhöhung der Rechtssicherheit ihre Aufzeichnung, Ergänzung und Verbesserung in Angriff genommen. Die Verwendung der unterschiedlichen Stammesrechte brachte freilich im Rechtsleben mancherlei Schwierigkeiten mit sich und wurde in der höheren Geistlichkeit als eine heidnisch-archaische Angelegenheit betrachtet, die durch ein einheitliches Reichsrecht abgelöst werden sollte. Das gentile Denken war aber noch so stark, daß selbst Karl der Große nach seiner Kaiserkrönung keinen derartigen Versuch unternehmen konnte, sondern sich vielmehr um Kodifizierung und Verbesserung der Stammesrechte bemühte. Die Stammesrechte sind daher niemals förmlich außer Kraft gesetzt worden, sondern haben im Laufe des Mittelalters ganz allmählich an Bedeutung verloren und sind vom Römischen Recht einerseits und territorialstaatlichen Rechten andererseits abgelöst worden.

Die aus dem frühen Mittelalter überlieferten Stammesrechte sind außerordentlich wichtige Quellen nicht nur für die Rechts- und Verfassungs-, sondern auch für die Wirtschafts- und Sozialgeschichte dieser Periode. Die Überlieferung der Handschriften ist allerdings sehr kompliziert und stellt die Forschung noch immer vor schwierige quellenkritische und editorische Probleme. Auch der Aussagewert der einzelnen Stammesrechte ist stark umstritten.

a) Die Kodifizierung der Stammesrechte erfolgte unter Mitwirkung oder sogar unter dem maßgeblichen Einfluß des Königtums. Sie können daher nicht als reine »Volksrechte« angesehen werden, sondern enthalten auch »Königsrecht«. Die Bezeichnung »Stammesrechte« ist daher der üblichen Benennung »Volksrechte« vorzuziehen. Außerdem ist die Unterscheidung zwischen einem »Volksrecht« und einem »Königsrecht« ein wissenschaftliches Ordnungsschema, gegen das man Bedenken anmelden könnte.

b) Die Stammesrechte enthalten in ihrer vorliegenden Form zwar überwiegend, aber keineswegs ausschließlich genuin germanisches Recht. Eine Beeinflussung durch das spätrömische Recht ist nicht zu bestreiten, im einzelnen aber schwer nachzuweisen. Auf jeden Fall können sie nicht ohne weiteres als Zeugnisse rein germanischen Rechtslebens gewertet werden.

c) Problematisch ist auch die Frage nach dem Verhältnis zwischen den kodifizierten Rechtssätzen und dem tatsächlich geltenden Recht. Offensichtlich gab es mehr oder weniger große Diskrepanzen zwischen den Vorschriften der Rechtshandschriften und der Rechtspraxis. In der Forschung ist es umstritten, ob die Rechtstexte überhaupt vor Gericht verwendet worden sind.

Recht und Schrift im Mittelalter, hrsg. von Peter Classen, Sigmaringen 1977 (= Vorträge und Forschungen, Bd. XXIII).

e) Der Stamm als politische Gemeinschaft

Zu den Merkmalen des historischen Stammesbegriffes gehört es, daß der Stamm eine politisch-organisatorische Gemeinschaft darstellt. Der Zusammenschluß zu einem politischen Verband war ohne Zweifel eine wichtige Voraussetzung für die Stammesbildung. Gegenüber der mehr oder weniger fiktiven Vorstellung von der Abstammungsgemeinschaft war die politisch-organisatorische Gemeinschaft eine Realität. Das politische Element besaß größte Bedeutung für die Formierung zum Stamm. Der Begriff Stamm *(gens)* vereinte in sich die Vorstellung von der Abstammungsgemeinschaft *(natio)* und des politischen Verbandes *(civitas* oder *populus).*

»Nach den Quellen der Wanderzeit ist also die gens gleichzeitig natio, Abstammungsgemeinschaft, und populus, Staatsvolk« (WENSKUS, Stammesbildung und Verfassung, S. 47).

Generell kann man feststellen, daß der Stamm im Regelfall eine politische Gemeinschaft war, doch konnte sie in unterschiedlichen Formen auftreten und in verschiedenartige Beziehungsgefüge eingeordnet sein. In systematischer Weise lassen sich unterscheiden 1. Stammesstaat, 2. Stammesbund, 3. der Stamm als »Reichsvolk«, 4. Stämme als Glieder eines Reiches.

1. Der *Stammesstaat* ist die einfachste und wohl ursprünglichste Form der politisch-organisatorischen Gemeinschaft. Diese Struktur ist für die germanischen Stämme der ersten nachchristlichen Jahrhunderte offenbar charakteristisch. Die Stämme, die bei TACITUS beschrieben werden, sind in der Regel zugleich Stammesstaaten *(civitates).* Allerdings gab es auch größere Abstammungsgemeinschaften wie die Sueben, die zu einem Kultverband, nicht aber zu einem Stammesverband zusammengeschlossen waren. Die Sueben als Völkerschaft besaßen also mehrere Stammesstaaten.

Der Stammesstaat war offenbar auch bei den slawischen Völkerschaften die häufigste politische Organisationsform.

2. Unter einem *Stammesbund* versteht man den politisch-organisatorischen Zusammenschluß mehrerer Stämme. In der Forschung wird von Stammesbünden der Franken, Alemannen und Sachsen gesprochen. Es ist bekannt, daß sich der völkerwanderungszeitliche Großstamm der Franken aus einer Reihe von älteren Stämmen gebildet hat, darunter Salier, Chamaven, Chattuarier, Brukterer und Amsivarier. Der Gesamtname »Franken« und die alten Stammesnamen werden in den römischen Quellen eine Zeitlang nebeneinander gebraucht, bis sich schließlich der Frankenname allein durchsetzt. In der Forschung wird damit gerechnet, daß sich die Vereinigung der einzelnen Stämme zu einem neuen Großstamm in der Form eines Bundes vollzogen hat. Das dürfte richtig sein, obgleich die Organisationsform dieses »Frankenbundes« nicht zu erkennen ist. Im 5. Jahrhundert gab es mehrere fränkische Könige, die wahrscheinlich alle der Königssippe der Merowinger angehörten. Die Vereinigung aller Franken unter der Herrschaft eines einzigen Königs erfolgte erst durch Chlodowech (482–511).

Auch die Alemannen sind ein Großstamm, der sich erst in der Völkerwanderungszeit gebildet hat, offenbar im Kampf gegen das Römische Reich. In der älteren Forschung wurde angenommen, daß die Alemannen (»All-Männer«) ein Bund aus kleineren Stämmen und Stammessplittern waren, dessen Traditionskern suebischer Herkunft war (Alemannen = Sueben = Schwaben). Für eine Bundesverfassung gibt es aber auch bei ihnen keine wirklichen Beweise. Sie standen unter der Herrschaft von mehreren kleinen Königen, die im allgemeinen bei kriegerischen Unternehmungen gegen Rom zusammenwirkten. Es ist aber auffällig, daß trotz der Existenz von mehreren Königreichen die Alemannen von den Römern als eine besondere ethnische und politische Gemeinschaft betrachtet wurden. Da ein gemeinsames politisches Oberhaupt nicht vorhanden war, wird man bei den Alemannen ebenfalls mit einem Stammesbund zu rechnen haben, ohne daß die Organisationsform erkennbar wäre.

Umstritten ist die Frage, ob die Sachsen einen Bund gebildet haben. Daß der sächsische Stamm durch die Verschmelzung von mehreren germanischen Stämmen entstanden ist, wird nicht bezweifelt. Strittig ist, ob dies in der Form eines Stammesbundes oder durch Unterwerfung und Überschichtung erfolgte. Als Beweis für die Existenz eines Stammesbundes kann die berühmte Versammlung der Sachsen zu Marklo nicht herangezogen werden, da ihre Zusammensetzung keinerlei Hinweise auf eine föderative Struktur des Stammesverbandes ergibt (vgl. S. 32 f.).

Entstehung und Verfassung des Sachsenstammes, hrsg. von Walther Lammers, Darmstadt 1967 (= Wege der Forschung, Bd. 50).

Die Strukturform des Stammesbundes war auch bei den Slawen nicht unbekannt. Die bedeutendste Vereinigung dieser Art war der Liutizenbund, ein Zusammenschluß slawischer Kleinstämme im Abwehrkampf gegen das deutsche Reich und den polnischen Piastenstaat (zwischen 983 und 1068).

Wolfgang Brüske, Untersuchungen zur Geschichte des Lutizenbundes, Köln/Graz 1955 (= Mitteldeutsche Forschungen, Bd. 3).
Wolfgang H. Fritze, Beobachtungen zu Entstehung und Wesen des Liutizenbundes. In: JbMOD 7, 1958, S. 1 ff.

3. *Der Stamm als »Reichsvolk«:* Im Verlaufe der Völkerwanderungszeit entstanden germanische Reiche auf ehemals römischem Reichsboden (Ostgotenreich in Italien, Westgotenreich in Spanien und Südfrankreich, Vandalenreich in Nordafrika, Burgunderreich im Rhonetal, Langobardenreich in Oberitalien und das Frankenreich in Gallien). Abgesehen von den Franken waren die Germanen jeweils nur eine zahlenmäßig schwache Gruppe innerhalb der Ge-

samtbevölkerung. Römische Traditionen auf allen Lebensgebieten blieben in mehr oder weniger ausgeprägter Form erhalten, aber der gentile Gedanke war doch noch so stark, daß sich die Angehörigen des jeweiligen Stammes als die Träger des Reiches fühlten. Der Stamm betrachtete sich als die »staatstragende« politische Gemeinschaft, ungeachtet eines starken Einflusses des römischen Staatsgedankens auf diese von Germanen beherrschten Reiche. In der Forschung ist die Bezeichnung »Reichsvolk« geprägt worden, um die Stellung der germanischen Stämme in den von ihnen beherrschten Territorien zu kennzeichnen. Angewandt wird der Begriff vor allem für die Franken.

4. *Stämme als Glieder eines Reiches:* Diese Erscheinung ist für das Frankenreich charakteristisch. Die Franken haben die von ihnen unterworfenen germanischen Stämme als ethnische Verbände anerkannt, vor allem dadurch, daß sie ihnen ihr spezifisches Stammesrecht belassen haben. Sie wurden als ethnische Einheiten in das Reich integriert, dessen Träger im eigentlichen Sinne die Franken waren. Die germanischen Stämme wurden Glieder des »regnum Francorum«. Ihr weiteres Schicksal als ethnische Gemeinschaften wurde allerdings von verschiedenen Faktoren bestimmt. Das im Jahre 534 von den fränkischen Königen eroberte Reich der Burgunder hat in den folgenden Jahrhunderten eine Rolle als Kern fränkischer Teilreiche gespielt und ist im Laufe der Zeit zu einer Landschaftsbezeichnung geworden, während die Burgunder als Stamm verschwunden sind. Das Burgunderreich war eben nicht das Siedlungsgebiet eines germanischen Stammes, sondern gehörte zu den Germanenreichen auf römischem Boden, deren Bevölkerung zum größten Teil romanischer Herkunft war. Die Burgunder sind daher relativ rasch romanisiert worden. Das gleiche Schicksal war den Westgoten in Südfrankreich beschieden.

Anders verlief die Entwicklung bei den germanischen Stämmen östlich des Rheins. Die Stammesgebiete der Alemannen, Bayern und Thüringer wurden als Herzogtümer in das Frankenreich eingegliedert. Die von den Merowingerkönigen eingesetzten Herzöge *(duces)* waren ihrer verfassungsrechtlichen Stellung nach ursprünglich fränkische »Amtsherzöge«. Die Stämme blieben als politische Gemeinschaften unter diesen fränkischen Amtsherzögen erhalten. Der Herzog wurde allmählich von einem Beauftragten des fränkischen Königs zum Repräsentanten des Stammes. In der Forschung spricht man daher auch von einem *»älteren Stammesherzogtum«.* Es ist nicht zu bezweifeln, daß die Errichtung der Dukate von großer Bedeutung für die Bewahrung der alemannischen, bayerischen und thüringischen gentilen Struktur gewesen ist.

In der Zeit, in der Sachsen und Friesen endgültig in das fränkische Reich eingegliedert wurden, hatten die Karolingerkönige das ältere Stammesherzogtum als Institution der Reichsverfassung bereits beseitigt, da die Herzöge sich als Machtfaktoren erwiesen hatten, die den zentralistischen Bestrebungen des Königtums Widerstand leisteten. Daher wurden Sachsen und Friesland nicht als Dukate organisiert, sondern in Grafschaften gegliedert. Die sächsische Stammesversammlung in Marklo wurde verboten. Trotzdem wurden die Sachsen und Friesen als Stämme anerkannt, wie vor allem die Aufzeichnung der Stammesrechte zeigt.

Eugen Ewig, Descriptio Franciae. In: Karl der Große. Persönlichkeit und Geschichte, hrsg. von Helmut Beumann, Düsseldorf 1965, S. 143–177.
Reinhard Wenskus, Die deutschen Stämme im Reiche Karls des Großen. Ebda. S. 178–219.

Eine staatsrechtliche Sonderstellung wurde den Langobarden nach ihrer Unterwerfung durch Karl den Großen 774 eingeräumt. Karl der Große nahm den langobardischen Königstitel an und nannte sich *rex Francorum et Langobardorum*. Durch diese Personalunion blieben die Langobarden in Italien das »Reichsvolk«, obgleich die langobardische Führungsschicht nach dem Aufstand des Jahres 776 aus allen wichtigen Positionen verdrängt und durch Franken und Angehörige anderer nordalpiner Stämme ersetzt wurde.
Nach der Aufhebung der Stammesherzogtümer durch die Karolinger im Verlaufe des 8. Jahrhunderts hatten die Stämme als politisch-organisatorische Einheiten keinen Platz in der Verfassung des Frankenreiches mehr. Es zeugt für die Zähigkeit, mit der die Stämme an ihrer gentilen Tradition festhielten, daß sich in der ausgehenden Karolingerzeit allmählich wieder ein neues Herzogtum, das sogenannte »jüngere Stammesherzogtum«, zu entwickeln begann. In den großen Stammesgebieten östlich des Rheins erlangten einzelne Adelsgeschlechter – meist in harten Auseinandersetzungen mit rivalisierenden Familien – eine dominierende Stellung, die Liudolfinger in Sachsen, die Konradiner in Franken, die Luitpoldinger in Bayern, die Hunfridinger in Schwaben und die Popponen in Thüringen. Bei der Entstehung des jüngeren Stammesherzogtums waren die Schwäche der letzten Karolingerkönige und das wachsende Machtstreben der Aristokratie selbstverständlich sehr wichtige Faktoren, doch zeigten die Stämme selbst eine Tendenz zur Entwicklung einer herzoglichen Spitze, die den Stamm als politische Gemeinschaft vertreten und repräsentieren konnte.
Während im thüringischen Stammesgebiet die Entwicklung eines neuen Stammesherzogtums im Ansatz steckenblieb, traten bei den

Bayern, Schwaben, Franken und Sachsen Herzöge an die Spitze des Stammes. Auch bei den Lotharingiern entstand ein Herzogtum, obgleich sie kein alter gentiler Personenverband waren, sondern eine Art »Neustamm«, der auf dem Boden eines karolingischen Teilreiches erwachsen war (Lotharingien = Reich Lothars).

Wir können jetzt von »deutschen« Stämmen sprechen, die als politische Faktoren hervortreten. Die Wahl des deutschen Königs wird nach dem Aussterben der ostfränkischen Karolinger als eine Wahl durch die Stämme aufgefaßt. An der Spitze der Stämme stehen die Herzöge, die als Partner und Gegner des Königtums auftreten. Der verfassungsrechtliche Inhalt des jüngeren Stammesherzogtums ist nur unvollkommen zu erkennen und hing offenbar sehr stark von den Machtmitteln und der Persönlichkeit des einzelnen Herzogs ab. Auf jeden Fall hat das jüngere Stammesherzogtum in der Geschichte des deutschen Reiches bis ins ausgehende 12. Jahrhundert eine wichtige Rolle als politische Kraft gespielt. Dann ist es von den auf territorialer Basis ruhenden Reichsfürstentümern abgelöst worden.

3. Die Institutionen des Stammesverbandes

a) Die Volksversammlung

TACITUS berichtet relativ ausführlich über die germanische Volksversammlung und ihre Funktionen. Dieser Bericht (Germania 11–13) galt in der Rechts- und Verfassungsgeschichtsforschung lange Zeit als das wichtigste Zeugnis für die freiheitliche Verfassungsordnung der germanischen Stämme. In der neueren deutschen Forschung werden in Anlehnung an die Adelstheorie von Heinrich DANNENBAUER das herrschaftliche Element der germanischen Verfassungs- und Sozialordnung stärker betont und die Angaben des TACITUS kaum mehr berücksichtigt. Obgleich der Bericht des römischen Autors ohne Zweifel eine Generalisierung darstellt, dürfte er im wesentlichen glaubwürdig sein.

Die Volksversammlung, die in der Forschung unter Wiederaufnahme eines alten germanischen Wortes oft als »Thing« bezeichnet wird, war das höchste politische Gremium des Stammes. Die freien waffenfähigen Männer kamen zu bestimmten Terminen zusammen und beschlossen über die für den Stamm wichtigen Angelegenheiten. Die Thingversammlung war die oberste politische Instanz, auch bei den Stämmen, die ein Königtum besaßen. Da dort auch Anklage wegen schwerer Verbrechen gegen die Allgemeinheit erhoben werden konnte, kann man daraus den Schluß ziehen, daß bei der Stammesversammlung auch die oberste Gerichtsgewalt gelegen hat. Die Entscheidung über Krieg und Frieden lag bei der Thingversammlung. Dort wurden auch die Personen bestimmt, die die Rechtspflege in den einzelnen Teilen des Stammesgebietes übernahmen. Sie werden als *principes* bezeichnet.

Die übliche Übersetzung des Wortes »principes« mit »Fürsten« ist nicht unproblematisch, da leicht falsche Vorstellungen von der gesellschaftlichen Ordnung der germanischen Stämme entstehen können. In der Forschung ist auch umstritten, ob die betreffenden Männer erst durch die Wahl zum Richter zu *principes* wurden oder ob die Stammesversammlung aus dem Kreis der *principes* nur diejenigen auswählte, die die Rechtsprechung übernehmen sollten *(eliguntur in iisdem conciliis et principes qui iura per pagos vicosque reddunt)*.

Eine wichtige Funktion hatte die Volksversammlung bei der Wehrhaftmachung des jungen Mannes. Die Überreichung der Waffen an den Jüngling erfolgte auf dem Thing. Er wurde durch diesen symbolischen Akt in die Gemeinschaft der waffenfähigen Männer des Stammes aufgenommen und zu einem vollberechtigten Mitglied des Stammesverbandes gemacht. Es ist letztlich die Volksversammlung, die den jungen Mann für waffenfähig erklärt.
Die Teilnahme an der Volksversammlung war an drei Voraussetzungen geknüpft: 1. Zugehörigkeit zum Stamm, 2. persönliche Freiheit, 3. Waffenfähigkeit. Die Angehörigen eines Stammes scheinen einmal im Jahr zu einem feststehenden Zeitpunkt zur Thingversammlung zusammengetreten zu sein (»ungebotenes Thing«). Wenn es erforderlich war, konnte die Volksversammlung auch von Fall zu Fall zusammengerufen werden (»gebotenes Thing«). Es ist klar, daß eine derartige Organisationsform nur solange funktionieren konnte, wie die Stammesterritorien und Stämme kleinräumig und überschaubar waren.
Mit dem Vordringen herrschaftlicher Elemente und einer zunehmenden wirtschaftlich-sozialen Differenzierung mußte sich die Bedeutung der Stammesversammlung abschwächen. Durch die Entstehung ausgedehnter germanischer Reiche auf römischem Boden verlor sie weiter an Gewicht. So ist es kein Zufall, daß sich die Volksversammlung im skandinavischen Raum, wo sich archaische Verfassungsverhältnisse bis ins Hochmittelalter konserviert haben, besonders lange gehalten hat.

Im Frankenreich gab es zur Zeit der Merowinger das »Märzfeld« (*campus Martius*), eine Versammlung des fränkischen Heervolkes, die vermutlich aus einer Art Stammesversammlung hervorgegangen ist. Auf dem Märzfeld wurde der fränkische Heerbann gemustert. Oft schloß sich auch sogleich ein Feldzug an. Es gibt aber Zeugnisse dafür, daß auf dem Märzfeld auch politische Entscheidungen getroffen, Prozesse entschieden und neue Gesetze verabschiedet wurden. Die Entscheidungen wurden zwar vom König und der Aristokratie gefällt, aber offenbar wurde formal eine Zustimmung des versammelten Heeres eingeholt. Unter dem ersten karolingischen König Pippin wurde das Märzfeld im Jahre 755 in den Mai verlegt. Der Hauptgrund dürfte die Veränderung in der Zusammensetzung des fränkischen Reichsheeres zu suchen sein, das in der Mitte des 8. Jahrhunderts bereits zu einem großen Teil aus Reiterei bestand. Erst im Mai gab es in den Gebieten nördlich der Alpen ausreichend Futter für die Pferde. Unter Pippin und Karl dem Großen wurde das fränkische März- oder Maifeld zu einer allgemeinen Reichsversammlung. Nicht nur die Franken, sondern die geistlichen und weltlichen Würdenträger des ganzen Reiches und Krieger aus allen Stämmen nahmen daran teil. Das Heervolk, das auf dieser Versammlung erschien, war das militärische Aufgebot des betreffenden Jahres. Demgegenüber hörten die Stammesversammlungen, die es wohl bei allen anderen germanischen Stämmen ebenfalls bis ins 8. Jahrhundert gegeben hat, in dieser Zeit auf. Aus der Stammesversammlung war im Frankenreich allmählich der Hof- und Reichstag geworden.

Eine Stammesversammlung besonderer Art war die Versammlung des sächsischen Stammes zu Marklo. Die Sachsen hatten kein Königtum, sondern kämpften im Kriege unter der Führung von Herzögen (*duces*). Es gab abgesehen von den Unfreien drei rechtlich scharf voneinander getrennte Stände, Adlige (*adalingi, nobiles*), Frilinge (*frilingi, liberi, ingenuiles*) und Laten (*lassi, liberti, serviles*). Nach dem Bericht der Vita Lebuini antiqua kamen einmal im Jahr als Vertreter der einzelnen Gaue (*pagi*) Sachsens die »Gaufürsten« (*satrapae*) und aus jedem Gau zwölf ausgewählte Edlinge, Frilinge und Laten zusammen. Diese Stammesversammlung entschied über Krieg und Frieden, beschloß über gesetzgeberische Maßnahmen und urteilte in besonders wichtigen Rechtsstreitigkeiten: *Renovabant ibi leges, praecipuas causas adiudicabant et quid per annum essent acturi, sive in bello sive in pace, communi consilio statuebant* (Vita Lebuini antiqua, hrsg. von Adolf Hofmeister, MGH SS XXX, 2, 1934, S. 792). Außergewohnlich an der sächsischen Stammesversammlung war ihre streng formalisierte Zusammensetzung aus Delegierten der Gaue.

In der neueren deutschen Forschung wird der Repräsentativcharakter der sächsischen Stammesversammlung mit dem Argument bestritten, die Frilinge und Laten seien nur im Gefolge ihrer Herren, der Edlinge, in Marklo zugelassen gewesen. Diese These widerspricht dem Wortlaut der Quelle.

Götz Landwehr, Die Liten in den altsächsischen Rechtsquellen. Ein Diskussionsbeitrag zur Textgeschichte der Lex Saxonum. In: Studien zu den germanischen Volksrechten. Gedächtnisschrift für Wilhelm Ebel, Frankfurt am Main/Bern 1982 (= Rechtshistorische Reihe, Bd. 1), S. 117–142 (mit Angabe der älteren Literatur).

In nachkarolingischer Zeit sind die Stämme in besonderen Fällen vor wichtigen Entscheidungen zu Stammesversammlungen zusammengetreten, doch waren diese Zusammenkünfte keine feste verfassungsrechtliche Institution mehr. Vertreter des Stammes kamen zum Beispiel zur Vorbereitung der Königswahl oder anläßlich der Huldigung des neuen Königs zusammen. Während der Auseinandersetzungen der Sachsen und Thüringer mit Heinrich IV. hielten diese mehrfach Stammesversammlungen ab.

b) Die Kultversammlung

Ein weiterer Faktor, der für das Zusammengehörigkeitsgefühl der Stammesmitglieder von großer Bedeutung war, ist die Kultgemeinschaft. Die Germanen kannten zwar keine »Stammesgötter« im eigentlichen Sinne, aber bei einigen Stämmen und Völkerschaften wurden bestimmte Gottheiten besonders stark verehrt. Der Heilige Hain im Lande der Semnonen war die zentrale Kultstätte aller suebischen Stämme, die dort den »allwaltenden Gott« *(regnator omnium deus)* verehrten. Die Stämme der Reudigner, Avionen, Angeln, Warnen, Eudosen, Suardonen und Nuithonen sind dadurch miteinander verbunden, daß sie alle die geheimnisvolle Muttergöttin Nerthus verehrten (TACITUS, Germania 40). Der Kult vereinte in diesen Fällen sogar mehrere Stämme zu einer Kultgemeinschaft, während die Verehrung zweier göttlicher Brüder, die TACITUS mit den römischen Gottheiten Castor und Pollux vergleicht (Germania 43), für den Stamm der Naharnavaler charakteristisch war. Gemeinsame Kulthandlungen waren nach germanischer Auffassung für das Wohl des Stammes notwendig, denn der Sieg über die Feinde, Erntesegen, Jagdglück, Gesundheit und Kindersegen waren vom guten Willen der überirdischen Mächte abhängig. Daher war es erforderlich, daß manche Kulthandlungen, besonders feierliche Opferhandlungen, »von Stammes wegen« vollzogen wurden. Eine Priesterkaste wie die Druiden bei den Kelten kannten die Germanen offenbar nicht. Die Priester, deren Existenz von TACITUS erwähnt wird, hatten drei Hauptfunktionen: 1. Feierliche Eröffnung (»Hegung«) der Thingversammlung und Wahrung des Thingfriedens, 2. Durchführung der Kulthandlungen wie Gebet, Opfer, Orakel, 3. Bestrafung von Verbrechen gegen die von den Göttern geschützte Ordnung des Stammes.

Sehr deutlich tritt immer wieder der enge Zusammenhang hervor, der zwischen dem Stamm als politischem Verband und als Kultgemeinschaft bestand. Stammesversammlung als politische Institution und Kultversammlung fielen oft zusammen. Der Thingplatz war zugleich Kultplatz, die Stammesversammlung trat in der Umgebung des Stammesheiligtums zusammen. Die Zeugnisse für diesen Zusammenhang zwischen Stammesversammlung und Kultfeier reichen von den ersten nachchristlichen Jahrhunderten bis in die Zeit der Christianisierung des germanischen Nordens. Die Sueben hielten im Heiligen Hain auch eine Art »Allthing« aller suebischen Stämme ab. Bei den Sachsen war Marklo offensichtlich Thingplatz und Kultstätte zugleich und wurde deshalb von den Missionaren aufgesucht. Für Skandinavien kann der Bericht des SNORRI STURLUSON (1179–1241) in der Heimskringla über die Thingversammlung in Uppsala angeführt werden: »In Schweden war es alter Brauch, solange das Land heidnisch war, daß das Hauptblutopfer im Monat Goi zu Uppsala stattfinden sollte. Da sollte ein Opfer gebracht werden für den Frieden und den Sieg des Königs. Dorthin sollte das Volk aus dem ganzen Schwedenreiche kommen, und dort sollte zu gleicher Zeit auch das Thing aller Schweden abgehalten werden.« Die noch heidnischen Bauern zwangen den zum Christentum übergetretenen König Hakon den Guten zur Teilnahme an der Opferhandlung, da dies als für das Heil des Volkes notwendig erachtet wurde.

Eine Verbindung zwischen Stamm und Stammeskult ist auch bei den slawischen Stämmen zu beobachten. Viele Stämme hatten besondere Stammesgottheiten, die sie entweder in heiligen Hainen oder Tempelburgen verehrten. Wie bei den Germanen gab es auch Kultverbände, die mehrere Stämme umfaßten. Der Zusammenhang zwischen Kult und politischer Gemeinschaft wird besonders deutlich im Falle des Liutizenbundes. Die in diesem Bund zusammengeschlossenen Stämme besaßen in der Tempelburg Rethra einen religiösen Mittelpunkt, der offenbar zugleich auch das politische

Zentrum des Stammesbundes war. Ein anderes wichtiges kultisch-politisches Stammeszentrum war die Tempelburg der Ranen am Kap Arkona auf der Insel Rügen.

Die Slawen in Deutschland. Geschichte und Kultur der slawischen Stämme westlich von Oder und Neiße vom 6. bis 12. Jahrhundert. Ein Handbuch. Neubearbeitung, hrsg. von Joachim Herrmann, Berlin 1985, S. 310 ff.

c) Die politische Führung

Nach staatsrechtlichen Begriffen waren die germanischen Stammesstaaten entweder Monarchien oder Republiken. Ob man generell mit einer allgemeinen Entwicklungstendenz von der republikanischen zur monarchischen Verfassung rechnen kann, ist in der Forschung umstritten, denn es gab bereits in vorchristlicher Zeit Stämme, die unter der Herrschaft von Königen gestanden haben. Statt »Herrschaft« ist in vielen Fällen der Begriff »Führung« angemessener, denn im allgemeinen war die Macht eines germanischen Königs relativ beschränkt. TACITUS hat den Unterschied zwischen dem germanischen Königtum und der Königsherrschaft bei anderen Völkern recht klar hervorgehoben, denn im Bewußtsein eines Römers lagen Königsherrschaft und Tyrannei eng beieinander. Er betont daher, daß der germanische König keine uneingeschränkte und willkürlich zu handhabende Gewalt besaß: *nec regibus infinita aut libera potestas* (Germania 7). Die oberste Gewalt lag bei der Volksversammlung, auf der auch der König nur ein Vorschlagsrecht besaß.

Freilich entsprachen diese generalisierenden Aussagen des römischen Geschichtsschreibers nicht vollkommen der Wirklichkeit. Er berichtet selbst von einer sehr straffen Königsherrschaft bei dem Stamm der Suionen (Germania 44), deren Inhaber sogar die Waffen unter der Obhut eines Sklaven aufbewahren ließ. Bei der Wertschätzung des Waffenbesitzes bedeutete das ohne Zweifel eine ernste Beeinträchtigung der politischen Freiheit. Offenbar bahnte sich in den ersten nachchristlichen Jahrhunderten eine Verstärkung der Position des germanischen Königtums an. Bei dieser wichtigen Veränderung in der Stammesverfassung haben wahrscheinlich die kriegerischen Unternehmungen der Völkerwanderungszeit eine wesentliche Rolle gespielt. Erfolgreiche kriegerische Aktionen führten zu einer Intensivierung der königlichen Macht, nicht zuletzt auch dadurch, daß sich die Könige mit kriegerischen Gefolgschaftsverbänden umgaben. Es gibt auch Beispiele dafür, daß siegreiche Heerführer den Königstitel annahmen. In der Forschung ist für diese Form der monarchischen Herrschaft die Bezeichnung »Heerkönigtum« geprägt worden (vgl. dazu die Literaturangaben auf S. 19).

Die tatsächliche Machtstellung eines germanischen Königs hing von verschiedenen Faktoren ab, und manche Herrscher haben ohne Zweifel eine sehr starke Position besessen, etwa Ariovist bei den Sueben, Marbod bei den Markomannen, Theoderich der Große bei den Ostgoten oder Chlodowech bei den Franken. Dennoch war auch die Herrschaft dieser Könige weder eine Tyrannis noch eine absolute Monarchie, denn der König konnte sich kaum ungestraft über die Rechte der Stammesangehörigen hinwegsetzen, und es war im allgemeinen zweckmäßig, wenn er bei wichtigen Entscheidungen die Zustimmung seines Volkes einholte. Feste Regelungen im Sinne einer Kompetenzenverteilung zwischen Volksversammlung und Königtum gab es allerdings nur sehr bedingt.

Aufschlußreich ist ein Blick auf die Etymologie der germanischen Bezeichnungen für den König. Das Wort »König« (ahd. *kuning*) ist abgeleitet von dem germ. *kunja* = Geschlecht. Aus dem Bereich der Sippe ist die Maskulinbildung *kuniaz* dann in die politische Sphäre eingedrungen. Daraus ist die These abgeleitet worden, daß das Königtum aus der Institution des »Sippenältesten« hervorgegangen sei. Allerdings kann »König« auch anders gedeutet werden, nämlich als »Mann aus vornehmen Geschlecht«. Diese Deutung wird durch Tacitus gestützt *(reges ex nobilitate sumunt)* und dadurch, daß das Königsgeschlecht *(stirps regia)* als das vornehmste des Stammes galt.

Andere Bezeichnungen für den König waren *thiudans* und *fylkir*. Sie signalisieren die Verbindung von König und Volk, denn sowohl *theoda* als auch *fylki* bedeuten »Schar, Heerhaufen«. Allerdings treten *thiudans* und *fylkir* in der Überlieferung stark hinter dem üblichen *kuning* zurück.

Hans-Dietrich Kahl, Zum Ursprung von germanisch König. In: ZSRG GA 77, 1960, S. 198–240.

Selbstverständlich gab es Interessengegensätze zwischen dem Stamm, vor allem seiner Oberschicht, und dem Königtum, aber im Prinzip identifizierten sich die Stammesmitglieder weitgehend mit ihrem König. Das Königtum wurde als äußerer Ausdruck der politischen Selbständigkeit empfunden, und es war für den Stamm wichtig, einen eigenen König zu haben. Der König war für das Selbstverständnis und das Selbstbewußtsein eines Stammes ein wichtiger Faktor. Der Verlust der Königsdynastie konnte für den Stamm negative Folgen haben und sogar zum Verlust der gentilen Selbständigkeit führen. Daher wurde eine militärische Niederlage als besonders schwer empfunden, wenn der König dabei den Tod fand. Ein in seiner Struktur intakter Stamm hatte meist die Kraft, wieder eine politische Führungsspitze hervorzubringen.

Bei den Stämmen, die kein Königtum ausgebildet hatten, lag die politische Führung bei den Stammesfürsten. Die »principes« waren in der Regel Angehörige der vornehmsten Sippen des Stammes. Ihre Funktionen betrafen die Rechtspflege und das Heerwesen, und sie spielten auf der Stammesversammlung und im religiösen Leben eine wichtige Rolle. Im Falle eines Krieges wurde aus ihrem Kreise wohl der Heerführer, der »dux«, gewählt. Es ist in der Forschung umstritten, ob man durch die Wahl durch die Volksversammlung erst zum »princeps« wurde oder nicht. Der altgermanische »princeps« scheint in der Tat seine Legitimation durch den Stamm erhalten zu haben, aber seine Autorität beruhte doch sehr stark auf seiner eigenen Tüchtigkeit, dem Ansehen seiner Sippe und seinen eigenen Machtmitteln, zu denen vor allem eine kriegstüchtige Gefolgschaft gehörte.

4. Ausblick

Die Ergebnisse der vergleichenden Verfassungsgeschichte und der Ethnosoziologie zeigen, daß der Stamm eine der Grundformen der Vergesellschaftung ist. Auf bestimmten, meist einen langen Zeitraum umfassenden Kulturstufen erscheint der Stammesverband als die fundamentale Organisationsform für größere menschliche Gruppen. Nur im Bereich extremer geographischer und klimatischer Bedingungen kommt es offensichtlich nicht zur Stammesbildung (Eskimos, Lappen, Pygmäen). In der frühen Geschichte Europas und im Mittelalter gehörte der Stamm ohne Zweifel zu den wichtigsten verfassungsgeschichtlichen Grundstrukturen. Germanen und Slawen, aber auch die baltischen Völker (Prußen, Letten, Liven, Litauer und Esten), besaßen eine mehr oder weniger stark ausgeprägte Stammesverfassung, die sie als Erbteil der Frühzeit in das Mittelalter einbrachten.

Das deutsche Volk erwuchs auf der Grundlage von Stämmen. Die Stämme der Bayern, Schwaben (Alemannen), Franken, Thüringer, Sachsen und Friesen verloren zwar im Laufe des Mittelalters als politisch-organisatorische und rechtliche Verbände an Gewicht, blieben aber trotz tiefgreifender struktureller Wandlungen als besondere Volksgruppen im Rahmen der deutschen Nation erhalten. Im

Bereich der mittelalterlichen deutschen Ostbewegung erwuchsen aus der Verbindung der deutschen Einwanderer mit der einheimischen slawischen und prußischen Bevölkerung neue Volksgruppen, die sogenannten deutschen »Neustämme« (Mecklenburger, Pommern, Ost- und Westpreußen, Brandenburger oder Märker, Schlesier und Sachsen). Die einheimische Bevölkerung ist bis auf geringe Restgruppen wie die Kaschuben in Hinterpommern und Westpreußen und die Sorben in der Ober- und Niederlausitz in den Neustämmen aufgegangen.

Auch im altdeutschen Siedlungsraum kam es in einigen Landschaften zur Bildung von »Neustämmen«, etwa in Hessen und der Pfalz. In der Spezialdisziplin der »Stammeskunde« hat man daher mit einem gewissen Recht vom »stammhaften Gefüge des deutschen Volkes« gesprochen. Es muß natürlich beachtet werden, daß diese Neustämme ganz anders strukturiert sind als die frühgeschichtlich-frühmittelalterlichen Altstämme.

Ludwig Schmidt, Geschichte der deutschen Stämme bis zum Ausgang der Völkerwanderungszeit, 2., neubearbeitete Auflage, München 1934–1942. Nachdruck 1969/70. Während Wenskus die Fragen der Stammesbildung und der inneren Struktur behandelt und grundsätzliche methodische Probleme des Stammesbegriffs erörtert, bietet Schmidt eine Darstellung der Geschichte der einzelnen west- und ostgermanischen Stämme. Sein Standardwerk basiert auf umfassendem Quellenstudium und ist daher auch als Nachschlagewerk unentbehrlich.

Herwig Wolfram, Geschichte der Goten. Von den Anfängen bis zur Mitte des sechsten Jahrhunderts. Entwurf einer historischen Ethnographie. 3., neubearbeitete Auflage, München 1990.

Erich Zöllner, Geschichte der Franken bis zur Mitte des 6. Jahrhunderts. Auf der Grundlage des Werkes von Ludwig Schmidt unter Mitwirkung von Joachim Werner neu bearbeitet, München 1970.

Ludwig Schmidt, Geschichte der Wandalen, 2. Auflage, München 1942.

Dietrich Claude, Geschichte der Westgoten, Stuttgart 1970 (= Urban-Taschenbücher, Bd. 128).

Jörg Jarnut, Geschichte der Langobarden, Stuttgart 1982 (= Urban-Taschenbücher, Bd. 339).

Rainer Christlein, Die Alamannen, Archäologie eines lebendigen Volkes, 2. Auflage, Stuttgart/Aalen 1979.

Hermann Dannheimer und Heinz Dopsch (Hrsg.), Die Bajuwaren. Von Severin bis Tassilo 488–788, München/Salzburg 1988.

II. Die Gefolgschaft

1. Begriffsbestimmung

Unter einer Gefolgschaft versteht man in der Geschichtswissenschaft eine Kriegergemeinschaft aus freien Männern unter der Führung eines Gefolgsherrn. Der Gefolgsherr gewährte seinen Gefolgsleuten (»Mannen«) den Lebensunterhalt, reichte ihnen Geschenke in Form von Waffen, Pferden und Schmuck, überließ ihnen einen Anteil an der Beute und nahm sie in seinen Schutz auf. Die Gefolgsmannen kämpften für ihren Herrn und waren ihm zu unbedingter Treue bis zum Tod verpflichtet. Der Eintritt in eine Gefolgschaft erfolgte freiwillig, und die auf einem Treueverhältnis beruhende Unterwerfung unter den Befehl des Gefolgsherrn führte nicht zu einer standesmindernden Abhängigkeit, sondern war Bestandteil des gefolgschaftlichen Ehrenkodex. Die Mannen, die im Frieden am Hofe ihres Herrn lebten, bildeten untereinander einen genossenschaftlichen Verband.

Auf frühen Stufen der gesellschaftlichen Entwicklung spielen persönliche Bindungen in aller Regel als Elemente der sozialen Beziehungen eine wichtige Rolle. Daher findet sich das Gefolgschaftswesen als eine sehr archaische Form der Vergesellschaftung nicht nur bei den germanischen Völkerschaften, sondern in mehr oder weniger ausgeprägter Weise auch in anderen Kulturkreisen. Das germanische und das keltische Gefolgschaftswesen weisen recht ähnliche Grundelemente auf, ohne daß deshalb mit Sicherheit auf eine Beeinflussung der germanischen Gefolgschaft durch die keltische geschlossen werden könnte. Das Gefolgschaftswesen wurzelt im archaischen Kriegertum der Stammeszeit und ist charakteristisch für eine Sozialstruktur mit beginnender wirtschaftlicher, sozialer und politischer Differenzierung innerhalb der Stämme. Gestützt auf die Gefolgschaften als kriegerische Eliten können König und Adel ihre Positionen verstärken. Sichtbar wird die Tendenz zur Verherrschaftlichung der Verfassung, wobei die Gefolgschaften durch die permanente Kampfbereitschaft ihrer Mitglieder diese Entwicklung vorangetrieben haben. Die Gefolgschaft gehörte also ohne Zweifel zu den dynamischen Elementen des geschichtlichen Entwicklungsprozesses.

Grundlegende Literatur:

Artikel »Gefolgschaft«. In: Reallexikon der germanischen Altertumskunde, hrsg. von Johannes Hoops, Straßburg 1913–15, Bd. II, S. 132–140.

Karl Kroeschell, Artikel »Gefolgschaft«. In: HwbDt.RG I, Sp. 1433–1437.

Walter Schlesinger, Herrschaft und Gefolgschaft in der germanisch-deutschen Verfassungsgeschichte. In: Ders., Beiträge zur deutschen Verfassungsgeschichte des Mittelalters I, Göttingen 1963, S. 9–52 (Erstdruck HZ 176, 1953, S. 225–275).

Hans Kuhn, Die Grenzen der germanischen Gefolgschaft. In: ZSRG GA 73, 1956, S. 1–83.

Walter Schlesinger, Randbemerkungen zu drei Aufsätzen über Sippe, Gefolgschaft und Treue. In: Ders., Beiträge zur deutschen Verfassungsgeschichte des Mittelalters I, Göttingen 1963, S. 286–334 (Erstdruck: Alteuropa und die moderne Gesellschaft. Festschrift für Otto Brunner 1963, S. 11–59).

Anne K. G. Kristensen, Tacitus' germanische Gefolgschaft, Kopenhagen 1983 (= Det Kongelige Danske Videnskabernes Selskab. Historisk-filosofiske Meddelelser 50:5).

Das Wort »Gefolgschaft« ist ein neuzeitlicher wissenschaftlicher Ordnungsbegriff, der erst seit dem frühen 19. Jahrhundert benutzt wird, um eine germanisch-frühmittelalterliche Verfassungseinrichtung zu charakterisieren, die in den Geschichtsquellen unter verschiedenen Benennungen in Erscheinung tritt. »Gefolgschaft« ist die Übersetzung des lateinischen *comitatus*, das von TACITUS in der Germania bei der Schilderung des germanischen Gefolgschaftswesens verwendet wird. Die Gefolgsleute nennt TACITUS *comites*, die Gefolgsherren *principes*. In den späteren Quellen werden für gefolgschaftliche oder auch nur gefolgschaftsähnliche Verhältnisse zahlreiche andere Termini gebraucht, zum Beispiel *pueri, clientes, amici, satellites, fideles, leudes, gasindii* oder *antrustiones*. Sie hatten in der Regel aber noch andere Bedeutungen.

Unter den volkssprachlichen Bezeichnungen ist nach allgemeiner Auffassung der Forschung das Wort »Gesinde« (ahd. *gisindi*) besonders wichtig, das den Gefolgsmann bezeichnete. Ursprünglich bedeutete es »Weggenosse«, »Gefährte«, abgeleitet von ahd. *sind* = Reise oder Heerfahrt. In dieser Bezeichnung kommen der Ursprung und das kriegerische Element des germanischen Gefolgschaftswesens deutlich zum Ausdruck: Die Gefolgsleute waren die »Weggenossen« ihres Gefolgschaftsführers auf dem Kriegszug.

Es bestanden aber auch Verbindungen zwischen Gefolgsherrschaft und Hausherrschaft, denn die Gefolgsleute lebten vielfach am Hofe ihres Herrn. Daraus erklärt sich wahrscheinlich der Bedeutungswandel, dem das Wort »Gesinde« im Laufe der späteren Jahrhunderte unterlag. Es büßte seinen kriegerischen Begriffsinhalt ein und sank als »Heimgesinde« oder »Hofgesinde« in den bäuerlichen Bereich ab.

Andere Bezeichnungen für die Gefolgschaft hängen mit dem germanischen Wort *drucht* zusammen. Anord. *drótt,* ags. *dryht* bedeutet Gefolgschaft, *truhtin* Gefolgsherr. Im fränkischen Reich war die latinisierte Form *trustis* üblich, zu der das Kompositum *antrustio* = Gefolgsmann zu stellen ist. In dieses Wortfeld gehört auch »Truchseß« oder »Droste« (ahd. *truhtsâzzo,* mhd. *truchsaeze* = »der bei der Gefolgschaft Sitzende«).

Die Argumentation mit dem sprachlichen Befund spielt in der Forschung eine wichtige Rolle, denn mit Hilfe der Etymologie sollen Ursprung und Wesen der Gefolgschaft ermittelt werden. Zur Anwendung dieser Methode: Ulrich Joachim Mader, Sippe und Gefolgschaft bei Tacitus und in der germanischen Heldendichtung, Phil. Diss. Kiel 1940, S. 87 ff.; Rudolf Much, Die Germania des Tacitus, 3. Aufl. Heidelberg 1967, S. 224 f.; Schlesinger, Herrschaft und Gefolgschaft, S. 18 ff.; Kuhn, Grenzen der germanischen Gefolgschaft, S. 20 ff.; Gabriele von Olberg, Freie, Nachbarn und Gefolgsleute. Volkssprachige Bezeichnungen aus dem sozialen Bereich in den frühmittelalterlichen Leges, Frankfurt am Main/Bern/New York 1983, S. 202 ff.

2. Das germanische Gefolgschaftswesen

Die Anfänge des germanischen Gefolgschaftswesens sind bereits im ersten vorchristlichen Jahrhundert faßbar. CAESAR berichtet in dem ethnographischen Exkurs über Kelten und Germanen im Bellum Gallicum VI 23, daß die germanischen Fürsten *(principes)* zum Zwecke kriegerischer Unternehmungen Gefolgsleute um sich versammelt haben. Auf der Volksversammlung verkündete der Fürst seine Absicht zu einem Beutezug und warb um Anhänger. Wer den Plan billigte und dem Anführer Vertrauen entgegenbrachte, verpflichtete sich zur Teilnahme:

atque ubi quis ex principibus in concilio dixit se ducem fore, qui sequi velint, profiteantur, consurgunt ii qui et causam et hominem probant, suumque auxilium pollicentur atque a multitudine conlaudantur; qui ex his secuti non sunt, in desertorum ac proditorum numero ducuntur, omniumque his rerum postea fides derogatur.

Die Gefolgsleute werden für einen Kriegszug gesammelt. Es handelt sich also um einen zeitlich befristeten Zweckverband auf freiwilliger Basis. Durch die Verpflichtung zur Teilnahme wird eine

Art Treueverhältnis auf Zeit hergestellt, denn wer seine Zusage nicht einhielt, galt als ehr- und treulos. Gefolgschaftsverbände dieser Art können als die Vorstufe für die feste Form der Gefolgschaft betrachtet werden, die in den ersten nachchristlichen Jahrhunderten bei den Germanen verbreitet war.

Die ausführliche Schilderung des germanischen Gefolgschaftswesens in der Germania des TACITUS ist die klassische Beschreibung dieser wichtigen Institution. Bei der Interpretation des Textes gibt es in der Forschung unterschiedliche Auffassungen, aber der hohe Quellenwert dieser Überlieferung ist unbestreitbar.

Eduard Norden, Die germanische Urgeschichte in Tacitus Germania, 5. Aufl. Darmstadt 1971, S. 124 ff.

TACITUS berichtet im Anschluß an die Wehrhaftmachung der germanischen Jünglinge:

»Hervorragende Herkunft oder große Taten der Väter sichern schon jungen Leuten *(adulescentuli)* die Wertschätzung eines Gefolgsherrn *(princeps):* sie werden den übrigen, stärkeren und bereits erprobten Leuten zugesellt, und es ist keine Schande, unter den Gefolgsmannen *(comites)* erblickt zu werden. Innerhalb der Gefolgschaft gibt es sogar Rangstufen, die der Gefolgsherr festsetzt, und es herrscht ein lebhafter Wettstreit, einerseits unter den Gefolgsleuten, um die erste Stelle nach dem Gefolgsherrn einzunehmen, andererseits unter den Gefolgschaftsführern, die meisten und tüchtigsten Gefolgsmannen zu besitzen. Das verleiht Ansehen *(dignitas),* das verleiht Macht *(vires).* Stets von einer großen Schar erlesener junger Männer umgeben zu sein, ist im Frieden eine Ehre, im Kriege ein Schutz. Nicht nur im eigenen Stamm, auch bei den Nachbarn ist derjenige bekannt und berühmt, der sich durch ein zahlreiches und tapferes Gefolge auszeichnet; um seine Freundschaft wirbt man durch Gesandte, man übergibt ihm Ehrengeschenke, und sehr oft läßt allein schon sein Ruhm einen Krieg nicht erst zum Ausbruch kommen.

In der Schlacht ist es eine Schmach für den Gefolgsherrn, sich an Tapferkeit übertreffen zu lassen, und eine Schande für die Gefolgschaft, es dem Herrn an Tapferkeit nicht gleichzutun. Für das ganze Leben aber lädt derjenige Schimpf und Schande auf sich, der seinem Gefolgsherrn nicht in den Tod folgt. Ihn zu schirmen, ihn zu schützen, auch die eigenen Heldentaten ihm zum Ruhme anzurechnen, ist die vornehmste und heiligste Pflicht des Gefolgsmannes. Die Gefolgschaftsführer kämpfen um den Sieg, die Mannen für ihren Herrn.

Wenn der Heimatstamm in langer Friedensruhe erschlafft, suchen nicht wenige der jungen Edlen auf eigene Faust Stämme auf, die gerade irgendeinen Krieg führen, denn diesem Volk behagt die Ruhe nicht, und inmitten von Gefahren wird man am leichtesten berühmt. Auch läßt sich ein großes Gefolge nur durch Gewalt und Krieg zusammenhalten. Von der Freigebigkeit ihres Gefolgsherrn erwarten nämlich die Mannen ihr Streitroß und ihre Frame, mit der sie blutigen Sieg erkämpfen wollen. Die täglichen Mahlzeiten und die bei Gelagen reichlich dargebotenen, wenn auch einfachen Speisen gelten als Sold. Die Mittel zu solch reichen Gaben verschaffen sich die Gefolgsherren durch Krieg und Raub.«

Die plastische Schilderung der germanischen Gefolgschaft bei TACITUS läßt erkennen, daß gegenüber der Zeit CAESARS wichtige Veränderungen eingetreten waren. Aus dem lockeren Heerhaufen ist eine feste Kriegergemeinschaft geworden, die auch im Frieden im Hause des Gefolgsherrn zusammenlebte. Die Gefolgsleute waren in der Regel kampferprobte Männer, doch wurden auch ganz junge Leute aufgenommen, wenn sie vornehmer Herkunft waren oder einen angesehenen Kriegsmann zum Vater hatten. TACITUS betont in diesem Zusammenhang, daß der Eintritt in eine Gefolgschaft Rang und Stand nicht beeinträchtigte. Die Gefolgschaft unterschied sich dadurch grundlegend von der römischen Klientela. Innerhalb der Gefolgschaft gab es eine Rangordnung, wohl entsprechend der kriegerischen Tüchtigkeit. Die Gefolgsmannen lebten im Hause ihres Herrn, von dem sie Speise und Trank, Pferd und Waffen erhielten. Die ausdrückliche Nennung von Pferd und Speer *(framea)* zeigt, daß die Gefolgsleute beritten waren.

Für die Gefolgschaft als Kampfgemeinschaft findet TACITUS sehr anerkennende Worte. Der Anführer und seine Mannen wetteifern im Kampf miteinander, und es gilt als eine Schande, dem Gefolgsherrn nicht bis in den Tod zu folgen. Eine große und tapfere Gefolgschaft steigerte das Ansehen eines Herrn nicht nur innerhalb des eigenen Stammes, sondern auch bei den Nachbarstämmen. Die Gefolgschaft wird damit zu einem Mittel der Herrschaftsbildung und Herrschaftsausübung.

Wahrscheinlich konnte jeder freie Germane eine Gefolgschaft um sich versammeln, wenn sein kriegerischer Ruhm weit genug reichte. In der Regel dürften die Gefolgsherren allerdings Angehörige der Führungsschicht gewesen sein. Um ein Gefolge über eine längere Zeit zusammenhalten zu können, mußte eine entsprechende materielle Basis vorhanden sein. Dafür war ein Herrenhof mit Grundbesitz und einigen Knechten wohl schon ausreichend. Großgrundbesitz war nicht erforderlich, denn TACITUS berichtet ausdrücklich, daß die Kriegsbeute die Hauptgrundlage für den Unterhalt einer Gefolgschaft gewesen ist.

Die Heeresorganisation der germanischen Stämme beruhte aber nicht in erster Linie auf dem Gefolgschaftswesen, sondern vor allem auf der Wehrfähigkeit und der Wehrpflicht aller freien Männer. Die Gefolgsherren und ihre Mannen bildeten eine kleine kriegerische Elite, die sich durch die ständige Kampfbereitschaft, die besondere Kriegstüchtigkeit und die bessere Bewaffnung aus der Masse der germanischen »Kriegerbauern« heraushob. Dadurch haben die Gefolgschaftsverbände ohne Zweifel auch in einem Krieg, der vom ganzen Stamm geführt wurde, militärisch eine hervorragende Rolle gespielt. Von einem »Volkskrieg« zu unterscheiden ist der »Gefolgschaftskrieg«, der von den Gefolgsherren auf eigene Faust geführt wurde. Die Beteiligung an einem Gefolgschaftskrieg beruhte auf einem Gefolgschaftsverhältnis, während die Teilnahme an einem mit sakralen Vorstellungen verknüpften Volkskrieg eine selbstverständliche Verpflichtung eines jeden waffenfähigen freien Mannes war.

Besonders betont wird die Unterscheidung von Volkskrieg und Gefolgschaftskrieg von Walter Schlesinger, Germanisches Heerkönigtum, S. 119 ff. Für den Historiker ist oft nur schwer zu entscheiden, ob es sich bei einem kriegerischen Unternehmen um einen Volks- oder einen Gefolgschaftskrieg gehandelt hat. Es dürfte auch Übergangsstadien zwischen den beiden Formen gegeben haben.

In der sog. Völkerwanderungszeit verstärkten sich die kriegerischen Züge des germanischen Lebens noch weiter, und gefolgschaftlich organisierte Scharen haben in verschiedenen Perioden der germanischen Expansionsbewegung ohne Zweifel eine wichtige Rolle gespielt und oft die Hauptlast des Kampfes getragen. Das Gewicht des Gefolgschaftswesens innerhalb der germanischen Verfassungs- und Sozialstruktur wuchs an, aber dennoch blieben letztlich Stämme und Stammesteile die eigentlichen Träger der germanischen Wanderungsbewegung.

Die alemannischen Kleinkönige, die im 4. Jahrhundert den Kampf gegen das Römische Reich führten, waren von Gefolgschaften umgeben, die offenbar eine Art Leibwache bildeten. Die Gefolgsleute bei den Westgoten werden als *buccellarii* oder als *saiones* bezeichnet. Auch das westgotische Gefolgschaftswesen dürfte im wesentlichen germanischen Ursprungs sein, denn die *buccellarii* der spätrömischen Zeit waren bereits in der Hauptsache Germanen. Gut bezeugt ist auch das Gefolgschaftswesen bei den Langobarden. Der König, die Herzöge und andere langobardische Große waren von

Gefolgsleuten umgeben, die als *gasindii* bezeichnet werden. Welche Rolle die Gefolgschaft bei der Eroberung Britanniens durch die Angeln und Sachsen gespielt hat, ist in der Forschung umstritten, denn das später klar erkennbare angelsächsische Gefolgschaftswesen kann nicht ohne weiteres bis in die Zeit der Landnahme zurückverfolgt werden.

Hans-Joachim Diesner, Westgotische und langobardische Gefolgschaften und Untertanenverbände, 1978 (SB der Sächs. Akad. der Wiss. zu Leipzig, Phil.-hist. Kl. 120, Heft 2); Dietrich Claude, Geschichte der Westgoten, Stuttgart 1970 (Urban-Taschenbücher 128), S. 40 f.; Artikel »Gefolgschaft«. In: Reallexikon der germanischen Altertumskunde, 1. Auflage 1913-15, II, S. 135 f.

In Dänemark, Norwegen und Schweden vollzog sich der Übergang von der archaischen Gesellschaftsordnung der altgermanischen Zeit zum Feudalsystem des Mittelalters nur sehr zögernd. Es ist daher nicht erstaunlich, daß das Gefolgschaftswesen im germanischen Norden noch im hohen Mittelalter eine wichtige Rolle gespielt hat. Das nordgermanische Gefolgschaftswesen besaß im Mittelalter noch die gleichen Merkmale wie die altgermanische Gefolgschaft, so daß man mit einem hohen Grad an Kontinuität rechnen muß, obgleich kontinentale und angelsächsische Einflüsse mitgewirkt haben können.

Artikel »Gefolgschaft«. In: Reallexikon der germanischen Altertumskunde II, S. 137 ff.

Die Normannen, die seit dem Ende des 8. Jahrhunderts Britannien und Kontinentaleuropa heimsuchten und durch die Weiten Rußlands bis nach Byzanz vorstießen, sind wahrscheinlich ursprünglich gefolgschaftlich organisiert gewesen. Vielfach haben sich die normannischen Einzelgefolgschaften dann zur Erhöhung ihrer militärischen Schlagkraft zu größeren Heeren unter gewählten »Seekönigen« zusammengeschlossen. Auch die Herrschaftsbildung der Normannen (Waräger) in Rußland vollzog sich vermutlich auf einer gefolgschaftlichen Grundlage. Das System der Gefolgschaft blieb auch nach der Russifizierung der Normannen in der Institution der *družyna* (von germanisch *druhti*) erhalten.

Waldemar Buisson, Formen normannischer Staatsbildung. In: Studien zum mittelalterlichen Lehnswesen, Sigmaringen 1960 (= Vorträge und Forschungen, Bd. V), S. 95–184.

Sehr plastische Schilderungen des Gefolgschaftswesens finden sich in der Heldendichtung des Mittelalters, in den nordischen Sagas, dem angelsächsischen Beowulf, der Nibelungensage und dem Gudrunlied. Dort spielt die Gefolgschaft eine so hervorragende Rolle, daß man diese Dichtungen als »Gefolgschaftsdichtung« charakterisieren kann. Das Gefolgschaftswesen war aber keineswegs nur eine literarische Fiktion oder eine Reminiszenz an längst vergangene Zeiten, sondern tritt auch in anderen Geschichtsquellen deutlich in Erscheinung. So bietet das Speculum regale, ein altnorwegischer Dialog über das Königtum aus der ersten Hälfte des 13. Jahrhunderts, wichtige Nachrichten über die königliche Gefolgschaft, die Hird. Von noch größerem Wert sind das dänische Gefolgschaftsrecht, das Vidirlagsrecht, das von Knut dem Großen (1014–1035) für seine Gefolgsmannen erlassen wurde, und das norwegische Gefolgschaftsrecht des Königs Magnus Lagabötir aus der Zeit um 1275, die Hirdskrá. Das literarische und rechtsgeschichtliche Quellenmaterial, das allerdings aus sehr verschiedenen Zeiten und Regionen stammt, bietet ein ebenso lebendiges wie facettenreiches Bild des nordischen Gefolgschaftswesens, in dem einige Züge besonders deutlich hervortreten.

Die Gefolgschaft ist im Prinzip eine Gemeinschaft von Kriegern, die sich um einen Gefolgsherrn schart. Vor allem in der Heldendichtung wird das Moment der Treue besonders betont, speziell die Forderung nach unbedingter Treue der Mannen zu ihrem Herrn. Nicht wenige dramatische Konflikte ergeben sich in Sage und Geschichte aus dem Widerstreit zwischen der Treue zum Gefolgsherrn und den Verpflichtungen gegenüber Freunden und Verwandten. Die Gefolgschaftstreue war keine private Tugend, sondern ein konstitutives Element des politisch-sozialen Lebens. Freilich wird auch deutlich, daß die Mannen von ihrem Gefolgsherrn immer wieder kostbare Geschenke wie Schwerter, Gold und Sklaven erwarteten.

Ein Gefolgschaftsmonopol scheint im germanischen Norden nicht bestanden zu haben, obwohl es in der Regel die Könige, Jarle und andere vornehme Männer waren, die sich mit Gefolgsleuten umgaben. Der Eintritt in eine Gefolgschaft war freiwillig und offenbar jedem freien Mann möglich, doch stammten später die Angehörigen der königlichen Gefolgschaft zum Teil aus vornehmen Geschlechtern. In ihrer ältesten Form war die Gefolgschaft eine Lebens- und Kampfgemeinschaft, die den Gefolgsherrn und seine Mannen in Krieg und Frieden verband. Eine Lösung des Gefolgschaftsverhältnisses war möglich, doch blieb wohl eine emotionale Bindung bestehen. Junge Leute kamen für einige Zeit an den Hof eines angesehenen Gefolgschaftsführers, um in dessen Diensten Ruhm und Ehre zu erwerben. Andere Gefolgsmannen blieben bis ins hohe Alter im Hause des Herrn
Entstehung und Aufstieg des Königtums waren im nordgermani-

schen Raum offenbar sehr eng mit der Entwicklung des Gefolgschaftswesens verknüpft. Der politische Einfluß der Kleinkönige
und Häuptlinge hing nicht zuletzt von der Zahl und der Tapferkeit
ihrer Gefolgsmannen ab. Ein tüchtiger Gefolgschaftsführer *(drot-
nar)* konnte politische Macht und Ansehen bei seinen Landsleuten
erlangen und den Königstitel annehmen. Die weitere Stärkung des
Königtums in Dänemark, Norwegen und Schweden führte zu einer
Vergrößerung der königlichen Gefolgschaft. Nur noch ein Teil der
Gefolgsleute lebte als Leibwache am Hofe des Herrschers, während die übrigen auf ihren Besitzungen weilten und nur auf Befehl
des Königs Heerfahrt und Hofdienst leisteten. Das Königtum ver-
suchte ferner, die Angehörigen der lokalen Führungsschicht als
Gefolgsleute zu gewinnen und durch den Treueid an sich zu binden. Dadurch entstanden verschiedene Rangklassen innerhalb der
königlichen Gefolgschaft. Der archaische Personenverband wurde
zu einem wichtigen Element der königlichen Herrschaft und des
Staatsaufbaues.

Klaus von See, Das skandinavische Königtum des frühen und hohen Mittelalters. Phil. Diss. Hamburg 1953 (Masch.).

3. Die Gefolgschaft im Frankenreich

Die Gründung des Frankenreiches gehört zu den folgenreichsten
Ergebnissen der germanischen Völkerwanderung. Das von den
Merowingerkönigen errichtete und von den Karolingern konsoli-
dierte und ausgedehnte Reich hat wie kein anderes Staatsgebilde die
weitere Entwicklung Europas im Mittelalter beeinflußt. Charakteristisch für die inneren Verhältnisse war das Zusammenleben von
Germanen und Romanen, das zu einer Verschmelzung von germanischen, spätrömischen und christlichen Institutionen, Lebensformen und Ideen führte. Zu den Elementen germanischer Herkunft
gehörte das fränkische Gefolgschaftswesen, das in den Quellen in
der spezifischen Ausprägung des Antrustionates entgegentritt.
Während der langen kriegerischen Auseinandersetzungen zwischen
dem Frankenbund und dem Römischen Reich dürfte das Gefolgschaftswesen eine große Bedeutung gehabt haben, denn die Franken waren kein wanderndes Volk, sondern haben ihren Herr-
schafts- und Siedlungsraum allmählich und in vielen Etappen ausgedehnt. Die Gefolgschaftsverbände der fränkischen Könige haben

dabei wahrscheinlich jeweils den Kern des Heeres gebildet. Allerdings war das fränkische Königtum keineswegs ein »Gefolgschaftskönigtum«, sondern besaß einen starken Rückhalt im Großstamm der Franken. Die Könige verfügten nicht nur über ihre Gefolgsleute, sondern auch über das Aufgebot des fränkischen Heerbannes.

Erste Hinweise auf Gefolgschaftsverhältnisse bei den Franken bietet der Geschichtsschreiber GREGOR VON TOURS für die Zeit des Königs Chlodowech (482–511). Die fränkischen Teilkönige, die von Chlodowech mit List und Gewalt beseitigt wurden, waren offensichtlich von Gefolgsleuten *(leudes)* umgeben. Besonders deutlich ist dies im Falle des Königs Ragnachar, dessen Herrschaftszentrum in Cambrai gewesen ist. Chlodowech bestach die Mannen *(leudes)* des Königs mit falschem Gold. Als sie nach dem Tode Ragnachars den Betrug entdeckten, soll Chlodowech zu ihnen gesagt haben: »Mit Recht erhält derjenige nur falsches Gold, der seinem Herrn aus eigenem Antrieb den Tod bereitete.« Der König stiftete also die Mannen seines Rivalen zum Verrat an ihrem Herrn an, stellte sich dann aber auf den Standpunkt, daß treulose Gefolgsmannen nur falsches Gold verdienen.

Das Wort *leudes,* das in der frühmittelalterlichen Überlieferung recht häufig vorkommt, darf aber nur in Ausnahmefällen mit »Gefolgsleuten« übersetzt werden, denn es bezeichnet im allgemeinen alle freien waffenfähigen Männer eines Volkes oder Stammes. Es ist also zwischen einer engeren und einer weiteren Bedeutung zu unterscheiden. Diejenigen *leudes,* die in einem besonderen Treueverhältnis zum König standen, können als »Gefolgsleute« betrachtet werden.

Ruth Schmidt-Wiegand, Artikel »Leod«. In: HwbDt.RG II, 1978, Sp. 1845–1848; Gabriele von Olberg, Freie, Nachbarn und Gefolgsleute, S. 135–153.

In den fränkischen Rechtsquellen tritt die Gefolgschaft in der speziellen Form des Antrustionates in Erscheinung. Nach der Lex Salica standen die Angehörigen der königlichen Gefolgschaft, der *trustis dominica,* unter Königsschutz, der eine Verdreifachung des Wergeldes bewirkte. Die Gefolgsleute des Königs nahmen auch in der Gerichtsverfassung eine gewisse Sonderstellung ein. Ursprünglich scheint die königliche Gefolgschaft nur aus freien Franken bestanden zu haben, denn das Wergeld des Gefolgsmannes betrug 600 Solidi, das heißt, das Dreifache des Wergeldes eines freien Franken.

Unter Wergeld versteht man die Buße, die für einen Totschlag an die Gesippen des Getöteten zu zahlen war. Da ihre Höhe nach Rang und Stand abgestuft war, ermöglicht sie Einblicke in die soziale Gliederung des Frühmittelalters.

Vornehme Römer in der Umgebung des Königs wurden nicht zur *trustis dominica* gezählt, sondern besaßen nach der Lex Salica als Tischgenossen des Königs *(convivae regis)* einen anderen Sonderstatus. Die Antrustionen haben in der älteren Zeit wahrscheinlich am Hofe des Königs gelebt. Später gab es auch Antrustionen, die vom König mit Grundbesitz ausgestattet waren.

Es ist klar, daß sich die Antrustionen durch ihre enge persönliche Bindung an den König aus dem übrigen Volke herausgehoben haben. In der Forschung ist allerdings umstritten, ob sie eine besondere Personengruppe gebildet haben oder zur obersten Führungsschicht des Reiches, den Optimaten, gehörten. Die wichtige Stelle im Edictum Chilperici *(cum viris magnificentissimis obtimatibus vel antrustionibus et omni populo nostro)* wird in unterschiedlicher Weise interpretiert, da *vel* sowohl mit »oder« als auch mit »und« übersetzt werden kann.

Eine für das Gefolgschaftswesen im Frankenreich besonders wichtige und aussagekräftige Quelle ist die sog. »Antrustionenformel«, ein Formular für eine Art Urkunde über die Aufnahme in die königliche Gefolgschaft:

Rectum est, ut qui nobis fidem pollicentur inlesam, nostro tueantur auxilio. Et quia illi fidelis, Deo propitio, noster veniens ibi in palatio nostro una cum arma sua in manu nostra trustem et fidelitatem nobis visus est coniurasse: propterea per presentem preceptum decernemus ac iobemus, ut deinceps memoratus ille inter numero antruscionorum conputetur. Et si quis fortasse eum interficere presumpserit, noverit se wiregildo suo soledos sexcentos esse culpabilem (Formulae Marculfi, MGH Form. S. 55).

Der fränkische Antrustionat zeigt also einige für Gefolgschaftsverhältnisse typische Züge, die einen Zusammenhang mit dem altgermanischen Gefolgschaftswesen wahrscheinlich machen. Der Eintritt in die königliche Gefolgschaft geschieht freiwillig. Der Gefolgsmann kommt in die Pfalz und leistet einen Eid in die Hand des Königs. Er schwört *trustem et fidelitatem,* »Gefolgschaft und Treue«, ohne Zweifel einen Gefolgschaftseid. Da er in Waffen erscheint, steht sein freier Stand außer Frage. Nach der Eidesleistung wird er unter die Antrustionen aufgenommen und genießt fortan den königlichen Schutz: Der *fidelitas* des Antrustionen entspricht das *auxilium* des Königs als Gefolgsherrn.

Das Recht auf den Besitz einer Gefolgschaft war in der Merowingerzeit offensichtlich auf die Angehörigen des königlichen Hauses beschränkt. Von einem Teil der Forschung wird allerdings die Auffassung vertreten, daß auch der Adel das Recht gehabt habe, sich eine Gefolgschaft zu halten. Dies habe zu den wichtigsten Vorrechten des Adels gehört und sei eine der Hauptgrundlagen seiner Macht gewesen.

Franz Irsigler, Untersuchungen zur Geschichte des frühfränkischen Adels, Bonn 1969 (= Rheinisches Archiv 70), S. 228 ff.

Selbstverständlich haben sich die fränkischen Großen nach Bedarf mit einem Gefolge umgeben, das jedoch nicht aus freien Gefolgsleuten bestand, sondern aus bewaffneten Knechten *(pueri)*, Freunden *(amici)* und Verwandten *(parentes)*. Das fränkische Königtum hat offenbar ein Gefolgschaftsmonopol beansprucht und zeitweise auch durchgesetzt. Private Zweckverbände, die vielleicht gefolgschaftsähnlich organisiert waren, wurden nicht als echte Gefolgschaften anerkannt.

Die Blütezeit des Antrustionates ist nach Ausweis der Quellen die Merowingerzeit gewesen. Mit dem Aufstieg der karolingischen Hausmeier verlor das Gefolgschaftswesen an Bedeutung und wurde durch andere Formen der persönlichen Bindung abgelöst.

4. Ursprung und geschichtliche Bedeutung

Die Bedeutung des Gefolgschaftswesens als eines wichtigen Elementes der germanischen Verfassung ist bereits von den Gelehrten des 19. Jahrhunderts erkannt und gewürdigt worden. Allerdings herrschte in der Forschung die Auffassung vor, daß die Kampfkraft der germanischen Völker nicht in erster Linie auf den Gefolgschaften beruhte, sondern im wesentlichen auf der Wehrhaftigkeit aller freien Männer. In den Gefolgschaftsverbänden, mit denen sich die Könige und die Aristokratie umgaben, sah man kriegerische Eliten, die unter der Führung ihrer Gefolgsherren am Volkskrieg teilnahmen, aber auch auf eigene Faust Heerfahrten durchführten.

Die Gefahr einer Glorifizierung des Gefolgschaftswesens lag nahe, vor allem in der Zeit des Dritten Reiches, in der Führerprinzip, Gefolgschaft und Treue zu den Grundpfeilern der politischen Ideologie gehörten. Die Verherrlichung der germanischen Gefolgschaft geschah meist unter Rückgriff auf die Heldendichtung als Hauptquelle:

Richard von Kienle, Germanische Gemeinschaftsformen, Stuttgart 1939 S. 139 ff.
Hans Naumann, Germanisches Gefolgschaftswesen, Leipzig 1939.

Eine Aufwertung erfuhr das Gefolgschaftswesen auch durch die neue Sicht, die in der deutschen Mediävistik das Lehrgebäude der älteren Rechts- und Verfassungsgeschichtsschreibung in Frage stellte. Es war vor allem Heinrich DANNENBAUER, der in einem Aufsatz im Jahre 1941 die Theorie von der Adelsherrschaft bei den Germanen vertrat. Nach seiner Auffassung basierte die Herrschaft des germanischen Adels über das Volk in erster Linie auf dem Besitz von Burgen und Gefolgschaftsverbänden. Die Gefolgschaft war nach DANNENBAUER das wichtigste Machtinstrument des germanischen Adels. Zu den Grundvoraussetzungen des Gefolgschaftswesens gehörten nach DANNENBAUER aber Großgrundbesitz und Herrschaft über abhängige Bauern.

Heinrich Dannenbauer, Adel, Burg und Herrschaft bei den Germanen. In: HistJb. 61, 1941, S. 1–50. Ergänzte Fassung in: Herrschaft und Staat im Mittelalter, hrsg. von Hellmut Kämpf, Darmstadt 1964 (= Wege der Forschung 2), S. 66–134.

Auf die große Rolle, die die Gefolgschaft in der Zeit der Völkerwanderung gespielt hat, hatte bereits FUSTEL DE COULANGES, ein französischer Historiker des 19. Jahrhunderts, hingewiesen. Er vertrat die Auffassung, die Landnahme der Franken in Gallien sei nicht vom fränkischen Stamm getragen worden, sondern von den Merowingerkönigen und ihren Gefolgsleuten. Diese Theorie von einer gefolgschaftlichen Landnahme der Franken in Gallien ist später auch von anderen Gelehrten vertreten worden.
Noch weiter ging Adolf HELBOK, für den die Gefolgschaft zum Gliederungsprinzip der germanischen Gesellschaftsordnung wurde. Die germanischen Völker waren nach seiner Auffassung gefolgschaftlich gegliedert; neben der »adligen Gefolgschaft« gab es nach HELBOK auch ein »bäuerliches Gefolgschaftswesen«.

Adolf Helbok, Volk und Staat der Germanen. In: HZ 154, 1936, S. 229–240.

In sehr ausführlicher und differenzierender Weise hat sich Walter SCHLESINGER über die Bedeutung der germanischen Gefolgschaft Gedanken gemacht. Er sah in der Gefolgschaft eine der Wurzeln der königlichen Herrschaft, betonte die engen Verbindungen zwischen Gefolgsherrschaft und Hausherrschaft und wies auf die Rolle der Gefolgschaftsverbände bei der Stammesbildung hin. Auch er rechnete mit der Möglichkeit eines Gefolgschaftswesens im großbäuerlichen Bereich.

In der Forschung umstritten ist die Frage nach dem Ursprung des germanischen Gefolgschaftswesens. Auf den Zusammenhang zwischen Hausherrschaft und Gefolgsherrschaft haben Otto von GIERKE, Heinrich BRUNNER und in sehr dezidierter Weise Walter SCHLESINGER hingewiesen. Da die Gefolgsleute Aufnahme in das »Haus« ihres Gefolgsherrn fanden, ist ein solcher Zusammenhang natürlich vorhanden, aber die Angehörigen eines Hauses bildeten nicht ohne weiteres einen gefolgschaftlichen Verband, obgleich sie notfalls zur Waffe griffen, um unter Führung des Hausherrn das Haus zu verteidigen oder selbst eine Fehde zu führen. Man sollte daher im Prinzip zwischen Gefolgschaft und Hausgenossenschaft ebenso unterscheiden wie zwischen Gefolgs- und Hausherrschaft.

Von einem Teil der älteren Forschung wurde die Auffassung vertreten, die Gefolgschaft sei aus älteren Formen des kriegerischen oder kultischen Männerbundes erwachsen. Diese Theorie vom bündischen Ursprung des Gefolgschaftswesens findet sich besonders bei KIENLE (Germanische Gemeinschaftsformen, S. 139 ff.). Man kann für diese Theorie auf die Männerbünde verweisen, die im germanischen Norden bezeugt sind, etwa den Bund der »Halfsrekken« oder der »Jomswikinger«. Allerdings beruhen diese Bünde auf einem anderen Gestaltungsprinzip als die Gefolgschaften, nämlich dem der Genossenschaft. Sie sind genossenschaftlich organisiert, während die Gefolgschaften trotz der wechselseitigen Treuverpflichtung zwischen Herrn und Mannen überwiegend herrschaftlich-hierarchische Züge aufweisen.

Die Bedeutung der Gefolgschaft als einer archaischen verfassungsgeschichtlichen Gemeinschaftsform wird vor allem in der deutschen Mediävistik noch immer sehr hoch eingeschätzt: »Gefolgschaft erscheint noch heute als der Prototyp aller politischen Herrschaft im Mittelalter, die mittelalterliche Verfassung als auf dem gefolgschaftlichen Prinzip, vor allem auf Treue, aufgebaut« (Karl KROESCHELL, Art. »Gefolgschaft« in HwbDt.RG I, Sp. 1436). Allerdings ist die Diskussion darüber noch keineswegs abgeschlossen, und man wird sich mit vorläufigen Thesen begnügen müssen.

Die Theorie von dem gefolgschaftlichen Aufbau ganzer Stämme und Völkerschaften ist in den Quellen nur schwach fundiert. Vielmehr tritt die Gefolgschaft als eine spezielle Gemeinschaftsform von kleinen kriegerischen Eliten auf einer bestimmten Stufe der gesellschaftlichen Gesamtentwicklung in Erscheinung. Ihr Gewicht innerhalb der Sozialordnung hing von verschiedenen inneren und äußeren Faktoren ab; es konnte beträchtlich sein, doch erfaßte das gefolgschaftliche Prinzip niemals die gesamte Verfassungsorganisation.

Die ursprüngliche Aufgabe der Gefolgschaft war der Kampf, doch wurden die Gefolgsleute offenbar mit der Entstehung komplexerer Staatswesen auch für Verwaltungsfunktionen herangezogen. Mit dem Aufbau einer differenzierteren Verwaltungsorganisation und neuerer Formen der Heeresverfassung verlor das Gefolgschaftswesen an Bedeutung. Im Frankenreich dienten die gefolgschaftlich gebundenen Antrustionen in der Merowingerzeit als eine Art königliche Leibwache. Die aus Antrustionen bestehende »Gefolgschaft« der Könige wird allmählich vom »Gefolge« abgelöst, das in Zusammensetzung und Funktion wenig mit der Gefolgschaft zu tun hat.

Von der in der Sphäre des Königtums und der Aristokratie angesiedelten Gefolgschaft sollten die anderen Gemeinschaftsformen unterschieden werden, die ebenfalls auf persönlichen Bindungen an einen Herrn basierten, vor allem die aus Familienangehörigen, Dienerschaft und Knechten bestehende Hausgenossenschaft. Die personalen Beziehungen im bäuerlichen Bereich gehören kaum hierher, obgleich sich gerade dort die Bezeichnung »Gesinde« bis zur Gegenwart gehalten hat. Zwar mag im germanischen Norden der Übergang vom Großbauern zum Gefolgsherrn in der Frühzeit fließend gewesen sein, doch berechtigt das nicht, von einem »bäuerlichen Wandergefolgschaftswesen« (HELBOK) zu sprechen.

Es kann jedoch kaum bezweifelt werden, daß das gefolgschaftliche Ideal in der germanischen Zeit und im frühen Mittelalter über den Bereich des adligen Gefolgschaftswesens hinaus verbreitet war. Die »Gefolgschaftsideologie« der Führungsschichten hat sicher auch auf andere gesellschaftliche Gruppen eingewirkt. Gefolgschaftliche Denkmodelle wurden sogar auf die biblische Geschichte übertragen. In der altsächsischen Dichtung des Heliand aus dem 9. Jahrhundert wird Christus zum mächtigen Gefolgsherrn, der die Jünger als treue Gefolgsleute um sich versammelt. In der in angelsächsischer Übersetzung überlieferten altsächsischen Genesis tritt Gott als Haus- und Gefolgsherr in Erscheinung, während Luzifer als abtrünniger und treuloser Gefolgsmann dargestellt wird.

Von einem großen Teil der Forschung wird angenommen, daß die germanische Gefolgschaft eine der Wurzeln des mittelalterlichen Lehnswesens ist. Die Ideologie der Vasallität zeigt in der Tat Züge, die aus dem gefolgschaftlichen Denken stammen können. Das gilt nicht zuletzt für den Begriff der Treue, der sich aus dem gefolgschaftlichen Ideenbereich ableiten läßt.

Beiträge zum Verständnis der Germania des Tacitus, Teil I, hrsg. von Herbert Jankuhn und Dieter Timpe, Göttingen 1989 (= Abhandlungen der Akademie der Wissenschaften in Göttingen, phil.-hist. Kl., 3. Folge, Nr. 175).

III. Das Lehnswesen

1. Feudalismus und Lehnswesen

Die beiden Worte »Feudalismus« und »Lehnswesen« sind neuzeitlichen Ursprungs. Sie werden im Deutschen vielfach wie Synony-
me gebraucht. Feudalismus (frz. féodalité, ital. feudalismo, engl.
feudalism, span. und port. feudalismo) geht zurück auf mlat. *feodum* oder *feudum*. Dies ist nur die latinisierte Form eines germanischen Wortes, dessen Herkunft und Deutung allerdings umstritten
sind. Wahrscheinlich ist es mit ahd. *fihu* (got. *faihu*) verwandt. Die
ältesten Belege stammen aus dem späten 9. Jahrhundert und lassen
erkennen, daß das Wort zunächst nicht den Grundbesitz, sondern
bewegliche Güter bezeichnete. Es gewann aber spätestens im
10./11. Jahrhundert in Frankreich die Bedeutung von Lehen *(beneficium)*. Dieser Bedeutungswandel kann damit erklärt werden, daß
die Vasallen von ihrem Herrn ursprünglich nur den Lebensunterhalt erhielten und erst später eine Ausstattung mit Grundbesitz.
Der Begriff Lehnswesen ist abgeleitet von ahd. *lihan* = verleihen.
Das Objekt des Vertrages zwischen dem Lehnsherrn und dem Vasallen, das in der Regel im frühen und hohen Mittelalter aus Land-
besitz besteht, wird in den deutschsprachigen Quellen als *lêhan*, *lêhen*, *lên* (Lehen) bezeichnet. In den lateinisch abgefaßten Texten
heißt das Lehen vorwiegend *beneficium*, da die Ausstattung des
Vasallen als eine vom Herrn gewährte »Wohltat« betrachtet wurde.
In der deutschen Forschung des 19. Jahrhunderts war daher auch
der Ausdruck »Benefizialwesen« statt »Lehnswesen« gebräuchlich.
Es ist zu beachten, daß die Worte *lêhen* und *beneficium* einen sehr
weiten Bedeutungsgehalt haben und nicht nur das vasallitische Lehen, sondern auch Rechtsbeziehungen im grundherrlichen und
städtischen Rechtsleben bezeichnen können. Während in den
Quellen diese Bereiche meist terminologisch nicht klar unterschieden werden, wird in der modernen wissenschaftlichen Terminologie eine Unterscheidung zwischen dem vasallitischen Lehns- und
den bäuerlichen und bürgerlichen Leiheverhältnissen gemacht.
In Geschichtswissenschaft, Geschichtsphilosophie und Soziologie
wird der Begriff »Feudalismus« in einem engeren und einem weiteren Sinne verwendet. Die deutsche Sprache bietet die Möglich-

keit, den Feudalismus im engeren technischen und juristischen Sinne als »Lehns- oder Benefizialwesen« von dem weitgefaßten und komplexen universalhistorischen Feudalismusbegriff zu unterscheiden.

Feudalismus (Lehns- oder Benefizialwesen) im technisch-juristischen Sinne beinhaltet das durch das Lehnrecht geregelte Verhältnis zwischen dem Lehnsherrn und dem Vasallen (Lehnsmann). Es handelt sich dabei in der Grundsubstanz um ein Rechtsverhältnis, das aber starke Auswirkungen auf den Staatsaufbau, das Heerwesen, die Wirtschafts- und Sozialstruktur und das geistige und kulturelle Leben des Mittelalters gewann. Das »Lehnszeitalter« (Heinrich MITTEIS) ist aber nicht mit dem Mittelalter identisch. Das Lehnswesen entfaltete sich im 8./9. Jahrhundert im fränkischen Reich und erlebte seine Blütezeit etwa zwischen dem 10. und dem 13. Jahrhundert. Es spielte im späten Mittelalter noch eine nicht unwichtige Rolle, verlor aber in der frühen Neuzeit stark an Bedeutung, obgleich seine Reste erst im 18. und frühen 19. Jahrhundert verschwanden.

Unter Feudalismus im weiteren Sinne wird eine durch verschiedene charakteristische Merkmale bestimmte Gesellschaftsordnung, die »Feudalgesellschaft« (»société féodale«), verstanden. Dieser Sprachgebrauch entwickelte sich im 18. Jahrhundert in Frankreich. Das Ancien régime wurde als *régime féodal* oder als *féodalité* bezeichnet: Am 11. August 1789 erklärte die Nationalversammlung das *régime féodal* für aufgehoben. Als antifeudales Schlagwort entstanden, wurde der Begriff auch in Deutschland rezipiert und fand Eingang nicht nur in die politische, sondern auch in die philosophische, geschichtswissenschaftliche und soziologische Terminologie. Das west- und mitteleuropäische Feudalsystem war ohne Zweifel eine einmalige historische Erscheinung, doch ist nicht zu verkennen, daß auch in anderen geschichtlichen Epochen und Kulturkreisen Gesellschaftsordnungen anzutreffen sind, die ähnliche Strukturen aufzuweisen haben. Soziologie und vergleichende Verfassungsgeschichtsforschung entwickelten aus der Verfassung und Sozialordnung des Frankenreiches und seiner Nachfolge- und Nachbarstaaten den Idealtyp der feudalen Gesellschaftsordnung (Max WEBER, Otto HINTZE). Dieser durch Abstraktion gewonnene Feudalismusbegriff läßt sich – faßt man ihn weit genug – auf andere Länder und Kulturen übertragen, in denen sich mehr oder weniger ausgeprägt feudale Elemente finden (Japan, China, Indien, Ägypten, Türkei, Rußland usw.). Die Zulässigkeit dieser universalgeschichtlichen Betrachtungsweise ist allerdings in der Forschung umstritten. Auch in der Frage, welches die für den Feudalismus als globale

Gesellschaftsformation konstitutiven Merkmale sind, herrscht keine Einigkeit.

Besonderes Gewicht besitzt der Feudalismusbegriff für die marxistische Geschichtsauffassung, denn die feudale Gesellschaftsordnung nimmt als die zwischen der Sklavenhaltergesellschaft und dem Kapitalismus liegende sozial-ökonomische Formation einen festen Platz im Ablauf der Weltgeschichte ein. Die Schwierigkeiten, die es bereitet, überall feudale Systeme als notwendige Glieder der weltgeschichtlichen Formationsreihe zu entdecken, hat zu einer intensiven Feudalismusdiskussion innerhalb der marxistischen Geschichtsforschung geführt.

Otto Hintze, Wesen und Verbreitung des Feudalismus. In: Ders., Staat und Verfassung. Gesammelte Abhandlungen zur allgemeinen Verfassungsgeschichte, hrsg. von Gerhard Oestreich, 3. Aufl. Göttingen 1970, S. 84–119.

Feudalismus. Zehn Aufsätze, hrsg. von Heide Wunder, München 1974 (Nymphenburger Texte zur Wissenschaft). Texte von Heinrich Mitteis, Otto Brunner, Marc Bloch, John Whitney Hall, Eckhard Müller-Mertens, Günter Lewin, Rudolf Eifler mit einer Einleitung von Heide Wunder.

Otto Brunner, Feudalismus. In: Geschichtliche Grundbegriffe. Historisches Lexikon zur politisch-sozialen Sprache in Deutschland II, Stuttgart 1975, S. 337–350.

Helmut Neubauer, Artikel »Feudalismus«. In: Sowjetsystem und demokratische Gesellschaft, Bd. 2, 1968, Sp. 477–490.

2. Die Entstehung des Lehnswesens

Das europäische Lehnswesen ist das Ergebnis eines langen Entwicklungsprozesses, dessen erste und grundlegende Etappe sich im fränkischen Reich zwischen dem 6. und 8. Jahrhundert vollzog. Bereits in der Merowingerzeit kam es vor, daß sich Personen freien Standes der Schutzherrschaft des Königs oder anderer mächtiger Herren unterstellten. Es handelte sich dabei offensichtlich nicht um den Eintritt in eine Gefolgschaft, sondern um die Unterwerfung unter ein stärker herrschaftlich gestaltetes Abhängigkeitsverhältnis. Schon GREGOR VON TOURS verwendet dafür den Ausdruck »commendare«, und in späteren Quellen kommt das entsprechende Substantiv »commendatio« vor, von dem der wissenschaftliche Termi-

nus technicus »Kommendation« abgeleitet ist. Durch den Rechtsakt der Kommendation gewann der Mann den Schutz (patrocinium, mundiburdium) des Herrn, verpflichtete sich aber gleichzeitig zur Übernahme bestimmter Verpflichtungen unter Wahrung
der persönlichen Freiheit.

Genauere Aufschlüsse über den Inhalt eines solchen durch Kommendation zustande gekommenen Schutz- und Dienstverhältnisses
gibt ein fränkisches Urkundenformular aus der ersten Hälfte des
8. Jahrhunderts:

*Qui se in alterius potestate commendat: Domino magnifico illo ego
enim ille. Dum et omnibus habetur percognitum, qualiter ego mini-
me habeo, unde me pascere vel vestire debeam, ideo petii pietati
vestrae, et mihi decrevit voluntas, ut me in vestrum mundoburdum
tradere vel commendare deberem; quod ita et feci, eo videlicet mo-
do, ut me tam de victu quam et de vestimento, iuxta quod vobis ser-
vire et promereri potuero, adiuvare vel consolare debeas, et dum
ego in caput advixero, ingenuili ordine tibi servicium vel obsequium
inpendere debeam et de vestra potestate vel mundoburdo tempore
vitae meae potestatem non habeam subtrahendi, nisi sub vestra potestate vel defensione diebus vitae meae debeam permanere.* (Formulae Turonenses Nr. 43, MGH Form. S. 158).

Materielle Not veranlaßt einen freien Mann, sich der Herrengewalt
eines anderen zu unterstellen. Es entsteht ein Abhängigkeitsverhältnis, denn der Kommendierte ist dem Herrn gegenüber zu
Dienst und Gehorsam (*servicium vel obsequium*) verpflichtet. Allerdings müssen Dienst und Gehorsam mit dem freien Stand ver-
einbar sein. Damit sollen offenbar ausgesprochene Knechtsdienste
ausgeschlossen werden. Der Herr übernimmt die Verpflichtung,
dem Mann den notwendigen Lebensunterhalt an Nahrung und
Kleidung zu gewährleisten. Die Freiwilligkeit des auf Lebenszeit
abgeschlossenen Vertrages wird besonders betont. Eine Auflösung
ist selbst im Falle einer Vertragsverletzung nicht vorgesehen. Obgleich die Kommendation in diesem Falle zu einer starken Abhängigkeit führt, handelt es sich nicht um eine Selbstverknechtung,
denn der persönlich freie Rechtsstand des Mannes wird nicht ange-
tastet.

In späteren Quellen wird die Symbolhandlung, die die Kommendation sinnfällig zum Ausdruck brachte, deutlich faßbar. In der Zeremonie des »Handganges« legte der Mann seine gefalteten Hände in
die Hände des Herrn. Das Hinstrecken der zusammengelegten
Hände ist ein uralter Verknechtungsritus: Der Unterworfene bietet
seine Hände zur Fesselung dar. Dieser Symbolakt kann als Hinweis
darauf gedeutet werden, daß eine der Wurzeln des Lehnswesens in

einer sehr niederen sozialen Sphäre zu suchen ist. Auch nachdem die Vasallität längst eine starke soziale Aufwertung erfahren hatte, gehörte der Handgang weiterhin zu den für eine Belehnung konstitutiven Rechtsakten.

Für die Annahme, daß eine der Wurzeln der Vasallität in der Sphäre der Unfreiheit zu suchen ist, sprechen auch etymologische Überlegungen. Die seit dem 8. Jahrhundert für den Lehnsmann übliche Bezeichnung »Vasall« (mlat. *vassus* oder *vassallus*) wird von dem keltischen Wort *gwas* = Knecht hergeleitet. Es gab bereits in der Merowingerzeit Unfreie *(pueri)*, die zusammen mit ihrem Herrn Haus und Hof verteidigten oder Fehden ausfochten. Der volkssprachliche Ausdruck für diese unfreien Knechte könnte in den gallo-romanischen Teilen des fränkischen Reiches *gwas* gewesen sein. Eine zweite Wurzel des Lehnswesens war die germanische Gefolgschaft, die im fränkischen Reich in der Form des Antrustionates weiterlebte. Das aus germanischen Traditionen gespeiste gefolgschaftliche Denken hat stets einen gewissen Einfluß auf das politische und gesellschaftliche Leben des merowingischen Frankenreiches ausgeübt. Es war offenbar vor allem der Begriff der Treue, der nachhaltig auf die vasallitischen Bindungen älterer Art eingewirkt hat. An die Stelle der Verpflichtung zum Gehorsam *(obsequium)* trat allmählich die Verpflichtung zur Treue, die nicht nur den Vasallen, sondern auch den Herrn band. Dadurch erfuhr die Person des Vasallen eine erhebliche soziale Aufwertung, und die Kommendation verlor viel von ihrem ursprünglichen Charakter als Verknechtungsritus. Wichtig für die ethische Aufwertung war die Übernahme des Treueides aus dem Gefolgschaftswesen in die Vasallität. An den Handgang schloß sich nachweisbar seit der Mitte des 8. Jahrhunderts die Leistung des Treueides durch den Vasallen an. In den Quellen wird im allgemeinen vom *sacramentum* gesprochen, während in der wissenschaftlichen Terminologie der »Lehnseid« vom »Gefolgschaftseid« und dem »allgemeinen Untertaneneid« unterschieden wird. Spätestens im 8. Jahrhundert hat die Vasallität eine starke Aufwertung erfahren. Die Vasallen gewannen an Sozialprestige. Die gallo-romanische Vasallität mit ihrer starken Abhängigkeit des Vasallen von seinem Herrn ist mit Elementen der auf gegenseitiger Treue basierenden germanischen Gefolgschaft zum frühmittelalterlichen Lehnswesen verschmolzen.

Ein weiteres Element, das für die Ausbildung und die weitere Entfaltung des Lehnswesens von größter Bedeutung war, ist das Benefizium, das Lehnsobjekt. Während durch Kommendation und Treueid eine persönliche Bindung geschaffen wurde, bildete das Benefizium das »dingliche Substrat« der Vasallität. Die Vergabe eines Lehens durch den Lehnsherrn an den Vasallen stellte das im Prinzip personale Verhältnis gleichsam auf eine materielle Basis. Die Entstehung des Benefiziums als einer besonderen Besitzform vollzog sich bereits in der Merowingerzeit und fand wohl schon damals bei der Ausstattung von Vasallen Anwendung. Um den Vasallen in die Lage zu versetzen, die vasallitischen Dienste zu leisten, stattete ihn der Lehnsherr gewöhnlich mit Grundbesitz aus. Allerdings gab es noch in der Karolingerzeit Vasallen, die am Hofe ihres Lehnsherrn lebten und dort mit Nahrung, Kleidung und Bewaffnung versorgt wurden *(vassi beneficium non habentes)*. Der Vasall schuldete seinem Herrn vom Lehen *consilium et auxilium,* »Rat und Hilfe«. Darunter verstand man im wesentlichen die Verpflichtung, auf Befehl des Herrn am Kriegszug teilzunehmen und ihn im Frieden zu beraten (»Heer- und Hoffahrt«). Auch andere Dienste konnten gefordert werden, doch waren niedere Aufgaben *(opera servilia)* ausgeschlossen. Ein Zins wurde vom ritterlichen Lehen nicht gefordert. Die enge Verbindung von Kommendation, Treueid und Benefizium war spätestens bis zum 8. Jahrhundert ausgebildet worden.

In der Forschung ist umstritten, ob Vasallität und Benefizium von Anfang an zusammengehört haben. Auf jeden Fall hatte sich bis zum 8. Jahrhundert eine enge Verbindung zwischen der Herstellung eines persönlichen Bandes durch Kommendation und Treueid und der Vergabe eines Lehnsobjektes herausgebildet. Der Empfang eines Benefiziums wurde als ein wesentlicher Bestandteil der vasallitischen Bindung angesehen. Das Lehen wurde schließlich sogar zum dominierenden Faktor und drang auch in Sphären ein, denen es zunächst wesensfremd war, nämlich in den Bereich der Kirche und des Ämterwesens.

François Louis Ganshof, Was ist das Lehnswesen? 7., revidierte deutsche Auflage, Darmstadt 1989.
Heinrich Mitteis, Lehnrecht und Staatsgewalt. Untersuchungen zur mittelalterlichen Verfassungsgeschichte, Weimar 1933, 10. Aufl. 1980.
Marc Bloch, La Société Féodale. La Formation des Liens de Dépendance, 2 Bde. Paris 1939. Dt. Ausgabe: Die Feudalgesellschaft, Berlin 1982.

3. Das Lehnswesen der Karolingerzeit

Die Entstehung und Ausbreitung der Vasallität hatten tiefgreifende Auswirkungen auf die Verfassung und die soziale Struktur des fränkischen Reiches. Es sind mehrere Entwicklungslinien zu erkennen, die aber eng ineinander verschlungen sind.

Besonders nachhaltig waren die Folgen der Entwicklung der Vasallität für die Wehrverfassung. Die fränkische Heeresverfassung beruhte ursprünglich in erster Linie auf der allgemeinen Wehrpflicht aller Freien und der Verfügungsgewalt des Königs über den Heerbann. Der König hatte das Recht, alle freien waffenfähigen Männer zum Feldzug aufzubieten. Diese noch aus der germanischen Frühzeit stammende Form der Heeresorganisation entsprach schon bald nicht mehr den militärischen Erfordernissen des fränkischen Großreiches. Das hatte mehrere Gründe:

In der Karolingerzeit fanden fast alljährlich größere Feldzüge statt. Zwar wurden in der Regel nur die Wehrpflichtigen aus einzelnen Reichsteilen aufgeboten, aber der Kriegsdienst bedeutete dennoch für die weniger begüterten Freien auf die Dauer eine drückende Last, denn jeder Krieger hatte selbst für seine Bewaffnung und Verpflegung zu sorgen. Außerdem konnte es sich nicht jeder leisten, Haus und Hof für mehrere Wochen oder sogar Monate zu verlassen. Daher versuchten viele Freie, dem Kriegsdienst zu entgehen. Das Königtum mußte versuchen, die Wehrverfassung den veränderten wirtschaftlichen und sozialen Verhältnissen anzupassen. Karl der Große tat dies durch die sog. »Heeresreform«. Er hielt zwar prinzipiell an dem Grundsatz der persönlichen Verpflichtung aller Freien zum Kriegsdienst fest, erleichterte sie aber für die ärmeren Bevölkerungsschichten. Nur noch diejenigen, die über ein Mindestmaß an Grundbesitz verfügten (drei bis vier Hufen), hatten persönlich dem Aufgebot Folge zu leisten; die Ärmeren wurden zu »Gestellungsverbänden« zusammengeschlossen. Mehrere Heerfahrtspflichtige hatten jeweils einen Mann auszurüsten, der dann an der Heerfahrt teilnahm.

Während auf der einen Seite die Bedeutung des allgemeinen Volksaufgebotes zurückging, wuchs auf der anderen Seite das militärische Gewicht der Vasallen. Ihnen war es in der Regel aufgrund der Ausstattung mit Benefizien möglich, als gut bewaffnete Reiterkrieger ins Feld zu ziehen. Allerdings bestand die fränkische Reiterei nicht nur aus Vasallen, denn auch diejenigen Freien, die wenigstens 12 Hufen besaßen, hatten als Panzerreiter dem Aufgebot des Königs Folge zu leisten. Von besonderer Wichtigkeit waren natürlich die königlichen Lehnsleute, die Kronvasallen *(vassi regis, vassi dominici)*, denn sie waren durch ihren Lehnseid besonders fest an den König gebunden. Darüber hinaus haben sich die Karolinger bemüht, auch die Vasallen der geistlichen und weltlichen Großen in die Heeresorganisation einzubeziehen. Die Lehnsherren waren verpflichtet, an der Spitze ihrer Mannen dem königlichen Heerbann zu folgen. Falls der Lehnsherr nicht aufgeboten wurde oder aus einem zwingenden Grund dem Aufgebot nicht Folge leistete, mußten die Vasallen mit dem zuständigen Grafen ins Feld ziehen. Das fränkische Königtum befand sich in der Frage der Vasallität in einer schwierigen Situation. Auf der einen Seite wollte es nicht auf die Wehrkraft der Freien verzichten, denn diese waren als Fußtruppen noch immer von militärischem Wert. Politisch konnten sie vom König als Gegengewicht gegen die wachsende Macht der Aristokratie eingesetzt werden. Auf der anderen Seite war der König an einer gut bewaffneten, beweglichen und schlagkräftigen Truppe interessiert, wie sie nur mit Hilfe der Vasallität zu formieren war. Die vorwiegend aus Vasallen bestehende Reiterei gewann immer mehr an Bedeutung. Der König zog dazu nicht nur die Kronvasallen heran, sondern auch die Lehnsleute der Kirchenfürsten und der Aristokratie. Er konnte daher im eigenen militärischen Interesse die großen Grundherren nicht am Aufbau eigener Vasallenverbände hindern, obgleich sie sich damit ein Machtinstrument schufen, mit dessen Hilfe sie ihren politischen Einfluß weiter steigern konnten.

Die Politik Karls des Großen (768–814) und seiner Nachfolger war darauf gerichtet, die für das Staatsgefüge negativen Folgen der Feudalisierungstendenzen in der Heeresorganisation in Grenzen zu halten. Sie hielten prinzipiell an der königlichen Verfügungsgewalt über das allgemeine Volksaufgebot fest und bemühten sich, die Lehnsherren und deren Vasallenverbände in die Heeresorganisation einzugliedern. Der Prozeß der Feudalisierung des Heeres konnte aber nicht aufgehalten werden, da seine Ursachen in grundlegenden wirtschaftlichen, sozialen, politischen und technischen Veränderungen lagen.

Das karolingische Königtum hat außerdem versucht, durch die Einführung eines allgemeinen Treueides auf den König den »Untertanenverband« des Reiches zu festigen. Dieser Eid wurde nicht nur von den freien Männern gefordert, sondern auch von allen Vasallen, die dadurch unmittelbar dem König verpflichtet wurden. Er war formal dem Vasalleneid nachgebildet, doch forderte ihn der König nicht als Lehnsherr, sondern als Reichsoberhaupt. Selbstverständlich fehlten Handgang und Verleihung von Benefizien, also zwei wesentliche Elemente der vasallitischen Bindung. Bemerkenswert ist die Tatsache, daß der König diesen Treueid auch von Vasallen halbfreien und unfreien Standes fordern ließ. Diese Leute waren mit Benefizien ausgestattet und zogen als gut ausgerüstete Reiterkrieger ins Feld. Da sie keine Freien waren, unterlagen sie voll und ganz der Verfügungsgewalt ihrer Leib- und Lehnsherren. Durch ihre Einbeziehung in den Kreis der Eidespflichtigen suchte der König diese aufsteigende soziale Schicht an sich zu binden.

Die Vasallen bildeten keineswegs eine in rechtlicher, politischer und wirtschaftlich-sozialer Hinsicht einheitliche Schicht. Die Großen des Reiches gehörten dazu, denn sie waren in der Regel als Kronvasallen unmittelbare königliche Lehnsträger. Zur Schicht der Kronvasallen gehörten aber auch Leute, die nur mit kleineren oder mittleren Lehen ausgestattet waren oder sogar ohne Ausstattung mit einem Benefizium am Hofe lebten. Die Vasallen der geistlichen Würdenträger und der weltlichen Herren waren wohl zum größten Teil kleinere Freie, die in die Vasallität eingetreten waren, zum Teil aber auch Halbfreie und Unfreie, für die die Ausstattung mit Benefizien einen sozialen Aufstieg bedeutete. Als Vasallen erwarben sie sogar das Waffenrecht.

Das karolingische Königtum hat das Lehnswesen auch zur Konsolidierung des Reiches benutzt. Zwar wurde stets an der Auffassung festgehalten, daß die Markgrafen, Grafen und andere weltliche Würdenträger nur Inhaber von königlichen Ämtern seien, aber der König hat versucht, die Amtsträger durch die Herstellung vasallitischer Bindungen zusätzlich an die Krone zu fesseln. Das hatte zur Folge, daß die von Kronvasallen verwalteten Ämter schließlich selbst als Lehen betrachtet wurden. Dabei hat wohl die Art der Amtsübergabe durch Investitursymbole wie Stab und Lanze eine Rolle gespielt, vielleicht auch die Tatsache, daß mit den Grafschaften stets auch Besitz in der Form des Amtsgutes verbunden war, der als Benefizium angesehen werden konnte. Jedenfalls gewinnt die Bezeichnung *honores* in karolingischer Zeit die Doppelbedeutung »Amt« und »Lehen«. Man kann diesen Vorgang als Feudalisierung der Amtsverfassung bezeichnen. Wichtig ist dabei, daß sich damit auch das Prinzip der Erblichkeit der Ämter durchzusetzen begann, denn die Lehen wurden zwar nicht de jure, wohl aber de facto erblich.

Die öffentliche Gewalt, die mit der Ausübung eines Amtes verbunden war, wurde zum Lehnsobjekt: »Seit dem 9. Jahrhundert ist das Lehnsrecht in immer steigendem Maße zur Form des Verwaltungsrechts des mittelalterlichen Staates geworden« (MITTEIS, Der Staat des hohen Mittelalters, S. 67). Dies bedeutete, wie MITTEIS betont, keine »Privatisierung« der Staatsgewalt, denn die im Amt enthaltene staatliche Hoheit blieb auch nach der Feudalisierung erhalten. Die Amtsbereiche werden freilich mehr und mehr zu Herrschaftsbereichen, die dem König vor allem lehnrechtlich unterstehen.

Vom Vordringen des Lehnswesens blieb auch die Struktur der Kirche nicht unberührt. Die Einsetzung der Bischöfe und Äbte durch den König nahm mehr und mehr lehnrechtliche Formen an. Der König investierte den Bischof mit Ring und Stab. Das konnte leicht als ein Belehnungsakt aufgefaßt werden. Das Königtum hat die hohen geistlichen Würdenträger hinsichtlich ihrer weltlichen Herrschaftsbefugnisse als Vasallen betrachtet und von ihnen auch den Lehnseid gefordert.

Die Kirche hat ihrerseits die Institution des Lehnswesens zur Erweiterung ihrer weltlichen Macht benutzt. Die Bischöfe und Äbte umgaben sich mit Vasallen, die den Schutz der Kirche übernahmen und die Prälaten auf den Heerfahrten und Reichstagen begleiteten.

Walther Kienast, Die fränkische Vasallität von den Hausmeiern bis zu Ludwig dem Kind und Karl dem Einfältigen, Frankfurt am Main 1990 (= Frankfurter Wiss. Beiträge, Bd. 18).

4. Die Feudalisierung der Reichsverfassung

Von den Nachfolgestaaten des fränkischen Reiches aus verbreitete sich das Lehnswesen über ganz Europa. Durch die normannische Eroberung kam es nach 1066 nach England, durch die Reconquista nach Spanien und durch die Gründung der Kreuzfahrerstaaten sogar nach Kleinasien. Auch Ungarn, Böhmen und Polen wurden allmählich feudalisiert. In Dänemark, Norwegen und Schweden fand das Lehnswesen zwar ebenfalls Eingang, blieb aber auf einer niedrigeren Entwicklungsstufe stehen. Sonderformen des Feudalismus bildeten sich in Byzanz und im alten Rußland heraus.

Heinrich Mitteis, Der Staat des hohen Mittelalters. Grundlinien einer vergleichenden Verfassungsgeschichte des Lehnszeitalters, 8. Auflage, Weimar 1968, S. 107 ff.

Franz Dölger, Der Feudalismus in Byzanz. In: Studien zum mittelalterlichen Lehnswesen, Sigmaringen 1960 (= Vorträge und Forschungen, Bd. V), S. 185–193.

Manfred Hellmann, Probleme des Feudalismus in Rußland. In: Ebda. S. 235–258.

Im ostfränkisch-deutschen Reich vollzog sich zwischen dem 10. und 12. Jahrhundert ein Entwicklungsprozeß, den man als die Feudalisierung der Reichsverfassung bezeichnen kann. Das Lehnswesen gewann zunehmend an Bedeutung für die innere Struktur des Reiches. Allerdings verlief dieser Prozeß nicht gradlinig, da die deutschen Herrscher aus dem Hause der Ottonen und Salier immer wieder versucht haben, die amtsrechtlichen Grundlagen ihrer Stellung beizubehalten und sie gegenüber dem Lehnrecht zur Geltung zu bringen.

Die Stämme wurden im ostfränkisch-deutschen Reich wieder zu beachtlichen politischen Machtfaktoren. An ihre Spitze traten wiederum Herzöge, die dem König gegenüber eine sehr selbständige Position einnahmen. Diese neue herzogliche Gewalt wird als »jüngeres Stammesherzogtum« vom »älteren Stammesherzogtum« der fränkischen Zeit (vgl. S. 28) unterschieden. Die Auseinandersetzungen zwischen den Herzögen und dem Königtum wurden für Jahrhunderte zu einem der schwierigsten innenpolitischen Probleme.

Die Herzöge wurden durch das Lehnrecht an den König als ihren Oberlehnsherrn gebunden, doch bemühte sich vor allem Otto der Große (936–973) darum, ihnen gegenüber die volle königliche Gewalt zur Geltung zu bringen und den Amtscharakter des Herzogtums zu betonen. Der König war bestrebt, Herzogtümer, Markgrafschaften und Grafschaften als Ämter erscheinen zu lassen und die lehnrechtlichen Komponenten zurückzudrängen.

Bis zum Investiturstreit war die Reichskirche fest in der Hand des Königs, der über Bischöfe und Prälaten eine unmittelbare Herrschaft ausübte. Die Bischöfe, die Reichsäbte und die Äbtissinnen der Reichsklöster wurden vom König eingesetzt und durch das Lehnsband noch fester an das Reichsoberhaupt gebunden. Ottonen und Salier stärkten die weltliche Macht der Kirche, um ein Gegengewicht gegen die weltlichen Fürsten zu schaffen (»ottonisches Reichskirchensystem«). Durch die Verleihung von Immunitätsprivilegien und die großzügige Ausstattung mit Grundbesitz, Grafenrechten und anderen Herrschaftsbefugnissen entstanden große Herrschaftsbereiche in den Händen geistlicher Würdenträger.

Die Feudalisierung der Reichsverfassung machte unter Lothar III. (1125–1137) große Fortschritte, da sich der Kaiser bei der Vergabe von Herzogtümern, Markgrafschaften und Grafschaften streng an lehnrechtlichen Prinzipien orientierte. Auch das Verhältnis des Königtums zu den Reichskirchen wurde nun auf lehnrechtliche Grundlagen gestellt, da durch das Wormser Konkordat von 1122 die unmittelbare königliche Kirchenherrschaft beseitigt worden war. Als Ergebnis des Investiturstreites trat eine Trennung von geistlichem Amt und weltlicher Herrschaft, von Spiritualien und Temporalien, ein. Dem König verblieb nur die Verleihung der weltlichen Herrschaftsrechte an die geistlichen Würdenträger. Durch die Belehnung mit den Regalien wurden die Inhaber der Reichskirchen zu Kronvasallen. An die Stelle der königlichen Verfügungsgewalt über die Reichskirchen trat nun die Lehnsbindung. Der König wurde zum Oberlehnsherrn der geistlichen Würdenträger. Aus Reichsbischöfen, Reichsäbten und Reichsäbtissinnen entstand ein geistlicher Reichsfürstenstand.

Die endgültige Umgestaltung des Reichsverbandes unter Anwendung lehnrechtlicher Prinzipien erfolgte unter den staufischen Herrschern (1138–1254). Der König beanspruchte eine oberlehnsherrliche Stellung gegenüber allen Herrschaftsträgern, die in einen das ganze Reich umfassenden Lehnsverband eingeordnet waren. Nach der lehnrechtlichen Theorie hatten alle Herrschaftsträger in dieser hierarchisch gegliederten Lehnspyramide ihren festen Platz. Die Heerschildordnung (vgl. S. 87 ff.) garantierte dem König unangefochten den Platz an der Spitze des zum Lehnsverband umgestalteten Reiches.

Die Verwendung des Lehnrechtes zur Neugestaltung der Reichsverfassung fiel mit territorialen Veränderungen im Reich zusammen, die nicht unumstritten als »staufische Reichsreform« bezeichnet werden. Während auf der einen Seite die beiden großen Stammesherzogtümer Bayern und Sachsen verkleinert bzw. zerschlagen wurden, wurden auf der anderen Seite neue größere Territorien geschaffen, die lehnrechtlich an den König gebunden wurden. Bei den Herzogtümern traten der Amtscharakter und die Verbindung mit dem Stamm zurück. Sie wurden zu reinen territorialen Lehnsfürstentümern. In gleicher Weise galt das für Markgrafschaften und einen Teil der Pfalz- und Landgrafschaften.

Im Laufe der zweiten Hälfte des 12. Jahrhunderts formierte sich ein Kreis von Fürsten, der sich nach unten hin abschloß und der in der Forschung als »jüngerer Reichsfürstenstand« bezeichnet wird. Er wird erstmals im Zusammenhang mit dem Prozeß Friedrich Barbarossas gegen Heinrich den Löwen 1180 deutlich faßbar. Die Kennzeichen dieses Reichsfürstenstandes waren die unmittelbare Belehnung durch den König und die Freiheit von lehnrechtlichen Bindungen an einen anderen weltlichen Lehnsherrn. Allerdings waren keineswegs alle Kronvasallen Angehörige des Reichsfürstenstandes, sondern nur diejenigen, die den Herzogtitel führten oder in ihren Territorien in verfassungsrechtlicher Hinsicht eine herzogsgleiche Stellung besaßen. Grafen gehörten dem Reichsfürstenstand auch dann nicht an, wenn sie noch unmittelbar vom König eingesetzt wurden. Nach dem Abschluß des Reichsfürstenstandes um 1200 bedurfte es eines förmlichen Erhebungsaktes, um Zugang zur obersten Führungsgruppe des Reiches zu finden. Bedingung waren die Begründung eines unmittelbaren Lehnsverhältnisses zum Reich und der Besitz eines für ein Fürstentum ausreichenden Territoriums.

Am Ende des 12. Jahrhunderts gab es neben zahlreichen geistlichen Reichsfürsten etwa 20 Reichsfürsten weltlichen Standes, nämlich die Herzöge von Bayern, Sachsen, Schwaben, Lothringen, Brabant, Österreich, Kärnten, Steiermark und Böhmen, die Markgrafen von Brandenburg, Meißen und Lausitz, den Landgrafen von Thüringen, den Pfalzgrafen bei Rhein und den Grafen von Anhalt. Weniger sicher, aber immerhin wahrscheinlich ist die Zugehörigkeit der Herzöge von Zähringen und von Andechs-Meranien zum jüngeren Reichsfürstenstand.

Im Laufe der Zeit sind einige Reichsfürstentümer wieder verschwunden, andere dazugekommen. Nach der Reichsmatrikel von 1521 umfaßte der Reichsfürstenstand die 7 Kurfürsten, 4 Erzbischöfe, 46 Bischöfe, 64 Äbte und Prälaten, 13 Äbtissinnen, 4 Deutschordensballeien und 28 weltliche Herren.

Die geistlichen Reichsfürsten wurden vom König durch die Übergabe eines Szepters belehnt (Szepterlehen), die weltlichen Reichsfürsten empfingen ihre Lehen durch die Überreichung von Fahnen (Fahnlehen). Ein Reichsfürstentum wurde im allgemeinen durch mehrere Fahnen symbolisiert. Die Fahne als Investitursymbol wurde auch bei reichsunmittelbaren Grafschaften verwendet.

Eine sehr plastische Beschreibung einer Belehnung mit einem Fahnlehen gibt der Chronist Otto von Freising anläßlich der Erhebung der bayerischen Ostmark zum Herzogtum Österreich im Jahre 1156 (Gesta Frederici II, 57). Friedrich Barbarossa war es gelungen, den Streit um die bayerische Herzogswürde zwischen Heinrich dem Löwen und Heinrich Jasomirgott friedlich beizulegen. Heinrich Jasomirgott verzichtete auf das Herzogtum Bayern, das er dem König resignierte, indem er ihm sieben Fahnen übergab (*Heinricus maior natu ducatum Baioariae per septem vexilla resignavit*). Der König übergab diese sieben Fahnen an Heinrich den Löwen und setzte ihn damit zum Herzog von Bayern ein. Heinrich der Löwe verzichtete auf die zum Herzogtum Bayern gehörige Ostmark und drei Grafschaften und demonstrierte diesen Verzicht durch die Rückgabe von zwei Fahnen an den König. Auf Beschluß der anwesenden Fürsten wurde aus der Ostmark und den drei Grafschaften ein neues Herzogtum geschaffen, mit dem der König Heinrich Jasomirgott und dessen Gemahlin belehnte, indem er ihnen die beiden Fahnen überreichte. Einen urkundlichen Niederschlag fanden diese wichtigen Vorgänge in dem berühmten sog. Privilegium minus (MGH D FI 151).

Ein gravierendes Problem, das auch beträchtliche Auswirkungen auf die Struktur des Reiches hatte, war die Teilung der Lehen unter die Erben des Vasallen. Auch Reichslehen und Reichsfürstentümer wurden geteilt, so daß die Gefahr einer Atomisierung des Reiches bestand. Erst in der Goldenen Bulle von 1356 wurde wenigstens die Unteilbarkeit der Kurfürstentümer festgelegt. In den übrigen Reichsfürstentümern und Territorien setzte sich das Prinzip der Primogenitur jedoch nur langsam durch.

Der Prozeß der Feudalisierung der Reichsverfassung, der im 12. und 13. Jahrhundert die größten Fortschritte gemacht hat, führte aber nicht zu einer vollständigen Durchsetzung des Lehnrechtes. Die Stellung des Königs im Reich beruhte nicht allein auf seinem Rang als oberster Lehnsherr. Weder die deutsche Königswahl noch die Entstehung des Kurfürstenkollegiums sind aus der lehnrechtlichen Vorstellungswelt zu erklären. Das gilt auch für die Beziehungen des Königtums zu den Reichsstädten und Reichsdörfern, den Reichsministerialen und den Reichsrittern. Ebenso beruht die oberste Gerichtsgewalt, die dem König für das gesamte Reich zugeschrieben wurde, nicht auf lehnrechtlichen, sondern auf landrechtlichen Grundlagen.

»Schon aus dem Gesagten erhellt, daß das Lehnrecht nicht der alleinige Träger der Verfassung war. Das Deutsche Reich der Stauferzeit war nur insofern Lehnsstaat, als das Lehnrecht ein mitbestimmender Faktor der königlichen Gewalt war; aber diese war nie bloß oberste Lehnsherrschaft. Justiz und Gesetzgebung, vor allem die Landfrieden, beruhten noch überwiegend auf dem Volksrecht, das Heerwesen wenigstens noch teilweise, die Stellung des Königs zu den Städten war überhaupt nicht lehnrechtlich« (Mitteis, Der Staat des hohen Mittelalters, S. 270).

Im Verhältnis zwischen dem Reichsoberhaupt und den Reichsfürsten dominierten die lehnrechtlichen Beziehungen. Die Reichsfürsten waren durch das Lehnrecht an den König gebunden, der bei der Lehnserneuerung stets die Möglichkeit hatte, seine oberlehnsherrlichen Ansprüche zu dokumentieren. Die Lehnshoheit des Königs erfaßte aber über den Kreis der geistlichen und weltlichen Reichsfürsten hinaus weitere Personengruppen, die als Kronvasallen mit dem König verbunden waren, ohne jedoch stets auch reichsunmittelbar zu sein. Das Lehnrecht war daher bis zur Auflösung des Reiches im Jahre 1806 ein wichtiger politischer und verfassungsrechtlicher Faktor, dessen Integrationswirkung nicht unterschätzt werden sollte.

Karl-Friedrich Krieger, Die Lehnshoheit der deutschen Könige im Spätmittelalter (ca. 1200–1437), Aalen 1979 (= Untersuchungen zur deutschen Staats- und Rechtsgeschichte, NF 23).

5. Territorialstaat und Lehnswesen

Im späteren Mittelalter und der frühen Neuzeit wurde die Entwicklung des Lehnswesens in Deutschland in starkem Maße durch die Herausbildung und Konsolidierung des Territorialstaates bestimmt. Die Entstehung der Landesherrschaft beruhte zwar keineswegs ausschließlich oder vorrangig auf dem Lehnrecht, aber das Lehnswesen hat doch nicht selten eine wichtige Rolle für den Aufbau und die Festigung der Landesherrschaft gespielt. Zum Reichslehnswesen trat daher seit dem hohen Mittelalter das territoriale Lehnswesen. Nach der lehnrechtlichen Theorie waren sie durch das System der »Heerschildordnung« miteinander verbunden (S. 87 ff.). Auf die Bedeutung des Lehnswesens für den Prozeß der Territorienbildung hat bereits Heinrich MITTEIS hingewiesen (Lehnrecht und Staatsgewalt, S. 450). Er hat dem Lehnrecht sogar die führende Rolle zugeschrieben. Neuere Untersuchungen über das Lehnswesen in einzelnen Landschaften und Fürstentümern haben die knappen Darlegungen von Mitteis ergänzt und zu präziseren und zugleich differenzierteren Einsichten geführt.

Bernhard Diestelkamp, Lehnrecht und spätmittelalterlicher Territorialstaat. In: Der deutsche Territorialstaat im 14. Jahrhundert, Sigmaringen 1970 (= Vorträge und Forschungen, Bd. XIII), Bd. I, S. 65–96.

Gerhard Theuerkauf, Land und Lehnswesen vom 14. bis zum 16. Jahrhundert. Ein Beitrag zur Verfassung des Hochstifts Münster und zum nordwestdeutschen Lehnrecht, Köln/Graz 1961 (= Neue Münstersche Beiträge zur Geschichtsforschung, Bd. 7).

Bernhard Diestelkamp, Das Lehnrecht der Grafschaft Katzenelnbogen (13. Jahrhundert bis 1479). Ein Beitrag zur Geschichte des spätmittelalterlichen deutschen Lehnrechts, insbesondere zu seiner Auseinandersetzung mit oberitalienischen Rechtsvorstellungen, Aalen 1969 (= Untersuchungen zur deutschen Staats- und Rechtsgeschichte, NF 11).

Karl-Heinz Spiess, Lehnsrecht, Lehnspolitik und Lehnsverwaltung der Pfalzgrafen bei Rhein im Spätmittelalter, Wiesbaden 1978 (= Geschichtliche Landeskunde, Bd. 18).

Weitere Untersuchungen auf regionaler Basis sind erforderlich, da das Lehnswesen in den einzelnen deutschen Landschaften und Territorien vielfach beträchtliche Unterschiede aufweist. Daher sind generalisierende Aussagen nur mit Vorbehalt möglich:

»Verglichen mit der Bedeutung des Lehnswesens im Reich besaß das territoriale Lehnswesen innerhalb der spätmittelalterlich-frühneuzeitlichen Landesherrschaft ein weit größeres Gewicht, denn hier wurden die Frühformen des modernen Staates wirk-

sam ergänzt durch die Spätformen des Lehnswesens, das im Spätmittelalter entgegen der früheren Lehre noch nicht erstarrt war und
funktionalen Veränderungen im Sinne des Landesherrn unterworfen werden konnte. Es kam, eingeleitet durch die Verdinglichung,
zu einer Territorialisierung des Lehnrechts, die sich z. B. dadurch
äußerte, daß die Verpflichtung des Vasallen auf das Territorium
und nicht mehr auf den Lehnsherrn allein bezogen wurde. In dieser
territorialisierten Form ist im Lehnrecht ein Mittel zur Festigung
der Landesherrschaft zu sehen, zumal es teilweise bis in die Neuzeit
in den Bereich der Amts- und Gerichtsorganisation hineinwirkte.
Auch auf militärischem Gebiet behielten die Lehnsbedingungen
einen gewissen Wert, denn immerhin wurden noch im 17. Jahrhundert Lehnsdienste gefordert und persönlich geleistet, wenn auch
die Ablösung durch Geldzahlung die Regel war.«

Karl-Heinz Spiess, Art. »Lehn(s)recht, Lehnswesen«. In: HwbDt.RG II,
Sp. 1737f.

Das Lehnswesen bot den Landesherren verschiedene Möglichkeiten, die zum Aufbau und zur Festigung der eigenen Herrschaft
genutzt werden konnten. Mit Hilfe einer aktiven Lehnspolitik
konnte das Territorium vergrößert und abgerundet werden. Durch
die Herstellung eines Lehnsverhältnisses konnten die militärischen
Kräfte des Landesherrn gestärkt und potentielle Gegner neutrali-
siert werden. Ein wichtiges Mittel zur Ausdehnung des Herr-
schaftsbereiches war die Lehnsauftragung, bei der Allodialbesitz in
Lehen umgewandelt wurde (vgl. S. 79). Der neue Vasall erlangte
den Schutz des Lehnsherrn, der zugleich oft der Landesherr war,
während dieser seine militärischen Kräfte vermehrte und im Falle
des erbenlosen Todes auch das Heimfallsrecht geltend machen
konnte. Dadurch konnten allodiale Besitz- und Herrschaftsrechte,
die einer Durchsetzung der Landesherrschaft im Wege standen, beseitigt und der Territorialstaat arrondiert werden. Die Lehnsauftragung spielte daher sowohl für die Ausdehnung der Territorialherr-
schaft als auch für ihre Konsolidierung vielfach eine wichtige Rolle.
Die Vergrößerung und Abrundung des landesherrlichen Territoriums wurde dadurch erleichtert, daß es in den Territorialstaaten keinen Leihezwang gab. Der Lehnsherr hatte die Möglichkeit, heimgefallene Lehen einzubehalten und auf diese Weise den unmittelbaren landesherrlichen Besitz zu vergrößern. In der Regel haben aber
auch die Landesherren heimgefallene Lehen wieder ausgegeben, da
sie dadurch neue Vasallen gewinnen, die militärischen Kräfte stärken und treue Diener belohnen konnten.
Da das Lehnswesen im Spätmittelalter und der beginnenden Neu-

zeit im Bereich der Kriegsführung zwar zurückgedrängt, keineswegs aber vollkommen ausgeschaltet wurde, haben die Territorialherren das Lehnrecht auch zur Stärkung ihrer militärischen Kräfte eingesetzt. Territorialpolitik war seit dem Hochmittelalter zu einem beträchtlichen Teil Burgenpolitik. Die Burgmannen, die die Burgen im Dienste des Burgherren besetzten und verteidigten, waren in der Regel lehnrechtlich gebunden. Mit dem Aufkommen und der Verbreitung der Rentenlehen nahm die Zahl der Lehnsobjekte, die zur Verpflichtung von Burgmannen benutzt werden konnten, stark zu. Die Burgmannschaften, die dem Lehns- und Territorialherrn durch ihren Lehnseid und die Verpflichtung zur Burghut verbunden waren, stellten zeitweilig das wesentlichste personelle Element der spätmittelalterlichen landesherrlichen Burgenpolitik dar. Durch Burglehensverhältnisse konnte vor allem der niedere Adel zu militärischen Diensten verpflichtet und den territorialpolitischen Bestrebungen der Landesherren unterworfen werden. (Über Burghut, Burgmannen und Burglehnrecht vgl. S. 76 f.).
Als Mittel der landesherrlichen Territorialpolitik konnte auch das mit dem Lehnrecht eng verbundene »Öffnungsrecht« eingesetzt werden. Der Lehnsherr konnte prinzipiell von seinen Vasallen verlangen, daß sie ihm ihre Burgen »öffneten«, d. h. sie ihm im Bedarfsfall als Stützpunkte zur Verfügung stellten. Auch der Landesherr forderte innerhalb seines Territoriums die Offenhaltung aller Burgen, so daß sich lehns- und landesherrliche Ansprüche überschneiden und miteinander konkurrieren konnten. Lehensbindungen konnten daher, vor allem wenn sie zusätzlich durch den Abschluß eines sog. »Offenhausvertrages« verstärkt wurden, der erste Schritt zur Unterwerfung unter die Landesherrschaft sein.

Lehnsherrschaft und Landesherrschaft sind ihrem Ursprung und ihrem Charakter nach ganz unterschiedlich strukturiert. Im Lehnswesen dominierte ursprünglich ganz eindeutig die personale Komponente, die Beziehungen zwischen dem Lehnsherrn und dem Vasallen, während es zu den entscheidenden Wesenszügen der Landesherrschaft gehört, daß sie sich über ein bestimmtes Territorium erstreckt. Dennoch konnte das Lehnsrecht zu einem konstitutiven Element der territorialstaatlichen Entwicklung werden, weil sich an der Wende vom hohen zum späten Mittelalter eine Tendenz zur Territorialisierung des Lehnswesens durchsetzte. Die Fortdauer des Lehnswesens bis in das 18. und 19. Jahrhundert ist nicht zuletzt dadurch zu erklären, daß es durch die Möglichkeit der Territorialisierung an die gesamtgesellschaftlichen Wandlungsprozesse angepaßt werden konnte.

Vorbereitet und begleitet wurde der Trend zur Territorialisierung durch die Tendenz zur Versachlichung der Lehnsbeziehungen, indem das Lehen vorrangig als Besitzform angesehen und die persönlichen Bindungen zwischen Lehnsherrn und Vasallen in den Hintergrund gedrängt wurden. In der rechtsgeschichtlichen Forschung wird von einem »Prozeß der Verdinglichung der Lehnsverhältnisse« gesprochen. Er erleichterte den Prozeß der Territorialisierung des Lehnrechtes.

Territorialisierung des Lehnswesens bedeutet nicht nur die Herausbildung spezieller Lehnssysteme in den einzelnen Territorien, sondern auch die Herstellung einer engeren Beziehung zwischen dem Land und den darin begüterten Vasallen. Im Zusammenhang mit der Herausbildung des frühmodernen Flächenstaates entsteht die Vorstellung, daß Lehnstreue und Lehnsbindung nicht allein der Person des Lehns- und Landesherrn gelten, sondern auch dem Land selbst. Der räumliche Bereich der Lehnsherrschaft wird dadurch mit dem der Landesherrschaft verbunden. Diese unmittelbare Verknüpfung der Lehnsbindung mit dem Territorium kommt vereinzelt schon im 13. und verstärkt im 14. Jahrhundert in den Quellen zum Ausdruck. In Formulierungen wie *vasalli comitatus* oder *homines marchiae* ist der Bezug auf das Territorium deutlich zu erkennen.

Wenn der Lehnsherr zugleich Landesherr war, ergab sich eine engere Verbindung der Lehnsbeziehungen zum landesherrlichen Territorium, aber dennoch vermittelte das Lehnrecht prinzipiell persönliche Bindungen, die über den Bereich einer Landesherrschaft hinausgehen konnten. Lehnsherrschaft und Landesherrschaft fielen in manchen Gegenden nicht immer zusammen, und die Existenz der »Außenlehen« *(feuda extra curtem)* führte zu mancherlei Problemen in der Rechts- und Herrschaftsordnung. Die Landesherren waren bestrebt, den Bereich ihrer Landesherrschaft und Lehnsherrschaft zur Deckung zu bringen und innerhalb des eigenen Territoriums die lehnsherrlichen Ansprüche anderer Herren zu beseitigen. Die Außenlehen wurden zum Teil aufgegeben oder verloren an Bedeutung. Besitzungen innerhalb der eigenen Landesherrschaft wurden nach Möglichkeit nicht an landfremde Vasallen vergeben. Zwar wurden die Außenlehen im Laufe der Zeit seit dem 14. Jahrhundert reduziert, doch verschwanden die letzten erst im 18. und 19. Jahrhundert im Zuge der allgemeinen Allodifikation der Lehen.

Werner Goez, Art. »Allodifikation«. In: HwbDt. RG I, Sp. 122f.; ders., »Feudum extra curtem«. In: HwbDt. RG I, Sp. 1117f.

Das spätmittelalterliche Lehnswesen hat nicht nur zur Vergrößerung und Festigung des Territorialstaates beigetragen, sondern auch zu seiner inneren Konsolidierung. Da der Bereich der Landesherrschaft und der Lehnsherrschaft nicht selten mehr oder weniger übereinstimmten, war ein großer Teil der Vasallen an den Herrn nicht nur lehn-, sondern auch landrechtlich gebunden. Daher hat das Lehnswesen auch für die Entstehung der landständischen Verfassung eine Rolle gespielt. Die Lehnstage, auf denen die Vasallen zu Beginn der Regierungszeit eines neuen Landesherrn diesem huldigten, den Treueid leisteten, ihre Lehen in Empfang nahmen und dem Lehnsgericht beiwohnten, waren ein wichtiger Ansatzpunkt für die Herausbildung landständischer Organisationsformen. Für den ritterlichen Adel eines Territoriums trat die Bindung an den Landes- und Lehnsherrn in den Vordergrund, und der Unterschied zwischen lehnrechtlichen und landrechtlichen Verpflichtungen wurde immer weniger wichtig. Mit der Formel »Landsassen und Lehnsleute« wurde der Personenkreis umschrieben, der sich zum landsässigen Adel zusammenschloß. Aus der Vasallität formierte sich die Ritterschaft als Landstand.

Heinrich MITTEIS (Der Staat des hohen Mittelalters, S. 424) hat seine Vorstellungen von den Grundlinien dieser Entwicklung in pointierter Weise zusammengefaßt:

> Es ist festzustellen, »daß um 1300 überall eine neue Auffassung vom Staate zum Durchbruch gelangte, daß der Lehnsstaat mit seinen persönlichen Bindungen sich umzubilden begann in ein System sachlicher Ordnungen. Das Lehnrecht als Organisationsprinzip des Staates verschwindet, an Stelle der Vasallen treten abhängige, festbesoldete Beamte. Wo das Lehnswesen bis in die Neuzeit hinein erhalten blieb, wurde es zur leeren Form; als tragende Kraft des Staatswesens hat es seine Rolle um 1300 ausgespielt. Die vielfach landfremden fürstlichen Beamten, die dem Adel seine alten Rechte streitig machen, werden zu Trägern einer auf sachliche Auftragsverwaltung ausgerichteten Bürokratie, in der das persönliche Element verblaßt«.

Dieses Bild ist allerdings durch neuere Forschungen modifiziert worden: In der Verwaltungs- und Gerichtsorganisation des spätmittelalterlich-frühneuzeitlichen Territorialstaates drangen neue amtsrechtliche Formen auf Kosten des Lehnrechts vor. Zwar konnten Verwaltungsfunktionen auch als Lehen vergeben werden, doch wurden die Amts- und Verwaltungspositionen mehr und mehr an fest besoldete und absetzbare Beamte vergeben. Die Territorialverwaltung und die Zentralverwaltung geriet in die Hände eines Be rufsbeamtentums, in dem neben dem Adel auch Leute bürgerlicher Herkunft eine wichtige Rolle spielten. Auch die Lehnsverwaltung und die Lehnsgerichtsbarkeit wurden dieser Entwicklung unterworfen und zu zentralen landesherrlichen Verwaltungsbehörden umgestaltet.

6. Das Lehnssystem

a) Der Belehnungsakt

Das Lehnsverhältnis zwischen dem Lehnsherrn und dem Vasallen wurde durch einen formalen Rechtsakt begründet, dessen Grundform sich bereits in der Karolingerzeit ausgebildet hatte. Der Vasall leistete Mannschaft und legte den Lehnseid ab. Aus der Hand seines Lehnsherrn empfing er anschließend durch die Investitur sein Lehen. Diese drei für den Belehnungsakt konstitutiven Elemente sind im Laufe der Entwicklung variiert und ausgestaltet worden.

Wichtigste Formalhandlung war ursprünglich die Mannschaftsleistung (*hominium, homagium,* frz. *hommage,* mhd. *manscap*), mit der sich der Lehnsmann zu Dienst und Gehorsam verpflichtete. Dieser Rechtsakt, für den in der wissenschaftlichen Terminologie die Bezeichnungen »Mannschaft« oder »Homagium« üblich sind, ist eine Weiterentwicklung der Kommendation, durch die schon im frühen Mittelalter vasallitische Abhängigkeiten begründet wurden. Der Rechtsakt der Mannschaftsleistung bestand im Handgang *(immixtio manuum)* und dem Geloben des Homagiums. Der Vasall kniete vor dem sitzenden Herrn nieder und legte seine gefalteten Hände in die des Herrn. Im französischen, seltener im deutschen Bereich wurde die im Grunde für den Vasallen erniedrigende Zeremonie durch einen Lehnskuß etwas aufgewertet. Der Vasall durfte den Senior auf die Wange küssen. Manchmal küßte auch der Herr den Vasallen. In Deutschland war der Lehnskuß kein konstitutiver Bestandteil der Zeremonie, sondern diente eher zur Dokumentierung der engen persönlichen Bindungen zwischen dem Lehnsherrn und seinem Vasallen.

Die ursprüngliche Bedeutung des Handganges als Unterwerfung unter die Gewalt eines anderen ist im Mittelalter nicht verkannt worden. Deshalb haben Könige zwar unter Umständen von anderen Lehen genommen, aber nach Möglichkeit keine Mannschaft geleistet. Auch die Kirche hat versucht, für die Bischöfe den Symbolakt des Handganges zu umgehen, da er nach ihrer Auffassung mit der Würde des geistlichen Amtes nicht zu vereinbaren war.

Die Mannschaftsleistung wurde dann durch die Ablegung des Lehns- oder Vasalleneides (*fidelitas,* mhd. *hulde*) bekräftigt, der schon im 8. Jahrhundert zur Kommendation hinzugetreten war. Der Vasall verpflichtete sich, seinem Herrn treu zu sein, ihm Hilfe und Beistand zu leisten und ihm keinen Schaden zuzufügen. Der Treueid, den der Lehnsmann in feierlicher Weise auf das Evangelium oder die Reliquien ablegte, gewann allmählich immer größeres Gewicht und wurde im späteren Mittelalter als der eigentliche Rechtsgrund für die Verpflichtungen des Vasallen gegenüber seinem Senior betrachtet. Die Mannschaftsleistung trat dahinter zurück.

Während durch Mannschaft, Lehnskuß und Lehnseid ein personenbezogenes Verhältnis zwischen dem Lehnsherrn und dem Lehnsmann hergestellt wurde, begründete die Investitur (*vestitura, investitura,* mhd. *lenunge*) eine Rechtsbeziehung, die auf einem Objekt beruhte: Der Vasall erhielt ein Lehngut oder andere nutzbare Rechte aus der Hand des Lehnsherrn. Man spricht daher von der Begründung eines »dinglichen Rechtsverhältnisses«.

Die Belehnung im eigentlichen Sinne, d. h. die Einweisung des Vasallen in den Besitz des Lehnsobjektes, erfolgte unter Verwendung von Investitursymbolen (Fahne, Szepter, Schwert, Lanze, Ring und Stab, Handschuh, Zweig usw.).

Die Investitursymbole lassen sich in »Handlungssymbole« und »Gegenstandssymbole« aufgliedern: »Handlungssymbole dienen der Veranschaulichung des vom Lehnsherrn vorgenommenen Aktes und bleiben im Besitz des Herrn (z. B. Investitur mit Szepter, goldenem Ring, Kreuz, Handschuh usw.); Gegenstandssymbole bleiben dagegen in der Hand des investierten Vasallen (z. B. Investitur mit Zweig, Stab, Lanze, Fahne).«

H.-J. Becker, Art. »Investitur«. In: HwbDt. RG II, Sp. 403 ff.

Bereits im 10. und 11. Jahrhundert war die Verwendung der Fahne als Investitursymbol durch den König üblich. Die durch Überreichung einer Fahne verliehenen Lehen wurden daher als »Fahnlehen« bezeichnet. Herzogtümer, Markgrafschaften, Pfalzgrafschaften und Landgrafschaften wurden als Fahnlehen vergeben.

Die Bischöfe, die im früheren Mittelalter vom König mit Ring und Stab belehnt worden waren, wurden seit dem Investiturstreit vom König mit dem Szepter in ihre weltlichen Herrschaftsrechte, die Temporalien, eingesetzt. Daher heißen die geistlichen Reichsfürstentümer auch Szepterlehen.

Die drei Rechtshandlungen, die in ihrer Gesamtheit das Lehnsverhältnis konstituierten, folgten bis ins Hochmittelalter in der Reihenfolge Mannschaft, Treueid und Investitur aufeinander. Im späteren Mittelalter veränderten sich jedoch Abfolge und Gewichtung der einzelnen Formalakte, denn das persönliche Element trat hinter dem dinglichen zurück. Das Lehnsverhältnis wurde mehr und mehr als eine Rechtsbeziehung aufgefaßt, in deren Mittelpunkt das Lehnsobjekt stand. Der Vasall diente nur deshalb seinem Herrn, weil er von ihm ein Lehen empfangen hatte. Folgerichtig rückte die Investitur im Belehnungsakt an die erste Stelle, denn erst nach Empfang seiner Lehen war der Vasall bereit, den Treueid zu schwören und die damit verbundenen Lehnspflichten zu übernehmen.

Das Lehnsband blieb aber dennoch ein im Kern personenrechtliches Verhältnis, das mit dem Tode eines der beiden Kontrahenten endete. Beim Tode des Vasallen (»Mannfall«) oder des Herrn (»Herrenfall«) fielen die Lehen an den Herrn bzw. seinen Rechtsnachfolger heim. In beiden Fällen mußte das Lehnsverhältnis durch einen formellen Rechtsakt neu begründet werden. Beim Mannfall hatten die Erben binnen Jahr und Tag den Herrn um die Belehnung zu bitten (»Lehnsmutung«). Wer die Mutung versäumte, verlor seinen Anspruch auf Belehnung. Da die Lehen faktisch erblich geworden waren, konnten auch Minderjährige belehnt werden. Sie wurden durch ihren Vormund vertreten und hatten nach Erreichen der Volljährigkeit persönlich Mannschaft und Treueid zu leisten. Beim Herrenfall erging in der Regel eine Ladung an die Vasallen, sich zum Lehnsempfang einzufinden. In manchen Territorien fanden zum Zwecke der Lehnserneuerung sog. »Manntage« statt, auf denen sich die Vasallen zu versammeln hatten.

Der Belehnungsakt mußte wie alle Rechtshandlungen nach mittelalterlichem Rechtsempfinden öffentlich und vor Zeugen stattfinden. Er wurde in der Regel unter freiem Himmel vollzogen; die Anwesenheit anderer Vasallen als »Umstand« war unbedingt erforderlich, denn sie hatten im Falle eines Rechtsstreites als Zeugen zu dienen. Daher war eine schriftliche Fixierung der Belehnung nicht erforderlich. Erst seit dem 11. und 12. Jahrhundert kommen zunächst vereinzelt Lehnsurkunden vor. Eine Beurkundung eines Belehnungsaktes wurde offenbar in den Fällen für wünschenswert gehalten, in denen die Modalitäten von der Norm abwichen. Ein Beispiel bietet das Privilegium minus von 1156 über die Belehnung des Herzogs Heinrich Jasomirgott und seiner Gemahlin Theodora mit dem neugeschaffenen Herzogtum Österreich.

Erst mit zunehmender Verbreitung der Schriftlichkeit in der spätmittelalterlichen Verwaltungspraxis wurden immer häufiger die Belehnungsakte schriftlich festgehalten. Der Vasall erhielt nach der Belehnung einen Lehnsbrief, nachdem er zuvor dem Herrn eine Aufstellung der Güter (»Lehnszettel«) übergeben hatte. Über die vollzogene Belehnung stellte er dem Herrn einen »Lehnsrevers« aus. In der Lehnskanzlei wurden Lehnszettel und Lehnsreverse gesammelt, Abschriften von den Lehnsbriefen aufbewahrt und nicht selten Lehnsregister (Lehnbücher) angelegt. Mit diesen Maßnahmen sollte einer Entfremdung verlehnter Besitzungen vorgebeugt werden.

b) Die Lehnspflichten

Durch die Leistung von Mannschaft und Lehnseid verpflichtet sich der Vasall zur Treue gegenüber seinem Herrn und zur Erfüllung der Lehnspflichten. Er hatte nicht nur alles zu unterlassen, was seinem Herrn schaden konnte, sondern war ihm gegenüber auch zu »Rat und Tat« *(consilium et auxilium)* verpflichtet. Mit dieser Paarformel werden die positiven Lehnspflichten umschrieben, die in erster Linie in »Hoffahrt« und »Heerfahrt« bestanden. Der Vasall hatte außerdem an dem für Lehnsangelegenheiten zuständigen Hofgericht teilzunehmen und unter bestimmten Bedingungen den Herrn auch finanziell zu unterstützen.

Karl-Heinz Spieß, Art. »Lehnsdienst« und »Lehnspflichten«. In: HwbDt. RG II, Sp. 1704 ff., 1722 ff.

Unter »Heerfahrt« ist die Verpflichtung der ritterlichen Vasallen zum Kriegsdienst zu verstehen. Trotz des Aufkommens des Söldnertums waren die ritterlichen Vasallen noch im 14. und 15. Jahrhundert für das Kriegswesen von Bedeutung; erst seit dem 16. Jahrhundert wurde die persönliche Verpflichtung des Vasallen zur Heerfahrt zunehmend durch Geldzahlungen abgelöst.
Eine große Rolle spielte die Reichsheerfahrt, zu der die Kronvasallen mit ihren Lehnsmannen verpflichtet waren. Diese Form des Lehnsdienstes war auf sechs Wochen, die die Vasallen auf eigene Kosten zu dienen hatten, beschränkt. Die deutschen Herren brauchten nur in Deutschland zu dienen, es sei denn, die Heerfahrt ging nach Rom zur Kaiserkrönung (»Romfahrt«).
Besondere militärische Lehnspflichten hatten die mit einem Burglehen ausgestatteten Ritter. Ihre Aufgabe bestand vor allem in der Bewachung und Verteidigung der ihnen anvertrauten Burg (»Burghut«). Damit verbunden war in der Regel die Verpflichtung, auf der

Burg Wohnung zu nehmen und sich wenigstens eine bestimmte Zeit dort aufzuhalten (Residenzpflicht).

»Hoffahrt« bedeutete die Verpflichtung des Vasallen, sich auf Geheiß des Herrn an dessen Hof zu begeben, dort Ehrendienste zu übernehmen, in schwierigen Angelegenheiten den Herrn zu beraten, an den Verhandlungen des Hofgerichts teilzunehmen und überhaupt den Glanz des Hofes durch seine Anwesenheit zu erhöhen. Möglicherweise ist die Verpflichtung zur Hoffahrt, die der Vasall in eigener Person zu erfüllen hatte, eine der Wurzeln der frühneuzeitlichen landständischen Verfassung.

Der Lehnsherr übernahm dem Vasallen gegenüber ebenfalls Verpflichtungen, die mit der Formel »Schutz und Schirm« umschrieben werden. Selbstverständlich mußte er auch alle Handlungen unterlassen, die dem Lehnsmann zum Schaden gereichten.

> »Er mußte dem Vasallen den Besitz des Lehens garantieren, beim Verlust des Lehens ohne Verschulden des Mannes Schadenersatz leisten und ihn bei Ansprüchen Dritter vor Gericht verteidigen. Ebenso war der Herr gehalten, bei einem rechtswidrigen Angriff gegen seinen Vasallen diesem beizustehen und ihm gegebenenfalls seine Burgen zu öffnen.«

Karl-Heinz Spieß, Art. »Lehnspflichten«, Sp. 1724.

Der Vasall hatte außerdem Anspruch auf Erstattung der Verluste, die er bei der Ausübung seines Lehnsdienstes erlitt.

Der Bruch der Lehnstreue gegenüber dem Herrn und die Nichterfüllung der positiven Lehnspflichten wurden im Mittelalter als Felonie (mlat. *felonia,* afrz. *félonie*) bezeichnet. Zum Tatbestand der Felonie gehörten vor allem der Angriff auf den Lehnsherrn, die Aufsagung der Treue während eines Kampfes, die Weigerung, sich dem Lehnsgericht zu stellen, die Verschweigung der Lehen und ihre Veräußerung ohne Zustimmung des Lehnsherrn. Im Falle der Felonie war der Lehnsherr berechtigt, nach einem Felonieprozeß vor dem Lehnsgericht dem Vasallen seinerseits die Treue aufzusagen und die Lehen einzuziehen. Im späteren Mittelalter wurden diese gravierenden Rechtsfolgen im allgemeinen abgemildert, und die treubrüchigen Vasallen kamen mit gelinderen Strafen davon.

Brach der Senior dem Vasallen die Treue (»Herrenfelonie«), konnte der Lehnsmann den Herrn vor dem Lehnsgericht oder gegebenenfalls vor dem Oberlehnsherrn verklagen. Auch die Führung einer Fehde war möglich.

Gerhard Theuerkauf, Art. »Felonie«. In: HwbDt. RG I, Sp. 1098f.

c) Das Lehen als Besitzform

Die persönliche Bindung, die im Lehnsakt zwischen dem Lehnsherrn und dem Vasallen geknüpft wurde, erhielt im Lehnsobjekt
ein materielles Substrat. Durch die Investitur wurde der Vasall in
ein Lehngut eingewiesen, dessen Erträge zur Bestreitung seines Lebensunterhaltes dienten. Der Vasall erlangte kein volles Eigentumsrecht am Lehen, sondern nur Gewere und Nutzung. Es befand sich
in der tatsächlichen Verfügungsgewalt des Belehnten (Gewere) und
konnte von ihm genutzt werden. Für die Dauer des Lehnsverhältnisses war das Lehnsobjekt jedem Zugriff des Lehnsherrn entzo-
gen. Allerdings durfte der Vasall das ihm überlassene Gut nicht
mindern, sondern hatte für die Erhaltung des Objekts Sorge zu tragen. Güterrechtliche Veränderungen wie Verkauf, Verpfändung
oder Tausch bedurften der Zustimmung des Lehnsherrn. Bei einer
Veräußerung mußte das Lehen an den Lehnsherrn zurückgegeben
werden (Lehnsresignation), mit der Bitte, den neuen Inhaber damit
zu belehnen. Weder der Lehnsherr noch der Lehnsmann konnte
ohne Zustimmung des anderen Verfügungen über das Lehnsobjekt
treffen, doch tendierte die Entwicklung im späteren Mittelalter zu
einer Verstärkung der Besitzrechte des Vasallen.
In der Rechtstheorie wurde im 12./13. Jahrhundert von den sogenannten Glossatoren der Bologneser Rechtsschule im Anschluß an
das langobardische Lehnrecht die Lehre vom geteilten Eigentum
am Lehen entwickelt. Nach dieser Theorie stand dem Lehnsherrn
ein Obereigentum *(dominium directum, dominium feodale, dominium plenum, dominium superius)* zu, während der Vasall ein Un-
ter- oder Nutzungseigentum *(dominium utile)* erwarb.
Eindeutige Bestimmungen, welche Objekte als Lehen benutzt werden konnten, gab es in der Rechtstheorie und Rechtspraxis nicht.
Am häufigsten diente Grundbesitz als Lehen, dessen Erträge den
Lebensunterhalt des Vasallen und seiner Familie sicherten. Ganze
Dörfer, einzelne Höfe, Äcker, Wiesen, Weinberge, Gärten, Wälder
usw. konnten als Lehen vergeben werden, nicht selten zusammen
mit den dazugehörigen Menschen. Auf dieser unteren Ebene ging
es um den wirtschaftlichen Nutzen, den der Belehnte aus diesen
Gütern ziehen konnte. Auf einer höheren Ebene kam es zur Belehnung mit Burgen, Burgbezirken und größeren Herrschaftsbereichen, bei denen es nicht nur um die Einkünfte ging, sondern mit
denen auch die Ausübung von Herrschaftsrechten wie Gerichtsbarkeit, Vogtei, Münz-, Markt- und Zollrecht, Zehnt- und Patro-
natsrechte verbunden war. Herrschaften und Grafschaften, sogar
Fürstentümer konnten zu Lehnsobjekten werden. Durch die Feu-

dalisierung der Reichsverfassung waren die weltlichen und geistlichen Reichsfürsten lehnrechtlich an den König gebunden.

Seit dem späteren Mittelalter ist eine Kommerzialisierung des Lehnswesens zu konstatieren. Da sich auch die Lehngüter, vor allem der Grundbesitz, nicht ständig vermehren ließen, kam seit dem 13. Jahrhundert ein neues Element auf, das Rentenlehen. Der Lehnsherr verpflichtete sich, dem Lehnsträger eine bestimmte Summe zu zahlen oder ein bestimmtes Quantum an Naturalien zu liefern, behielt aber die Verfügungsgewalt über die Quelle dieser Einkünfte, bei der es sich um Grundbesitz, aber auch um Einnahmequellen wie Zoll, Münze oder Bede handeln konnte.

Die Umwandlung von Eigengut (Allod) in Lehen war ebenso möglich wie die Allodifizierung von Lehen. Allodialbesitz und allodiale Herrschaftsrechte konnten einem anderen Herrn »zu Lehen aufgetragen« werden. Der bisherige Besitzer übertrug das Eigentumsrecht an den Herrn und erhielt sein Allod nunmehr als Lehen zurück *(feuda oblata)*. Eine solche Lehnsauftragung hatte in der Regel wirtschaftliche oder politische Gründe. Kleinere Herren suchten durch den Eintritt in die Vasallität eines Mächtigeren ihre Position zu stärken, Schutz und Beistand zu gewinnen. Für die Lehnsherren ergab sich daraus die Chance zur Erweiterung ihres Einflußbereiches.

Typisch für die Errichtung eines neuen Reichsfürstentums war die Lehnsauftragung von Allodialbesitz an den König. Dieser Besitz wurde dadurch in ein Reichslehen umgewandelt und konnte so die rechtliche Basis für die Erhebung in den Reichsfürstenstand bilden. Ein sehr plastisches Beispiel bietet die Schaffung des Herzogtums Braunschweig-Lüneburg im Jahre 1232 durch Friedrich II.

Das Gegenteil einer Lehnsauftragung war die Allodifikation, das heißt die Umwandlung von Lehen in Eigengut. Sie konnte in rechtmäßiger Form durch Schenkung zu freiem Eigen erfolgen, aber sehr viel häufiger kam es vor, daß Lehnsbesitz durch Verschweigung seiner rechtlichen Qualität auf unrechtmäßige Weise entfremdet und auf diese Weise allodifiziert wurde. In der frühen Neuzeit versuchten die Fürsten zum Teil die adligen Lehngüter zu allodifizieren, um die durch das Lehnrecht bedingte rechtliche Sonderstellung des Adels zu beseitigen und ihn fester in den frühmodernen Territorialstaat einzugliedern.

Werner Goez, Art. »Allodifikation«. In: HwbDt. RG I, Sp. 122f.

d) Doppelvasallität und Ligesse

Es widersprach im Prinzip dem Wesen der Lehnsbeziehungen, wenn ein Vasall von mehreren Herren Lehen entgegennahm und ihnen dafür Mannschaft und Lehnseid leistete. Je weniger aber die persönlichen Bindungen zwischen dem Senior und dem Vasallen als das eigentliche Kernstück eines Lehnsverhältnisses betrachtet wurden, desto mehr strebten die Vasallen danach, möglichst viele Lehen zu erlangen. Sie waren daher bereit, auch Lehen von mehreren Herren entgegenzunehmen. Die Anfänge dieser Entwicklung zeichneten sich bereits in der späten Karolingerzeit ab, und im Hoch- und Spätmittelalter wurden Doppel- und Mehrfachvasallität fast zur Regel. Der einzelne Lehnsmann hatte dadurch nicht selten zwei und mehr Lehnsherren, denen er Lehnstreue schuldete und die von ihm die Erfüllung der Lehnspflichten verlangen konnten.

Es entstand vielfach ein kompliziertes Geflecht von Lehnsbeziehungen und von miteinander konkurrierenden Ansprüchen und Verpflichtungen. Mit Hilfe von ausgeklügelten Bestimmungen wurde versucht, die daraus entspringenden Konflikte zu lösen. Gravierende Probleme ergaben sich vor allem dann, wenn es um die Verpflichtung des Vasallen zum Kriegsdienst ging.

Zu besonders schwerwiegenden Loyalitätskonflikten mußte es kommen, wenn die Lehnsherren eines Vasallen Kriege oder Fehden gegeneinander führten, so daß die Erfüllung der Lehnspflichten gegenüber dem einen Herrn einen Bruch der Lehnstreue gegenüber dem anderen bedeutet hätte. Etwas leichter war das Problem zu lösen, wenn es um die Frage der Reichsheerfahrt ging.

Im Lehnrecht des Sachsenspiegels wird bestimmt, daß der Vasall demjenigen Lehnsherrn Heeresfolge zu leisten habe, der ihn als erster dazu auffordert, während er den anderen die Heersteuer als Ersatz dafür zu zahlen hat: *Of de man hevet twene herren oder mer de eme des rikes denest alle bedet mit ordelen, de it eme to erst gebot, mit deme scal he varen unde den anderen alle heresture geven, den tegeden scillink oder punt de he jarlekes van eme hevet* (Ssp. Lnr. 46 § 2).

In Frankreich entwickelte sich im ausgehenden 11. Jahrhundert eine besondere Form der vasallitischen Treueverpflichtung, die Ligesse, um mit ihrer Hilfe die schädlichen Wirkungen der Doppel- und Mehrfachvasallität aufzufangen. Ein Vasall konnte zwar von mehreren Herren Lehen empfangen, aber nur einem von ihnen, dem ligischen Lehnsherrn *(dominus ligius, seigneur lige)*, war er zu uneingeschränkter Lehnstreue verpflichtet. Das wesentlichste Merkmal des ligischen Lehens *(feodum ligium)* war die unbedingte persönliche Treupflicht des ligischen Lehnsmannes *(homo ligius)* gegenüber dem einen Senior. Dieser Anspruch ließ sich allerdings auf die Dauer nicht in reiner Form aufrechterhalten. Es kam schon seit dem 12. Jahrhundert zu ligischen Lehnsbindungen eines Vasallen an mehrere Herren. In solchen Fällen war bei der Begründung eines neuen ligischen Vasallenverhältnisses nur ein Treuevorbehalt gegenüber den bisherigen *domini ligii* zu machen.

Die Ligesse wurde in Frankreich zur vorherrschenden Form der Lehnsbindung. Positive Wirkungen zeigte sie in England, wo es dem Königtum gelang, bei allen Lehnsbindungen einen Treuevorbehalt gegenüber dem König durchzusetzen. Der englische König war dadurch gleichsam oberster *dominus ligius*. Im Reich haben die Staufer, vor allem Friedrich I., ebenfalls versucht, die Institution der Ligesse zur Konsolidierung der Reichsverfassung zu nutzen und die Stellung des Königs im Lehnssystem zu stärken. Ihre Bestrebungen, den Reichsfürsten die ligische Lehnsbindung *(homagium ligium)* nur dem deutschen König gegenüber zu gestatten und in die Mannschaftsleistung der Fürstenvasallen einen Treuevorbehalt gegenüber dem Reichsoberhaupt einzubauen, sind jedoch gescheitert. Dagegen hat das französische Königtum im 13. und 14. Jahrhundert die Ligesse benutzt, um im Westen des deutschen Reiches größere und kleinere Feudalherren durch lukrative Rentenlehen zu *homines ligii* der französischen Krone zu machen.

Größere Bedeutung als auf der Ebene des Reiches gewann die Ligesse in Deutschland auf der Ebene der Territorialfürstentümer. Von Frankreich aus fand sie Eingang in die Grafschaft Hennegau, das Bistum Lüttich und die rheinischen Erzbistümer Trier und Köln. Im 13. und 14. Jahrhundert breitete sie sich in den west- und nordwestdeutschen Territorien bis zur Weser aus. Das aufstrebende Territorialfürstentum nutzte das ligische Lehnswesen zur Stärkung seiner Position, vor allem dadurch, daß der *homo ligius* verpflichtet wurde, seine Burgen dem Lehnsherrn offen zu halten. Mit der zunehmenden Konsolidierung der Territorialstaaten verlor die Ligesse im Reich wieder an Gewicht.

Bernhard Diestelkamp, Art. »Homo ligius«. In: HwbDt. RG II, Sp. 234 ff.
Volker Henn, Das ligische Lehnswesen im Westen und Nordwesten des mittelalterlichen deutschen Reiches. Phil. Diss. Bonn, München 1970.

e) Lehnrecht und Erbrecht

Eine Lehnsbindung war ihrem Wesen nach an die Person des Lehnsherrn und die des Vasallen gebunden. Der Tod des Herrn (»Herrenfall«) löste das Lehnsverhältnis ebenso wie der Tod des Lehnsmannes (»Mannfall«). Das natürliche Bestreben der Vasallen, ihren Erben möglichst nicht nur die Eigengüter, sondern auch die Lehen zu hinterlassen, führte dazu, daß bereits im frühen Mittelalter erbrechtliche Vorstellungen ins Lehnrecht eindrangen. Die Lehen wurden de facto erblich, d. h. ein für die Übernahme des Lehens und die Erfüllung der damit verbundenen Pflichten geeigneter Allodialerbe erwarb einen Anspruch auf Belehnung.

Diese Entwicklung vollzog sich zunächst ohne formalrechtliche Fixierung. Erst im Kapitular von Quierzy von 877 wurden genauere Regelungen für die Nachfolge in Amt und Lehen getroffen. Allerdings dürfen die Bestimmungen dieses Kapitulars nicht ohne weiteres verallgemeinert werden, da es in einer Ausnahmesituation erlassen wurde und nur für das Westfrankenreich Karls des Kahlen galt (MGH Cap. II, 281, c. 9, 10).

Die Entwicklung setzte sich im Hoch- und Spätmittelalter fort und führte faktisch zur vollen Erblichkeit in der Lehnsfolge. Zwar mußte das Lehnsverhältnis nach dem Tode des Vasallen erneuert werden, doch konnte der Lehnsherr die Belehnung eines lehnsfähigen Erben nicht verweigern. De jure fiel ein erledigtes Lehen dem Herrn heim, und der Erbe hatte in der Regel binnen Jahr und Tag um die Belehnung nachzusuchen (»Mutung«). Durch den nun folgenden feierlichen und öffentlichen Lehnsakt konnte der Lehnsherr sein Obereigentum am Lehnsobjekt dokumentieren. Für den Lehnsherrn war es schwer, ein Lehen einzuziehen, wenn Erben vorhanden waren. Der Erbe eines Vasallen hatte ein Anrecht auf die Belehnung, wenn er fristgerecht das Lehen mutete und bereit war, Mannschaft und Treueid zu leisten.
Die Anerkennung der Anwartschaft der Erben auf die Lehen lag wenigstens zum Teil auch im Interesse des Lehnsherrn, da er mit größerer Treue und Dienstwilligkeit seiner Vasallen rechnen konnte. Auch eine bessere Bewahrung der Lehenssubstanz war dadurch zu erreichen, daß der Vasall mit dem Übergang der Güter auf seine Nachkommen rechnete. Zudem waren die meisten Lehnsherren in die umfassende Lehnshierarchie des Reiches eingeordnet, so daß die Erblichkeit der Lehen auch in ihrem Interesse lag.

In den deutschen Lehnrechtsbüchern waren nur die männlichen Nachkommen als Lehnserben anerkannt. In der Rechtspraxis spielten jedoch die Belehnung von Frauen, die Anerkennung der Rechte von Seitenverwandten und die Gemeinschafts- und Gesamtbelehnungen eine sehr wichtige Rolle.

Es widersprach zwar dem Wesen einer vasallitischen Bindung, wenn Frauen als Lehnserben anerkannt wurden, doch setzte sich auch für sie allmählich ein erbrechtlicher Anspruch auf die Lehen durch. Allerdings war die Lehnsfolge der Frau gegenüber der üblichen Sohnesfolge in der Regel nur subsidiär. Die Lehnspflichten mußten von einem Ersatzmann übernommen werden. Die Zulassung von Frauen zur Erbfolge beim Lehen nahm seit dem hohen Mittelalter trotz gewisser Widerstände laufend zu.

Im späteren Mittelalter gewann auch das Erbrecht von Seitenverwandten an Bedeutung. Wie das Frauenerbrecht war es aber auf den Fall beschränkt, daß der Vasall keine Söhne hinterließ. Um in einem solchen Fall das Heimfallsrecht des Lehnsherrn auszuschalten und den Lehnsbesitz für den Familienverband zu sichern, bat man den Lehnsherrn schon zu Lebzeiten des Lehnsinhabers um Mitbelehnung. Es entstanden Lehnsgemeinschaften, die mehrere oder alle männlichen Angehörigen eines Geschlechtes umfaßten. Für den Herrn war es vorteilhaft, daß er mit einer Kontinuität in der Erfüllung der Lehnspflichten rechnen konnte, für die Vasallen boten Mit- und Gesamtbelehnung die Möglichkeit einer Sicherung des Familienbesitzes. Durch Lehnsverbrüderungen konnten mit Zustimmung der jeweiligen Lehnsherren auch Anwartschaften auf Lehen erworben werden, auf die keine erbrechtlichen Ansprüche bestanden. Die Institution der Mit- und Gesamtbelehnung fand im späteren Mittelalter und der frühen Neuzeit weite Verbreitung.

f) Aktive und passive Lehnsfähigkeit

Entstehung und Ausbreitung des Lehnswesens waren funktional mit der Herausbildung des ritterlichen Berufskriegertums verbunden. Daher war die Fähigkeit zum Empfang eines Lehens zunächst auf Männer beschränkt, die in der Lage waren, Mannschaft und Treueid zu leisten und die Lehnspflichten in eigener Person zu erfüllen. In der Lehnrechtstheorie hat dieser Grundsatz im Prinzip stets gegolten und wenigstens als Richtschnur gedient, in der Lehnrechtspraxis wurde er modifiziert und durch eine Fülle von Ausnahmeregelungen abgeschwächt. Der Kreis der lehnsfähigen Personen wurde auf der einen Seite stark eingeschränkt, auf der anderen ebenso stark erweitert. Lehnrechtstheorie und -praxis mußten auf diese Entwicklung Rücksicht nehmen und begannen, zwischen verschiedenen Graden der Lehnsfähigkeit und den mit ihnen verbundenen Rechten und Pflichten zu unterscheiden. Von besonderer Bedeutung ist die Unterscheidung zwischen aktiver und passiver Lehnsfähigkeit. Die aktive Lehnsfähigkeit beinhaltete das Recht, nicht nur Lehen zu empfangen, sondern auch Lehen zu vergeben und sich dadurch selbst eine Vasallität zu schaffen. Der aktiv lehnsfähige Mann konnte selbst zum Lehnsherrn werden. Die volle passive Lehnsfähigkeit hatte derjenige, der ein echtes Lehen empfangen und es auch vererben konnte.

Im frühen Mittelalter waren offenbar alle Freien, ungeachtet ihres tatsächlichen wirtschaftlichen und sozialen Status, uneingeschränkt zum Empfang von Lehen berechtigt. Mit der Herausbildung einer sehr deutlichen Trennung zwischen Kriegerstand und Bauerntum wurde die Lehnsfähigkeit mehr und mehr auf den Adel begrenzt. Zu den Angehörigen des alten freien Adels, den Edelfreien, traten im Hochmittelalter die Ministerialen, die zunächst nur mit Dienstlehen, später auch mit echten Lehen ausgestattet wurden. Die Anfänge dieser Entwicklung liegen bereits in der Karolingerzeit, in der wohl noch in begrenztem Umfang Unfreie und Minderfreie mit Lehen ausgestattet und zu vasallitischen Diensten herangezogen worden waren. Seit dem 11. Jahrhundert ist der Aufstieg der aus der Unfreiheit kommenden Ministerialen in den Quellen deutlich zu erkennen. Sie schließen sich im 12. Jahrhundert nach unten hin ab und verschmelzen allmählich mit der untersten Schicht der Edelfreien zum niederen Adel. Für ein ritterliches Leben war ein ausreichender Lehnsbesitz erforderlich, den die Ministerialen von ihrem Herrn als Dienstlehen erhielten. Lehen nach Dienstrecht (*ius ministerialium*) wurden Dienstmannen nur für die Dauer ihres Dienstes überlassen und konnten ursprünglich auch nicht vererbt werden. Die Ministerialen erwarben aber bald auch die Befähigung zur Übernahme echter Lehen, so daß der Unterschied zwischen Dienstlehen und echten Lehen verwischt wurde. Im Zuge dieses Emanzipationsprozesses erlangten die ursprünglich an einen Herrn gebundenen Ministerialen auch das Recht, Lehen von anderen Herren entgegenzunehmen.

Die Bindung der Lehnsfähigkeit an die adlige Herkunft und die persönliche Eignung wird zu Beginn des 13. Jahrhunderts im Sachsenspiegel noch sehr klar zum Ausdruck gebracht. Geistliche, Frauen, Bauern, Kaufleute, Geächtete, Uneheliche und überhaupt alle, die nicht von Eltern und Großeltern her ritterlichen Standes sind, unterliegen nicht dem Lehnrecht:

Ssp. Lnr. 2 § 1. Papen unde wif, dorpere, koplude, unde alle de rech-

tes darvet oder unecht geboren sint, unde alle de nicht ne sin van ridde-
res art van vader unde van eldervader, de scolen lenrechtes darven.

Der Sachsenspiegel vertritt in der Frage der Lehnsfähigkeit einen sehr konservativen Standpunkt, der mit den tatsächlich angewandten Regelungen nicht mehr in allen Punkten übereinstimmte. Rechtlose Personen und Uneheliche, aber auch die Juden galten prinzipiell als lehnsunfähig, während die Lehnsfähigkeit der anderen Gruppen eingeschränkt, an bestimmte Bedingungen geknüpft oder auf bestimmte Lehnsobjekte reduziert war. Die Fähigkeit zur Erfüllung der ritterlichen Lehnspflichten in eigener Person aber war und blieb die eigentliche Grundlage für volle Lehnsfähigkeit.

Die Angehörigen des hohen und niederen Adels besaßen grundsätzlich die volle Lehnsfähigkeit, die auf der untersten Stufe der ritterlichen Lehnspyramide allerdings auf die passive Lehnsfähigkeit beschränkt war (siehe »Heerschildordnung«). Minderjährige Lehnserben waren noch nicht voll rechtsfähig. An ihrer Stelle nahm der Lehnsvormund das Lehen entgegen, bis der Lehnserbe bei Erreichen der Volljährigkeit selbst damit belehnt werden konnte. Gebrechliche und kranke Vasallen verloren zwar im Prinzip die Fähigkeit, Lehen zu empfangen und auszugeben, behielten aber ihre Lehen und die daraus entspringenden Nutzungsrechte und Einkünfte. Die Lehnserneuerung beim Herrenfall mußten sie durch einen Lehnsträger vornehmen lassen, der an ihrer Stelle die Lehen empfing und sich zur Übernahme der Lehnsdienste verpflichtete.

Obgleich die Geistlichkeit nach der Rechtstheorie nicht lehnsfähig war, waren die geistlichen Reichsfürsten voll und ganz in die Lehnshierarchie des Reiches eingeordnet. Erzbischöfe, Bischöfe, Reichsäbte und Reichsäbtissinnen galten ungeachtet ihres geistlichen Standes als voll lehnsfähig. Wenn Geistliche als die Repräsentanten von Kirchen und geistlichen Institutionen auftraten, konnten sie ohne weiteres auch Lehen vergeben, während sie als Einzelpersonen keine Lehen empfangen durften. Trat ein Vasall in den geistlichen Stand ein, verlor er seine Lehen und die Lehnsfähigkeit. Nur durch die Stellung eines Lehnsträgers konnten Kleriker bisweilen in den Genuß von Lehngütern kommen.

Der vom Sachsenspiegel formulierte Grundsatz, daß Frauen keine Lehnsfähigkeit besäßen, wurde in der Rechtspraxis nicht so streng gehandhabt. Schon im 12. und 13. Jahrhundert kam es zur Mitbelehnung von Frauen, vor allem dann, wenn das Lehen auch als Wittum zur Versorgung der Witwe dienen sollte. Die weibliche Lehnserbfolge bedurfte auf jeden Fall der ausdrücklichen Genehmigung durch den Lehnsherrn und war in der Regel nur dann überhaupt möglich, wenn keine männlichen Lehnserben vorhanden waren.

Größere Bedeutung erlangten die sogenannten »Bürgerlehen«, obgleich in der lehnrechtlichen Theorie die Lehnsfähigkeit des Bürgers nicht unumstritten war. Der Sachsenspiegel erklärte die Bürger *(koplude)* für lehnsunfähig, obgleich dies auch im sächsischen Rechtsbereich keineswegs mehr der Fall war. Die aktive und passive Lehnsfähigkeit der Bürger war im 12. und 13. Jahrhundert noch relativ selten und bedurfte wohl noch einer besonderen Privilegierung, wie entsprechende Verleihungen an die Bürger von Bern, Basel und Wien erkennen lassen. Die Vergabe von Lehen an Personen bürgerlichen Standes war im späten Mittelalter weit verbreitet, wenn auch der Umfang in den einzelnen Regionen unterschiedlich war. Dies war eine Folge des wirtschaftlichen Aufstieges der Städte und der Verschlechterung der wirtschaftlichen Lage großer Teile des niederen Adels, die zu einer starken Mobilisierung der Lehngüter führten.

In Süd- und Westdeutschland konnten Bürger die volle Lehnsfähigkeit erlangen, die mit der persönlichen Ableistung der vasallitischen Dienste (Kriegsdienst zu Pferde, Hoffahrt, Teilnahme am Lehnsgericht) verbunden war. In Nord- und Ostdeutschland war die Vergabe von Lehen an Bürger zwar ebenfalls sehr häufig, doch wurde diesen die volle lehnrechtliche Gleichstellung mit den ritterlichen Vasallen zumeist verwehrt. Dem Bürger ging es bei der Übernahme von Lehen zumeist vorrangig um die sichere und gewinnbringende Anlage von Kapital in der Form von Grundbesitz. Daher waren Bürgerlehen überwiegend Passivlehen und die Lehnsobjekte nutzbare Rechte wie Höfe, Hufen, Zins- und Zehntrechte, Holzrechte, Fischereigerechtigkeiten, Bergrechte, während größere Herrschaftsbereiche wie Burgbezirke, Vogteien und Gerichte nur ausnahmsweise in bürgerliche Hände gegeben wurden. In manchen Gebieten hatte der bürgerliche Lehnsbesitz im 14. Jahrhundert einen großen Umfang erreicht, zum Beispiel in der Mark Brandenburg.

Evamaria Engel, Lehnbürger, Bauern und Feudalherren in der Altmark um 1375. In: Feudalstruktur, Lehnbürgertum und Fernhandel im spätmittelalterlichen Brandenburg, Weimar 1967 (= Abhh. zur Handels- und Sozialgeschichte, Bd. VII), S. 29–220.

Seit dem Ausgang des Mittelalters wird unter dem Adel das Bestreben stärker, die Vergabe von Lehen an nicht ritterbürtige Personen einzuschränken oder ganz zu verbieten. Ritterlehen, besonders die ostelbischen Rittergüter, sollten dem Adel vorbehalten bleiben. Diese Bestrebungen des Adels, die mit der Entstehung der land-

ständischen Verfassung im Zusammenhang standen, hatten im wesentlichen Erfolg.
Dem Bauern fehlte die vom Lehnrecht geforderte Waffenfähigkeit, so daß er die volle Lehnsfähigkeit nicht erlangen konnte. Daher ist grundsätzlich zwischen dem adligen Lehen und der bäuerlichen Leihe zu unterscheiden. Dennoch sind vor allem seit dem späteren Mittelalter lehnrechtliche Vorstellungen auch in den bäuerlichen Bereich eingedrungen und haben zur Entstehung von »Bauernlehen« geführt. Die Inhaber dieser Güter unterlagen trotz ihres bäuerlichen Standes dem Lehnrecht, in der Regel allerdings in eingeschränkter Form. Statt vasallitischer Verpflichtungen waren vom Bauernlehen im allgemeinen gewisse Abgaben (Lehnware, *laudemium*) zu leisten.

Relativ gut erforscht sind die Beutellehen *(feuda bursalia)*, die seit dem Spätmittelalter in Bayern und Österreich häufig vorkommen. Es handelt sich dabei um echte Lehen, die an Bauern, seltener an Bürger vergeben wurden. Statt der ritterlichen Lehnsdienste waren bei Mann- und Herrenfall erhöhte Gebühren »in den Beutel« des Herrn zu zahlen.

Werner Goez, Art. »Beutellehen«. In: HwbDt. RG I, Sp. 400 f.

Eine Sonderstellung nahmen in der Mark Brandenburg die Lehnschulzen ein, die vom Landesherrn mit ihrem Schulzengut belehnt wurden. Mit dem Schulzenlehen, für das keine Abgaben zu leisten waren, war das Schulzenamt verbunden, zu dem die Ausübung der niederen Gerichtsbarkeit im Dorf gehörte. Charakteristisch für den brandenburgischen Lehnschulzen war die Verpflichtung, dem Herrn ein Pferd zu stellen (*equus feodalis*, Lehnpferd). Möglicherweise ist das ein Rudiment einer ehemaligen militärischen Verpflichtung. Im Ordensland hat der Deutsche Ritterorden von seinen Schulzen Kriegsdienst zu Pferde gefordert, um damit das Ordensheer zu verstärken. Allerdings besaßen die ostpreußischen Schulzen ihre Güter nicht zu Lehn-, sondern zu Erbrecht.

Hans K. Schulze, Art. »Erbschulze«. In: HwbDt. RG I, Sp. 978—980.

g) Die Heerschildordnung

In der mittelalterlichen Lehnrechtspraxis und Lehnrechtstheorie verstand man unter »Heerschild« die Fähigkeit zum Erwerb eines echten Lehens. Dem Vasallen wurde damit zugleich ein bestimmter Platz innerhalb der Lehnshierarchie (Lehnspyramide) zugewiesen, die ebenfalls als »Heerschild« bezeichnet wurde. Heerschild (*clipeus militaris*, mhd. *herschilt, herskilt, hereschilt*) war ursprünglich wahrscheinlich das Recht, die eigenen Vasallen aufzubieten und in den Kampf zu führen. In karolingischer Zeit konnte der König die

Kronvasallen aufbieten, die Kronvasallen ihrerseits ihre Aftervasallen. Im Zuge der Ausbreitung lehnrechtlicher Abhängigkeitsverhältnisse entstanden immer kompliziertere Lehnsbeziehungen, die schließlich zu Beginn des 13. Jahrhunderts vom Sachsenspiegel, dann auch in anderen Rechtsbüchern in ein mehrstufiges strenges System, die Heerschildordnung, gebracht wurden.

Die große Bedeutung, die man in der mittelalterlichen Lehnrechtstheorie der Heerschildordnung beimaß, läßt sich daran erkennen, daß das Lehnrechtsbuch Eikes von Repkow mit dem Hinweis auf den Heerschild beginnt:

Ssp. Lnr. 1. Swe lenrecht kunnen wille, de volge disses bukes lere. Aller erst scole wi merken, dat de herscilt an deme koninge begint unde in deme sevenden lendet. Doch hebben de leien vorsten den sesten scilt in den sevenden bracht, sint se worden der biscope man, des er nicht ne was.

An der Spitze der siebenstufigen Lehnspyramide stand der König, der allein den ersten Heerschild hielt, da er selbst nur Lehnsherr war, aber keines anderen Vasall. Kirchenlehen minderten den Rang des Königs nicht; er konnte sie weiter innehaben, wenn sie noch aus der Zeit vor seiner Wahl zum König stammten. Auf der zweiten Heerschildstufe standen die geistlichen Reichsfürsten, die ihre Lehen vom König empfingen. Der dritte Heerschild war den weltlichen Reichsfürsten vorbehalten, die ebenfalls Kronvasallen waren. Die Verteilung der Reichsfürsten auf die zweite und dritte Heerschildstufe war notwendig, weil die weltlichen Herren nicht selten einträgliche Kirchenlehen empfangen hatten und deshalb Vasallen der geistlichen Fürsten waren.

In den vierten Heerschild waren die Grafen und freien Herren eingereiht. Sie konnten ohne Minderung ihres Ranges vom König und von den geistlichen und weltlichen Fürsten Lehen entgegennehmen. Sie blieben aber auch dann auf der vierten Heerschildstufe, wenn sie als Kronvasallen direkt vom König belehnt wurden. Im fünften Heerschild folgten nach dem Sachsenspiegel die »Schöffenbarfreien« und die Vasallen der freien Herren, während deren Lehnsmannen den sechsten Heerschild innehatten. Die Inhaber des siebenten Heerschildes werden im Sachsenspiegel nicht genannt. Im Schwabenspiegel werden die unteren Ränge der Lehnspyramide in anderer Form geordnet. Die »Mittelfreien« besaßen nach Auffassung des schwäbischen Rechtsbuches den fünften und die Ministerialen des Königs und der Fürsten den sechsten Heerschild. Auf der untersten Stufe standen die vom übrigen Adel belehnten »Einschildritter«, die nur die passive, nicht auch die aktive Lehnsfähigkeit besaßen. In der abweichenden Gliederung der unteren Heerschildstufen wirkten sich ohne Zweifel regionale Unterschiede in der Lehnrechtspraxis aus, denn die Mittelfreien waren eine spezifisch schwäbische, die Schöffenbarfreien eine spezifisch sächsische Adelsschicht.

Ssp. Ldr. I 3 § 2. To der selven wis sint de herescilde ut geleget, der de koning den ersten hevet; de biscope unde de ebbede unde ebbedischen den anderen, de leien vorsten den dridden, sint se der biscope man worden sint; de vrie herren den virden; de scepenbare lude unde der vrier herren man den viften; ere man vord den sesten.

Hinter dieser Lehre von der Heerschildordnung steht die Vorstellung von einer strengen Hierarchie der Lehnsbeziehungen. Lehnsherren und Vasallen sind auf einer bestimmten Stufe in dieses System eingeordnet. Wer von einem Lehnsgenossen der gleichen Heerschildstufe ein Lehen empfing und ihm dafür Mannschaft leistete, minderte seinen Rang und wurde in der Lehnspyramide herabgestuft. Noch gravierender waren die Rangminderungen, wenn Lehen von einem Herrn entgegengenommen wurden, der in der Heerschildordnung noch weiter unten rangierte als der Empfänger. *Ssp. Lnr. 21 § 1. De sone behalt des vader scilt to lenrechte de eme evenbordich is, de wile he sek mit manscap nicht ne nederet.*

In der Lehnrechtstheorie war also der gesamte deutsche Adel in den hierarchisch gestalteten Reichslehnsverband eingegliedert. Jeder einzelne hatte seinen festen Platz in der Lehnspyramide. Natürlich stellt sich die Frage, wie weit das von den Verfassern der Rechtsbücher im 13. Jahrhundert dargelegte Modell den tatsächlichen Verhältnissen entsprach. Diese Frage ist in der Forschung immer wieder diskutiert worden. Heinrich MITTEIS hat zu Recht betont, daß die Heerschildordnung nicht ein »System zwingender Normen« gewesen sei, sondern von »Ordnungsvorschriften« (Lehnrecht und Staatsgewalt, S. 438). Ein hierarchischer Aufbau, wie er der Heerschildordnung zugrunde liegt, entsprach dem Wesen des Feudalismus, denn der Lehnsherr und der Lehnsmann standen eben nicht auf einer gesellschaftlichen Stufe, sondern in einem Verhältnis der Über- und Unterordnung. Die Heerschildordnung trug diesem Faktum Rechnung und stellte den Versuch dar, das im 12. und 13. Jahrhundert immer komplizierter werdende Geflecht der Lehnsbeziehungen zu strukturieren und die sich daraus ergebenden Rechtsfolgen festzulegen.

In der Stauferzeit ist die Heerschildordnung mindestens hinsichtlich der oberen Ränge offenbar eingehalten worden, während es in den unteren Rängen schon damals regionale Unterschiede gegeben hat, auf die in den Rechtsbüchern aber wenigstens partiell Rücksicht genommen wurde. Rechtsnorm und Rechtspraxis stimmten weitgehend überein. Im späteren Mittelalter verstärkte sich die regionale Differenzierung, nicht zuletzt auch dadurch, daß in den einzelnen Territorien der landsässige Adel lehnrechtlich an den jeweiligen Landesherrn gebunden wurde.

Die Grundgedanken der Heerschildordnung blieben aber weiterhin wirksam: Der Gedanke der lehnrechtlichen Rangordnung, die Beschränkung des Heerschildes auf den ritterbürtigen Mann und die Möglichkeit, seinen Platz in der Lehnspyramide dadurch zu verschlechtern, daß man eines Genossen oder sogar eines im Heerschild niedriger stehenden Mannes Vasall wurde.

Julius Ficker, Vom Heerschilde. Ein Beitrag zur deutschen Reichs- und Rechtsgeschichte, Innsbruck 1862 (Neudruck Aalen 1964).
Heinrich Mitteis, Lehnrecht und Staatsgewalt, Weimar 1933, S.437ff.
Karl-Friedrich Krieger, Die Lehnshoheit der deutschen Könige im Spätmittelalter, Aalen 1979, S.117ff.

h) Der Leihezwang

In der Diskussion über den Charakter der Verfassung des deutschen Reiches im hohen und späten Mittelalter hat die Lehre vom Leihezwang lange Zeit eine große Rolle gespielt. Diese Lehre beruht auf einigen Rechtssätzen des Sachsen- und des Schwabenspiegels, die besagen, daß der deutsche König heimgefallene Reichsfürstentümer nicht einbehalten dürfe, sondern sie binnen Jahr und Tag wieder als Lehen auszugeben habe:
Ssp. Ldr. III 60 § 1. De keiser liet alle geistleke vorstenlen mit deme sceptre, al werltleke vanlen liet he mit vanen. Nen vanlen ne mut he ok hebben jar unde dach ledich.
In der älteren Forschung (K. F. EICHHORN, H. BRUNNER, H. MITTEIS) wurde die Auffassung vertreten, der Satz vom Leihezwang habe normativen Charakter getragen, obwohl sich dafür reichsrechtliche Bestätigungen, etwa durch ein Reichsweistum, nicht finden lassen. Für die weitere Entwicklung sei es bedeutsam geworden, daß der Leihezwang die Territorialisierung des Reiches gefördert habe. Der König habe keine Möglichkeit besessen, erledigte Reichsfürstentümer für die Krone einzubehalten und damit die Position des Königtums wieder zu stärken.

Heinrich Mitteis, Lehnrecht und Staatsgewalt, Weimar 1933, besonders S.685ff.

In einer neueren grundlegenden Untersuchung ist Werner GOEZ zu dem Ergebnis gekommen, daß es einen reichsrechtlich fundierten generellen Leihezwang nicht gegeben hat. Faktisch waren jedoch die Möglichkeiten des Königs, heimgefallene Reichslehen einzubehalten, sehr eingeschränkt, da es meist Personen gab, die aufgrund persönlicher Rechtstitel wie Sohnesfolge, weibliche Erbfolge, Erbfolge von Verwandten oder Mitbelehnungen berechtigte Ansprüche auf Belehnung erheben konnten. Friedrich II. und Heinrich (VII.) ließen sich dagegen sogar in Reichsweistümern das Recht des Königs bestätigen, heimgefallene Fahnlehen wie andere Reichslehen auch einbehalten zu dürfen. Größere Erfolge konnte das deutsche Königtum bei seinen Versuchen, Reichslehen für die Krone einzubehalten, jedoch nicht erzielen, da es auf den Widerstand der Fürsten stieß, die nicht daran interessiert waren, daß das Reich mit Hilfe des Heimfallsrechtes wieder konsolidiert wurde. Die deutschen Könige haben daher eine dynastische Hausmachtpolitik betrieben und nach Möglichkeit erledigte Reichsfürstentümer an Angehörige der eigenen Dynastie verliehen.

Werner Goez, Der Leihezwang. Eine Untersuchung zur Geschichte des deutschen Lehnrechtes, Tübingen 1962.
Hans-Georg Krause, Der Sachsenspiegel und das Problem des sogenannten Leihezwanges. In: ZSRG GA 93, 1976, S. 21–99.

In den deutschen Fürstentümern hat nach Auffassung von Heinrich MITTEIS kein Leihezwang geherrscht. Vielmehr waren die Landesherren berechtigt, heimgefallene Lehen einzubehalten und der landesherrlichen Domäne zuzuschlagen. Neuere Forschungen haben ergeben, daß die Auffassung von MITTEIS nicht für alle Territorien zutrifft, sondern daß es in einzelnen ebenfalls einen faktischen Leihezwang gegeben hat.

i) Lehnsgericht und Lehnrechtsquellen

Alle Rechtsfragen, die sich aus einem Lehnsverhältnis ergaben, wurden nicht nach dem jeweiligen Landrecht oder nach dem nur für grundherrschaftliche Angelegenheiten gültigen Hofrecht entschieden, sondern nach Lehnrecht. Alle das Lehnsverhältnis betreffenden Klagen des Herrn gegen einen Vasallen oder eines Vasallen gegen den Herrn gehörten vor das Lehnsgericht. Es war auch für Streitigkeiten zwischen den Lehnsleuten eines Herrn zuständig, soweit es sich dabei um Fragen handelte, die das Lehnsverhältnis tangierten. Die Lehnsgerichtsbarkeit war also eine Sondergerichtsbarkeit, die in personeller Hinsicht nur den Kreis der Vasallen und ihres Herrn erfaßte und deren Kompetenz prinzipiell auf Lehnsangelegenheiten beschränkt war.

Die Entstehung der Lehnsgerichtsbarkeit ist quellenmäßig schwer zu verfolgen. Nach Auffassung der Rechtshistoriker beruhte sie auf dem Zusammenwirken von zwei Elementen, einem herrschaftlichen und einem genossenschaftlichen. Der Lehnsherr, in dessen Namen und auf dessen Geheiß das Lehnsgericht zusammentrat, hatte ursprünglich wahrscheinlich eine disziplinarische Gewalt über seine Vasallen beansprucht, die sich ihm durch Mannschaftsleistung und Treueid verpflichtet hatten. Andererseits entsprach es mittelalterlichem Rechtsdenken, daß jede Regelung von Lehnsangelegenheiten in einem rechtlich einwandfreien Verfahren einer Mitwirkung der anderen Vasallen bedurfte. In der Beteiligung der Mitvasallen am Lehnsgericht kam die genossenschaftliche Komponente zur Wirkung.

Die Vasallen eines Herrn bildeten seinen »Lehnhof« und zugleich auch das Lehnsgericht. Es gehörte zu den Lehnspflichten eines jeden Vasallen, das Lehnsgericht zu besuchen, an der Urteilsfindung mitzuwirken und sich gegebenenfalls selbst in Lehnsangelegenheiten dem Urteil des Lehnsgerichts zu beugen. Die Voraussetzung für die Zulassung als Richter, Schöffe, Eideshelfer, Fürsprech oder Zeuge am Lehnsgericht war der Besitz des Heerschildes, der vollen Lehnsfähigkeit, jedoch ist auch die Anwesenheit von Vasallen bürgerlichen Standes bezeugt.

Lehnsrichter war in der Regel der Lehnsherr selbst, der aber das Urteil von dem Umstand erfragte, der aus den Vasallen seines Lehnshofes, den *pares curiae,* gebildet wurde. Bei einer Klage gegen den Lehnsherrn übergab dieser den Gerichtsvorsitz an einen der Lehnsleute.

Das Lehnsgericht war ein »gebotenes Ding«, das heißt, es wurde nach Bedarf abgehalten, nicht zu festen Terminen wie ein »ungebotenes Ding«. Die Teilnehmer wurden durch Boten geladen. Erschien eine Partei nicht zum festgesetzten Gerichtstag, wurde die Ladung nach dem Sachsenspiegel noch zweimal wiederholt. Wer nach dreimaliger ordnungsgemäßer Ladung nicht erschien, verlor seine Lehen, es sei denn, er konnte sich mit dem Vorliegen »echter Not« wie Krankheit, Gefangenschaft oder Abwesenheit im Dienste des Reiches entschuldigen.

Der Lehnsherr setzte auch den Ort fest, an dem das Lehnsgericht abgehalten wurde. Die Gerichtsstätte sollte unter freiem Himmel liegen. Wenn das Gericht in einer Burg zusammentrat, mußte das Burgtor während der Verhandlungen geöffnet sein. Prozesse um Burglehen fanden regelmäßig in der Burg statt. Nicht selten wurde

das Lehnsgericht im Zusammenhang mit einem allgemeinen Lehns-
tag gehegt.

Karl-Heinz Spieß, Art. »Lehnsgericht«. In: HwbDt. RG II, Sp. 1714 bis
1717.

Große Bedeutung besaß die königliche Lehnsgerichtsbarkeit, die
der König als oberster Lehnsherr im Reich ausübte. Auch vor dem
König wurde das Verfahren nach Lehnrecht von einem Verfahren
nach Landrecht streng unterschieden. Das königliche Lehnsgericht
war für alle Kronvasallen zuständig, nicht nur für die Inhaber von
Reichsfürstentümern. Als Urteilsfinder und Gerichtsgenossen
wurden Fürsten, Grafen, freie Herren und Reichsdienstmannen
herangezogen. Bei der Urteilsfindung und vor allem bei der Verkündung von Reichsweistümern ist eine Vorrangstellung der Fürsten nicht zu verkennen.

Karl-Friedrich Krieger, Die Lehnshoheit der deutschen Könige im Spätmittelalter, Aalen 1979, S. 492 ff.

Das Lehnrecht, das für die Verhandlungen vor den Lehnsgerichten
maßgeblich war, hatte sich allmählich als ein Gewohnheitsrecht
herausgebildet. Schon im 11. und 12. Jahrhundert wurden in besonderen Fällen lehnrechtliche Regelungen getroffen und schriftlich festgehalten, zum Beispiel in den Lehnsgesetzen Konrads II.
1037, Lothars III. 1136 und Friedrichs I. 1154 und 1158. Etwa zur
gleichen Zeit entwickelte sich in Oberitalien das Lombardische
Lehnrecht, dessen Rechtssätze in den Libri Feudorum oder Con-
suetudines Feudorum zusammengefaßt wurden. In Deutschland
war das Lehnrecht *(ius feodale)* als Sonderrecht im 13. Jahrhundert
voll ausgebildet, allerdings nicht als einheitliches Recht. Es wies
zwar einen gemeinsamen Grundbestand an Normen auf, zugleich
aber auch eine Vielfalt an regionalen Besonderheiten. Der Rechts-
kreis, in dem ein bestimmtes Lehnrecht galt, war der jeweilige
Lehnhof eines Herrn.
Neben Lehnsgesetzen, Weistümern in Lehnssachen und Urteilen
des königlichen Lehnsgerichts haben die Lehnrechtsbücher seit
dem 13. Jahrhundert eine große Rolle gespielt. Obgleich es sich dabei um private Zusammenstellungen regionaler Lehnrechtsbestim-
mungen handelte, erhielten sie gleichsam Gesetzescharakter. Das
bekannteste und einflußreichste Werk dieser Art ist der Sachsenspiegel, der neben dem ostsächsischen Landrecht auch Lehnrecht
enthält. Er wurde um 1224/25 von dem im Magdeburger Raum lebenden Schöffen Eike von Repkow verfaßt. Etwa aus der gleichen
Zeit stammt das lateinische Lehnrechtsbuch, der sog. Auctor vetus

de beneficiis. Ob es ebenfalls von Eike von Repkow stammt, ist in der Forschung umstritten. Während der in Anlehnung an den Sachsenspiegel in Augsburg abgefaßte Deutschenspiegel seine Vorlage lediglich in die oberdeutsche Mundart übersetzte, wurde in dem um 1275 entstandenen Schwabenspiegel das Lehnrecht des Sachsenspiegels überarbeitet und den südwestdeutschen Rechtsbräuchen angepaßt.

Gerhard Köbler, Art. »Lehnrechtsbücher«. In: HwbDt. RG II, Sp. 1690 bis 1694; Karl-Heinz Spieß, Art. »Lehnsgesetze«. In: HwbDt. RG II, Sp. 1717–1721; Gerhard Dilcher, Art. »Libri Feudorum«. In: HwbDt. RG II, Sp. 1995–2001.

Mit der Herausbildung der Landesherrschaft verstärkte sich die Tendenz zur Territorialisierung des Lehnrechts. Neben das Reichslehnrecht traten territoriale Lehnrechte. Die regionale Vielfalt wurde noch dadurch vermehrt, daß seit dem 13. Jahrhundert auch die Ministerialen in das Lehnrecht einbezogen wurden. Die Unterschiede zwischen dem *ius ministerialium* und dem *beneficiarium ius* oder *ius feodale* verwischten sich oder traten wenigstens stark zurück. Gleichzeitig gewann das Lombardische Lehnrecht, das eine sehr vasallenfreundliche Tendenz aufwies, Einfluß auf die deutsche Lehnrechtsentwicklung, besonders im 16. Jahrhundert.

Seit dem Spätmittelalter gewann das Hofgericht der deutschen Landesherrn nicht selten eine umfassendere, über Lehnsangelegenheiten hinausreichende Kompetenz und wurde allmählich zum obersten landesherrlichen Gericht.

»Die im Spätmittelalter einsetzende Rezeption des langobardischen Lehnsrechts und der Ausbau der Landesherrschaften führten zu einer Stärkung der lehnsherrlichen Stellung im Lehnsgerichtswesen und schließlich zur Auflösung dieser Sondergerichtsbehörde. Das gelehrte Recht verlangte ausgebildete Juristen, die die Vasallen allmählich aus dem Lehnsgericht drängten. Die Verdrängung wurde dadurch erleichtert, daß die Lehnsmannen mit der Verbreitung der beweiskräftigen Lehnsurkunden in ihrer Funktion als Handlungszeugen zwangsläufig an Bedeutung verloren. Hinzu kam das Bestreben der Landesherren, ihre Räte und Beamten, die oft zugleich Vasallen waren, in die Lehnsgerichte zu entsenden, so daß das Mannengericht immer mehr zur Zentralbehörde wurde. Im Reichslehnwesen verlief die Entwicklung ähnlich; hier trat an die Stelle des königlichen Lehnsgerichts der Reichshofrat, der für alle Reichslehnsprozesse und für die Belehnungen der nichtfürstlichen Reichsvasallen zuständig war.«

Karl-Heinz Spieß, Art. »Lehnsgericht«. In: HwbDt. RG II, Sp. 1716.

IV. Die Grundherrschaft

1. Begriffsbestimmung

Die Grundherrschaft war im Mittelalter und der frühen Neuzeit eine der wichtigsten wirtschaftlichen und sozialen Organisationsformen. Angesichts der großen Bedeutung, die die Grundherrschaft für die mittelalterlich-frühneuzeitliche Agrarverfassung gehabt hat, ist es erstaunlich, daß sowohl Wort wie Begriff »Grundherrschaft« in den Quellen erst ziemlich spät auftauchen. Die Worte »Grundherr« und »Grundherrschaft« fehlen in der Überlieferung im frühen und hohen Mittelalter. In den Quellen werden zwar die konkreten Erscheinungsformen der Grundherrschaft genannt, zum Beispiel der Herrenhof (Fronhof, Salhof, *curtis*) mit dem Herrenland (Salland, *mansus dominicalis*) und den Höfen der abhängigen Bauern und dem der Grundherrschaft unterworfenen Personenkreis *(familia)*, nicht aber der abstrakte zusammenfassende Begriff »Grundherrschaft«. Es handelt sich also um einen modernen historisch-juristischen Ordnungsbegriff, um einen Terminus der Fachsprache.

Der historische Tatbestand, der in der wissenschaftlichen Terminologie als »Grundherrschaft« bezeichnet wird, verbirgt sich in den Quellen hinter Worten wie *dominium, ius et dominium, potestas* oder *dominatio*. Die Bedeutung dieser Worte ist aber keinesfalls stets auf grundherrschaftliche Rechtsverhältnisse zu beziehen. In allen Fällen können damit auch Herrschaftsrechte ganz anderer Art gemeint sein.

Erstmals im 13. Jahrhundert wird der Inhaber von Grund und Boden in einer Quelle als »Grundherr«, als *dominus fundi*, bezeichnet, und erst seit dem 14. Jahrhundert begegnet dann auch das volkssprachliche Wort »Grundherr« in den Quellen. Seit dem 15. Jahrhundert werden in manchen Gegenden die abhängigen Bauern als »Grundholden« bezeichnet. Der abstrakte Begriff »Grundherrschaft« oder »Grundobrigkeit« tritt erst um die Mitte des 16. Jahrhunderts in Erscheinung. Zu beachten ist ferner, daß der Ausdruck *dominus terrae* im allgemeinen nicht mit »Grundherr«, sondern mit »Landesherr« zu übersetzen ist.

Die Entstehung der speziellen Begriffe »Grundherr« und »Grundherr-schaft« im späten Mittelalter und zu Beginn der Neuzeit ist nach der herr-schenden Ansicht darauf zurückzuführen, daß sich erst im Verlaufe des Mittelalters die ursprünglich einheitliche adlige Herrengewalt in verschie-dene Herrschaftsformen aufgespalten hat. Erst dadurch wurde die Verfü-gungsgewalt über Grund und Boden als ein besonderer Teilbereich dieser adligen Herrengewalt erkannt und begrifflich und terminologisch festge-legt. Die Beziehungen zwischen den Grundherren und ihren Hintersassen wurden als rein sachenrechtlicher Natur betrachtet und auf die Elemente re-duziert, die sich aus der Bodenleihe ergaben. Die Rezeption des Römischen Rechts hat dabei möglicherweise eine Rolle gespielt.

Klaus Schreiner, »Grundherrschaft«. Entstehung und Bedeutungswandel eines geschichtswissenschaftlichen Ordnungsbegriffs. In: Die Grund-herrschaft im späten Mittelalter, Sigmaringen 1983 (= Vorträge und For-schungen XXVII), Bd. I, S. 11−74.

Für die Rechtsgelehrten des Spätmittelalters und der frühen Neu-zeit war die Verfügungsgewalt über Grund und Boden das für die Grundherrschaft oder Grundobrigkeit konstitutive Moment. Die Grundherrschaft galt als die Institution, in deren Rahmen die Ver-gabe von Grund und Boden erfolgte und die wechselseitigen Rech-te und Pflichten des Grundherrn und der Grundholden festgelegt waren. Zu einem juristisch-historischen Ordnungsbegriff wurde »Grundherrschaft« erst durch das wissenschaftliche Denken des 18. und frühen 19. Jahrhunderts. Man verstand nun unter »Grund-herrschaft« nicht mehr allein eine besondere agrarische Wirt-schaftsform, sondern ein umfassendes politisch-soziales Bezie-hungsgefüge, das zu den charakteristischen Eigenschaften des Feu-dalsystems gehörte. Die Bildung des Strukturbegriffs »Grundherr-schaft« erfolgte also in einem engen Zusammenhang mit der Schaf-fung des Epochenbegriffs »Feudalismus«.

Unter »Grundherrschaft« wird im folgenden die Herrschaft über Personen verstanden, die von einem Grundbesitzer Land zur Bear-beitung und wirtschaftlichen Nutzung in eigener Regie erhalten ha-ben. Durch die Landleihe wird das grundherrlich-bäuerliche Rechtsverhältnis begründet. Als Gegenleistung für die Nutzung von Grund und Boden schulden die damit Beliehenen (»Grundhol-den« oder »Hintersassen«) ihrem Grundherrn Abgaben und viel-fach auch Dienstleistungen (»Frondienst«). Grundherrschaft be-ruht also primär auf der Verfügungsgewalt des Herrn über Grund und Boden, doch begründet die Bodenleihe im allgemeinen ein Rechtsverhältnis, das sich in einigen wesentlichen Punkten von ei-nem einfachen Pachtvertrag unterscheidet:

1. Der Grundholde erwirbt Rechte an Haus und Hof, Grund und Boden, die über bloße Nutzungsrechte, wie sie ein Pachtvertrag vermittelt, im allgemeinen hinausgehen. Zwar gab es auch kurzfristige Leiheformen, doch galt die Leihe in der Regel langfristig, meist auf Lebenszeit. Das weit verbreitete Erbzinsrecht gestattete die Vererbung an die Nachkommen. Verkauf und Verpfändung des Leihegutes waren vielfach möglich, wenigstens mit Zustimmung des Grundherrn.

Die Eigentumsrechte des Herrn wurden durch die Vergabe stark eingeschränkt. Solange der Grundholde den Verpflichtungen, die auf dem Leihegut lasteten, regelmäßig nachkam, hatte der Grundherr kaum die Möglichkeit, das Gut wieder an sich zu bringen. Das Recht schützte den Grundholden vor willkürlichen Expropriationsversuchen des Grundherren.

Dieses Rechtsverhältnis, das sowohl dem Grundherrn als auch dem Grundholden Rechte an ein und derselben Sache gewährte, ist mit juristischen Kategorien nur schwer zu definieren. Man kann vielleicht vom »Herreneigentum« des Grundherrn und vom »Nutzungseigentum« des Grundholden sprechen. Nach der Rezeption des Römischen Rechts haben die Juristen das aus germanischem Rechtsdenken erwachsene grundherrlich-bäuerliche Rechtsverhältnis in römisch-rechtlichen Normen zu erfassen versucht und die Lehre vom geteilten Eigentum entwickelt. Nach dieser gelehrten Theorie besaß der Grundherr das »Obereigentum« *(dominium directum),* der Grundholde das »Untereigentum« *(dominium utile).*

2. Aus der Verfügungsgewalt über Grund und Boden ergaben sich Herrschaftsrechte über die Personen, die diesen Boden bewirtschafteten. Zwischen dem Grundherrn und seinen Hintersassen entstand ein Rechtsverhältnis, das über die rein sachenrechtliche Beziehung hinausging und personenrechtliche Züge aufwies.

Die Hintersassen waren ihrem Herrn gegenüber zu Treue und Gehorsam verpflichtet. Dieses persönliche Abhängigkeitsverhältnis wurde vielfach durch eine Art »Huldigung« in feierlicher Form manifest gemacht. Die alten Bezeichnungen »Grundholden« oder »Holden« für die abhängigen Bauern belegen diese personenrechtliche Seite der Beziehungen.

Auf der anderen Seite erwarteten die Hintersassen von dem Herrn die Gewährung von »Schutz und Schirm«. Das hieß in wirtschaftlichen Notlagen Erlaß oder Verringerung der Abgaben oder die Überlassung von Saatgut, Zuchtvieh oder Baumaterial. Der Herr vertrat die Grundholden außerdem in bestimmten Fällen nach außen hin, wahrte ihre Rechte vor Gericht, schützte sie vor ungerechtfertigter Pfändung, vor Brandschatzung und Gewalt.

Das grundherrlich-bäuerliche Wechselspiel von Rechten und Pflichten ist in dem Rechtsbuch des Schwabenspiegels (1274/75) auf eine einprägsame Formel gebracht worden:

» Wir suln den herren dar umbe dienen, daz si uns beschirmen. unde beschirment si uns nit, so sin wir in nit dienestes schuldig na rehte.«

Der Schwabenspiegel nach einer Handschrift vom Jahr 1287. Hrsg. von F. Lassberg, Tübingen 1840, S. 133 (Neudruck hrsg. von Karl August Eckhardt, Aalen 1972).

3. Der Grundherr übte im Bereich seiner Grundherrschaft oft Rechte aus, die nach den moderneren juristischen Vorstellungen öffentlich-rechtlicher Natur waren. Er besaß im Rahmen seiner Grundherrschaft eine Gerichtsbarkeit in bezug auf Rechtsfälle, die sich aus den Beziehungen zwischen dem Grundherrn und den Hintersassen oder den Hintersassen untereinander ergaben. Dem Grundherrn oder seinem Beauftragten kam die Leitung des grundherrlichen Hofgerichts zu, in dem die Urteile nach dem jeweils geltenden Hofrecht gefunden wurden. Die Grundherrschaft präsentiert sich als ein besonderer, dem Hofrecht unterworfener Gerichtsbezirk.

Der Grundherr besaß eine gewisse Zwangsgewalt gegenüber den Hintersassen in allen hofrechtlichen Angelegenheiten. Er hatte für die Erzwingung der Urteile des Hofgerichts Sorge zu tragen, konnte die ihm zustehenden Abgaben unter Umständen durch Pfändung eintreiben und hatte das Recht des »Stiftens und Störens« *(ius instituendi et destituendi)*, das heißt des Einsetzens und gegebenenfalls des Vertreibens (»Abstiftens«) eines Bauern.

Falls ein Grundherr die Immunität besaß, konnte dies zu einer mehr oder weniger vollständigen Zurückdrängung der Zuständigkeit des öffentlichen Richters aus dem Bereich der Grundherrschaft führen.

4. Ein Hauptmerkmal der mittelalterlichen Grundherrschaft ist ihre Verbindung mit anderen Herrschaftsformen wie Leibherrschaft über Unfreie und Minderfreie, Schutzherrschaft über Freie oder auch über Angehörige anderer Grundherrschaften, Gerichtsherrschaft, Vogteigewalt, Dorfobrigkeit oder Zwing und Bann. Allerdings waren diese Herrschaftsformen keineswegs automatisch mit jeder Grundherrschaft verbunden; Grundherrschaft als historische Kategorie war auch ohne sie denkbar. Da durch diese Herrschaftsformen vielfach andere personale und territoriale Zuständigkeiten gegeben waren, konnte es zu einer Ausdehnung des tatsächlichen Macht- und Einflußbereiches eines Grundherrn über den Bereich der eigentlichen Grundherrschaft hinaus kommen.

5. Die Grundherrschaft war die wirtschaftliche Basis für das vielschichtige Herrschafts- und Sozialgefüge der mittelalterlichen Gesellschaft und für das politische, soziale, religiöse und kulturelle Leben. Die gesellschaftliche Arbeitsteilung, die im Verlaufe des Mittelalters immer intensiver wurde und auf der die hohe Kultur des Mittelalters beruhte, basierte nicht zuletzt auf der wirtschaftlichen Leistungsfähigkeit der überwiegend grundherrschaftlich organisierten Landwirtschaft.

Rolf Sprandel, Verfassung und Gesellschaft im Mittelalter, 4., verbesserte und ergänzte Auflage, Paderborn 1991 (= Uni-Taschenbücher 461), S. 43–56, 190–200.
Hans K. Schulze, Art. »Grundherrschaft«. In: HwbDt. RG I, Sp. 1824 bis 1842.

2. Spätantike und germanische Komponenten

Zu den Hauptkennzeichen der frühmittelalterlichen Gesellschaftsordnung gehört das Fortleben von verschiedenen Elementen spätantiker und altgermanischer Herkunft. Sie sind in der mannigfaltigsten Weise miteinander vermischt und weiterentwickelt worden und haben wesentlich zur Entstehung von neuen Verfassungs- und Sozialformen beigetragen. Dies gilt auch für den Bereich der Agrarverfassung. Die Grundherrschaft des frühen Mittelalters ist zwar eine verfassungsgeschichtliche Grundstruktur eigener Prägung, enthält aber sowohl römische als auch germanische Komponenten. Diese doppelte Wurzel der frühmittelalterlichen Grundherrschaft ist unumstritten, doch gibt es in der Forschung unterschiedliche Ansichten über die Stärke der beiderseitigen Anteile. Für einen sehr hohen Grad an Kontinuität zwischen der spätantiken Agrarverfassung und der des frühen Mittelalters sind Alfons DOPSCH und Rudolf KÖTZSCHKE eingetreten, während vor allem Werner WITTICH, Heinrich DANNENBAUER und Karl BOSL die These von der großen Verbreitung grundherrschaftlicher Strukturen bei den Germanen propagiert haben.

Alfons Dopsch, Wirtschaftliche und soziale Grundlagen der europäischen Kulturentwicklung aus der Zeit von Caesar bis auf Karl den Großen, 2. Aufl. Wien 1923/24
Rudolf Kötzschke, Allgemeine Wirtschaftsgeschichte des Mittelalters, Jena 1924 (= Handbuch der Wirtschaftsgeschichte, hrsg. von Georg Brodnitz).

Werner Wittich, Die Frage der Freibauern. Untersuchungen über die soziale Gliederung des deutschen Volkes in altgermanischer und frühkarolingischer Zeit. In: ZSRG GA 22, 1901, S. 245–353.

Heinrich Dannenbauer, Adel, Burg und Herrschaft bei den Germanen. Grundlagen der deutschen Verfassungsentwicklung. In: HistJb. 61, 1941, S. 1–50. Wiederabdruck: Herrschaft und Staat im Mittelalter, hrsg. von Hellmut Kämpf, Darmstadt 1964 (= Wege der Forschung II), S. 60–134.

Auf dem Boden des Römischen Reiches hatte bereits in den ersten nachchristlichen Jahrhunderten eine Entwicklung eingesetzt, die zur Entstehung von Sozial-, Rechts- und Wirtschaftsformen führte, für die man die Bezeichnung grundherrschaftlich verwenden kann. Die Herausbildung dieser spätantiken Grundherrschaft basierte auf dem Eigentum der römischen Latifundienbesitzer *(possessores)* an Grund und Boden. In Verbindung mit dem Eigentumsrecht *(dominium)* an Grund und Boden entstanden ganz allmählich Herrschaftsrechte über die darauf ansässigen Personen.

Die Agrarverfassung des Römischen Reiches beruhte zu keiner Zeit ausschließlich auf der reinen, auf Sklavenarbeit gegründeten Latifundienwirtschaft. Neben den mittleren und großen Grundbesitzern aus dem Ritterstand oder dem senatorischen Adel und den ausgedehnten kaiserlichen Domänen war in manchen Teilen des Reiches der freie Kleinbesitz noch recht verbreitet. Der allgemeine Trend ging zwar über Jahrhunderte in Richtung auf die Ausdehnung des Großgrundbesitzes zu Lasten des freien Bauerntums, doch machten sich in der Spätphase auch andersartige Entwicklungstendenzen bemerkbar. Es ergaben sich Schwierigkeiten bei der rentablen Bewirtschaftung der großen Güter. Die Arbeitsproduktivität der Sklavenarbeit war gering, außerdem ließ die Zufuhr von billigen Arbeitskräften nach, als die Expansion des Reiches aufhörte und die römischen Truppen sogar in die Defensive gedrängt wurden. Die Folge war eine Ausbreitung der Institution des Kolonats. Auf den kaiserlichen Domänen und den Latifundien der Großgrundbesitzer wurden freie Pächter *(coloni)* angesiedelt, die das Land selbständig und auf eigene Rechnung bewirtschafteten. Sie lieferten den Grundbesitzern dafür entweder einen bestimmten Teil des Ernteertrages ab (Teilpacht, *colonia partiaria*) oder zahlten eine feste Pachtsumme *(pensio)*. Durch das Römische Recht erfuhr dieses Pachtverhältnis auch seine gesetzliche Regelung, indem man zwischen dem Obereigentum *(dominium directum)* des Gutseigentümers und dem Nutzungseigentum *(dominium utile)* des Kolonen unterschied (Gaius, Institutiones III 135).

Diese Entwicklung führte auch zur Verbesserung der Lage eines Teiles der Sklaven. Die Latifundienbesitzer ließen nicht selten Sklaven frei und statteten sie mit einem Hof und etwas Land aus, das sie als *casarii* selbständig bewirtschafteten. Sie besaßen keine Freizügigkeit, sondern waren an die Scholle gebunden *(quasi-coloni)* und hatten auf dem Gut ihres Herrn Frondienste zu leisten. Auf den Staatsländereien wurden gefangengenommene oder freiwillig ins Reich eingewanderte Barbaren angesiedelt, die Kolonenstatus erhielten, allerdings keine Freizügigkeit. Ferner kam es zur zwangsweisen Ansiedlung von entwurzelten Personengruppen, etwa Bettlern.

Die Schicht der Kolonen, deren Zahl und Bedeutung im Verlaufe der spätrömischen Zeit zunahmen, befand sich zunächst in unterschiedlichen Abhängigkeitsverhältnissen. Die eigentlichen Kolonen waren ursprünglich Freie, die zum Teil neben ihrem Pachtland auch eigenen Grundbesitz bewirtschafteten. Sie konnten de jure das vom Grundbesitzer erhaltene Gut nach Ablauf der vorgesehenen Pachtzeit wieder aufgeben. De facto waren die Kolonen oft an den Herrn verschuldet. Sie gerieten auf diese und andere Weise in eine immer stärkere persönliche Abhängigkeit. Aus der wirtschaftlichen und faktischen wurde allmählich auch eine rechtliche Abhängigkeit, da der Staat seit dem 3. Jahrhundert die Bestrebungen der Großgrundbesitzer, die Kolonen an die Scholle zu binden, tatkräftig unterstützte. Die Kolonen freien Standes wurden mehr und mehr als Zubehör des Gutes betrachtet, wurden zu Arbeitsleistungen auf dem Gutsbetrieb herangezogen und verloren die Freizügigkeit. Wie die aus ehemaligen Sklaven hervorgegangenen Quasi-Kolonen wurden sie *glebae* oder *censibus ascripti*.

Walter Langhammer, Art. »Kolonat, Kolone«. In HwbDt. RG II, 1974, Sp. 945—952 (mit weiterer Literatur).

Der Wirtschaftsbetrieb der römischen Großgrundbesitzer erhielt allmählich jene Zweiteilung, die für die mittelalterliche Grundherrschaft so charakteristisch ist: Neben dem Landgut *(villa)* des Herrn, das mit Hilfe von Sklaven und Lohnarbeitern als Gutsbetrieb bewirtschaftet wurde, standen die Höfe der Kolonen, die zu Abgaben und Dienstleistungen verschiedener Art verpflichtet waren.

Von großer Bedeutung war auch die Ausbildung einer obrigkeitlichen Gewalt des Herrn gegenüber den Kolonen. Diese Entwicklung ging von den kaiserlichen Domänen aus und griff dann auf die Güter der Großgrundbesitzer über, vor allem auf die des senatorischen Adels. Verstärkt wurde diese Tendenz dadurch, daß sich viele Freie unter den Schutz *(patrocinium)* mächtiger Herren stellten, um Hilfe gegen die Bedrückungen durch die Anforderungen des

Staates zu finden. Dadurch dehnten manche der großen Herren ihren Machtbereich über den Bereich des eigenen Grundbesitzes aus. Die vom Staat verliehene Befreiung von bestimmten Abgaben und Belastungen führte zur Ausbildung einer partiellen Immunität. Die Leistungen öffentlich-rechtlicher Art *(munera)* kamen nunmehr den Immunitätsinhabern zugute.

Die Entwicklung der Grundherrschaft spätantiker Prägung ist vom Grundeigentum ausgegangen. Sie hat durch die Einschränkung der mit Sklaven betriebenen Latifundienwirtschaft, durch die Ausbreitung von Kolonat und Patronat und durch die teilweise Befreiung von staatlichen Belastungen ihre besondere Struktur erhalten. Die Großgrundbesitzer erlangten vielfach auch personenrechtliche und öffentlich-rechtliche Befugnisse. Diese Entwicklung wurde durch die germanische Völkerwanderung und den Zusammenbruch des Römischen Reiches zum Teil unterbrochen, zum Teil fortgeführt und weiterentwickelt.

Die Agrarverfassung der Germanen ist wegen der geringen und in ihrer Aussagekraft zudem umstrittenen Überlieferung nur schwer zu rekonstruieren. Viele wichtige Fragen lassen sich an Hand der Quellen nicht eindeutig beantworten, so daß in dem »Streit um den Charakter der altgermanischen Sozialverfassung« immer wieder die »zeitgebundenen Leitbilder und Fragestellungen« der Historiker mitschwingen.

Max Weber, Der Streit um den Charakter der altgermanischen Sozialverfassung in der deutschen Literatur des letzten Jahrzehnts. In: JbbNat.-Ök. NF 28, 1905, S. 433–470. Wiederabdruck: Ders., Gesammelte Aufsätze zur Sozial- und Wirtschaftsgeschichte, Tübingen 1924, S. 508–556.

Ernst Böckenförde, Die deutsche verfassungsgeschichtliche Forschung im 19. Jahrhundert. Zeitgebundene Fragestellungen und Leitbilder, Berlin 1962 (= Schriften zur Verfassungsgeschichte, Bd. 1).

Die Auseinandersetzungen in der Forschung, bei denen es im Kern um die Frage nach einer adlig-grundherrschaftlichen oder freibäuerlichen Verfassungs- und Sozialstruktur bei den Germanen geht, sind noch zu keinesfalls zu einem endgültigen Abschluß gekommen. Etwas schematisierend lassen sich drei Grundauffassungen unterscheiden, die jeweils einige Varianten aufzuweisen haben:

Die Gemeinfreien- oder Markgenossenschaftstheorie:
Die Anhänger dieser bis zum Beginn des 20. Jahrhunderts herrschenden Lehre gingen davon aus, daß die germanischen Stämme in ihrem Kern aus freien Leuten bestanden, die über freien Grundbe-

sitz verfügten und gleichzeitig Krieger und Bauern waren. Dieses freie Kriegerbauerntum beruhte auf Markgenossenschaft, Feldgemeinschaft, Gemein- und Sippeneigentum an Grund und Boden, die erst allmählich vom Familien- und Individualeigentum abgelöst wurden. Die Existenz einer adligen Führungsschicht, die auch über ausgedehnteren Grundbesitz verfügte, wird meist nicht prinzipiell bestritten, die Bedeutung dieses Großgrundbesitzes im Gesamtrahmen des Wirtschafts- und Sozialgefüges jedoch gering veranschlagt.

Heinrich Brunner, Deutsche Rechtsgeschichte, 2. Aufl. Berlin 1906, Bd. I, S. 81-91.
Rudolf Kötzschke, Allgemeine Wirtschaftsgeschichte, S. 61−86.
Hans Mottek, Wirtschaftsgeschichte Deutschlands. Ein Grundriß, Berlin, 1974, Bd. I, S. 38−51.

Die kleingrundherrschaftliche Theorie:
Nach dieser Theorie waren die Germanen »ein Volk freier Männer mit sehr zahlreichen Knechten«. Die Hauptmasse der freien Germanen lebte als kleine Grundherren, denen die Arbeit ihrer Unfreien das von TACITUS geschilderte Herrenleben gestattete, das dem Kampf, der Jagd, dem Spiel und dem Müßiggang gewidmet war.

Werner Wittich, Die Frage der Freibauern, S. 252 ff. (Die Thesen Wittichs sind von den Vertretern der älteren Gemeinfreien- und Markgenossenschaftstheorie in scharfer Form abgelehnt worden und haben sich nicht durchsetzen können. Vgl. dazu speziell Weber, Der Streit um den Charakter der altgermanischen Sozialverfassung, S. 435 ff.).

Die großgrundherrschaftliche Theorie:
Die Lehre von der Grundherrschaft als Basis der altgermanischen Wirtschafts- und Sozialstruktur ist im Jahre 1941 von Heinrich DANNENBAUER wieder aufgegriffen und unter dem Aspekt der »Adelsherrschaft« modifiziert worden. Durch eine neuartige Interpretation der Germania des TACITUS suchte er die Existenz eines mächtigen Adels in altgermanischer Zeit zu erweisen, der von seinen Burgen aus über die Masse der abhängigen Bevölkerung herrschte. Diese Adelsherrschaft bedurfte einer materiellen Basis, die DANNENBAUER in Großgrundbesitz und Grundherrschaft zu finden glaubte. Auch das von TACITUS geschilderte Gefolgschaftswesen setzte nach seiner Ansicht das Vorhandensein von Großgrundbesitz voraus, der von abhängigen Bauern bewirtschaftet wurde. Die überwiegende Mehrheit der Germanen bestand danach nicht etwa aus freien Kriegerbauern, sondern aus abhängigen, mehr oder weniger verknechteten Leuten. DANNENBAUERS Theorie von der altgermanischen Adelsherrschaft wurde für einige Jahrzehnte zur

herrschenden Lehre, obgleich manche Gelehrte auch Vorbehalte gemacht haben.

Eine gute Zusammenfassung dieser großgrundherrschaftlichen Theorie bietet Karl Bosl, Staat, Gesellschaft, Wirtschaft im deutschen Mittelalter. In: Bruno Gebhardt, Handbuch der deutschen Geschichte, 9. Aufl., Stuttgart 1970, Bd. I, S. 708: »Das Herrenleben der principes, wie es Tacitus (Germ. 15) schildert, ist ohne Reichtum undenkbar. Es setzt Großgrundbesitz und Grundherrschaft voraus. Die aber machen eine große Zahl abhängiger Bauern nötig, die das Land bebauen. Der adelige Gefolgsherr wohnt im Frieden in seiner Halle auf seinem bäuerlichen Hof; im Kriege sitzen er und seine Mannen auf der Burg, die auch als Fluchtburg für seine abhängigen Leute, für die Menschen der Umgebung in Notzeiten dient und darum weitläufig angelegt ist«.

Die wenigen Nachrichten, die wir über die germanischen Zustände bei den römischen Autoren finden, lassen eine soziale Differenzierung erkennen, die bei den einzelnen Stämmen und Völkerschaften jedoch sehr unterschiedlich ausgeprägt war. Dieser soziale Differenzierungsprozeß verlief offenbar auch nicht gradlinig, sondern konnte durch die Unterwerfung und Überschichtung anderer Stämme beschleunigt werden, während längere Wanderungszüge wiederum nivellierend wirkten. Aus diesen Unterschieden resultieren wahrscheinlich auch die differierenden Angaben bei den römischen Schriftstellern. Das Bild einer in verschiedener Hinsicht differenzierten Gesellschaft ist auch aus Grabfunden erkennbar. Reich ausgestattete Gräber werden von den Archäologen als »Adels- oder Fürstengräber« bezeichnet. Es kann nicht bestritten werden, daß diese germanische Oberschicht in einem gewissen Maße von den Abgaben abhängiger Leute gelebt hat, obgleich ihr auch Ehrengaben in Form von Vieh und Getreide von ihren Stammesgenossen dargebracht wurden, die zur Bestreitung ihres Lebensunterhaltes beitrugen. Nicht unwichtig war auch die Beute, vor allem für die Gefolgsherren, die auf diese Weise ihre kriegerischen Mannen zusammenhielten.

Vornehmere Personen besaßen größeren Grundbesitz, wie zum Beispiel aus dem Bericht des Tacitus über die Aufteilung des Landes *secundum dignationem* (Germ. 26) zu ersehen ist. Man kann annehmen, daß es die an anderen Stellen erwähnten *reges, duces, principes* und *nobiles* waren, denen eine solche *dignatio* zukam. Wie sie die Bewirtschaftung dieser größeren Landanteile organisierten, wird hier nicht gesagt, doch kann man aus dieser Stelle unmöglich den Schluß ziehen, die Inhaber der kleineren Landanteile hätten zu ihnen in einem ökonomischen Abhängigkeitsverhältnis gestanden. Die Aufteilung von Grund und Boden erfolgte gemeinschaftlich, und zwar zu ungleichen Landanteilen, wohl aber zu gleichem Recht. Aufschluß ergibt eine andere Nachricht bei Tacitus, der den Unterschied bei der Verwendung der Sklaven bei Römern und Germanen hervorhebt:

Ceterum servis non in nostrum morem, descriptis per familiam ministeriis, utuntur: suam quisque sedem, suos penates regit. frumenti modum dominus aut pecoris aut vestis ut colono iniungit (Germ. 25).

Im Unterschied zur römischen Latifundienwirtschaft werden die Unfreien von den Germanen auf besonderen Höfen angesiedelt, die sie selbständig bewirtschaften und von deren Erträgen sie ihrem Herrn Abgaben in Korn, Vieh und Kleidung zu leisten haben. Frondienste leisten sie offensichtlich nicht, da die Eigenwirtschaft des Herrenhofes nicht sehr umfangreich war. Diese Form der Abhängigkeit ähnelte einer Zins- oder Rentengrundherrschaft, beruhte aber nicht primär auf der Verfügungsgewalt des Herrn über Grund und Boden, sondern über Personen. Für den freien Germanen gab es keine Veranlassung, irgendwelche grundherrlichen Bindungen einzugehen, da Land in ausreichendem Maße zur Verfügung stand. Dagegen konnte er über die Arbeitskraft seiner Sklaven verfügen und sie zur Übernahme eines Bauernhofes und zur Leistung von Abgaben zwingen. Es läßt sich allerdings schwer abschätzen, welchen Umfang dieses auf der Leibherrschaft beruhende Wirtschaftssystem besessen hat. Wahrscheinlich gab es bei den einzelnen germanischen Völkerschaften auf diesem Gebiet sehr große Unterschiede.

Im Unterschied zu den Verhältnissen im Römischen Reich hat bei den Germanen der Besitz von Grund und Boden keine Herrschaftsrechte personaler Art begründet. Die wirtschaftlichen Abhängigkeitsverhältnisse im germanischen Bereich erwuchsen aus der Leibherrschaft:

»Grundbesitz hat im germanischen Bereiche zunächst Herrschaftsrechte über Personen nicht begründet . . . Es ist gezeigt worden, daß schon zur Zeit des Tacitus bei den Germanen Verhältnisse entgegentraten, die man als grundherrschaftlich bezeichnen kann; sie gehörten dem Rechtskreise des Hauses an und erwuchsen aus der Unfreiheit.«

Walter Schlesinger, Herrschaft und Gefolgschaft (vgl. S. 40) S. 39 f.

Geht man allerdings davon aus, daß die Verwendung des Begriffs »Grundherrschaft« nur dann gerechtfertigt ist, wenn die Verfügungsgewalt über Grund und Boden das rechtlich konstitutive Ele-

ment darstellt, so wird man nicht von einer germanischen Grundherrschaft sprechen können:

> »Von einer wirklichen Grundherrschaft kann bei den Germanen
> demnach noch keine Rede sein, aber auch ihre Agrarverfassung
> konnte ohne tiefgreifenden Strukturwandel zur Übernahme
> grundherrschaftlicher Ordnung führen".

Theodor Schieffer, Die wirtschaftliche und soziale Grundstruktur des frühen Europa. In: Handbuch der europäischen Geschichte, Stuttgart 1979,
Bd. I, S. 136.

3. Die frühmittelalterliche Grundherrschaft

In der Periode des Überganges von der Antike zum Mittelalter erfuhr die politische Landkarte durch die germanische Völkerwanderung und den Zusammenbruch des Römischen Reiches eine radikale
Umgestaltung. Zwar blieben Antike und Mittelalter in vielfältiger
Weise miteinander verbunden, aber dennoch kam es auf fast allen
Gebieten des menschlichen Lebens zu tiefgreifenden Wandlungsprozessen, die sich zum Teil sehr rasch, zum Teil aber auch kaum
spürbar vollzogen. Eine gravierende Veränderung im wirtschaftlich-sozialen Gesamtgefüge bewirkte der Niedergang des spätantiken Städtewesens, das in manchen Teilen des Reiches fast völlig
vernichtet, in anderen in seiner Bedeutung stark zurückgedrängt
wurde. Fernhandel und gewerbliche Produktion, Marktverkehr
und Geldwirtschaft schrumpften zusammen. Das Hauptkennzeichen dieser Zeit war die Agrarisierung des Wirtschaftslebens.
Die Reichsgründungen und Landnahme der germanischen Völker
hatten unterschiedliche Auswirkungen in den davon betroffenen
Gebieten. In Italien, Südfrankreich, Burgund und Spanien konnten
sich Ost- und Westgoten, Burgunder und Langobarden zwar zu
Herren des Landes aufschwingen, blieben aber zahlenmäßig in der
Minderheit. Die romanische Bevölkerung bildete den weitaus über-
wiegenden Teil der Einwohner, und spätantikes Erbe wirkte in
starkem Maße auf die Entwicklung im Frühmittelalter ein. In
Nordfrankreich, den Rheinlanden, an der Donau und im Alpen-
raum war die Kontinuität zwischen der spätrömischen Zeit und
dem Mittelalter weitaus schwächer. Die germanischen Stämme der
Franken, Alemannen und Bayern haben die römische Kultur in
diesen Räumen weitgehend vernichtet, obgleich es an manchen

Stellen noch eine zahlenmäßig starke provinzialrömische Bevölkerungsschicht gegeben hat. Spätrömisches Wirtschaftsleben, Städtewesen, Kirche und Kultur lebten von Ausnahmen abgesehen nur in einem bescheidenen Umfang fort. Dominierend war der germanische Einfluß auf Kultur, Verfassung, Recht, Wirtschaftsleben und Sozialstruktur.

Das gilt erst recht für diejenigen Gebiete östlich des Rheins, die außerhalb der römischen Reichsgrenzen gelegen haben. Zu dieser »germanischen Zone« gehörten große Teile des alemannischen, bayerischen und fränkischen Siedlungsgebietes und die Stammesgebiete der Thüringer, Sachsen und Friesen. Sie wurden zum größten Teil erst durch die fränkische Großreichsbildung in den frühmittelalterlich-fränkischen Kulturkreis einbezogen und kamen auf diese indirekte Art und Weise mit dem antiken Erbe in Berührung.

Die germanischen Stämme der Völkerwanderungszeit waren auf der Suche nach Siedlungsland. Eroberung, Reichsgründung und Ansiedlung auf römischem Boden waren zumeist eng miteinander verbunden. Die Formen, in denen sie vollzogen wurden, waren unterschiedlich, und nur in einer sehr generalisierenden Weise kann man zwischen einer überwiegend herrschaftlichen und einer überwiegend bäuerlichen Landnahme unterscheiden, denn auch bei den Stämmen mit herrschaftlicher Landnahme hat es nicht an freien, bäuerlich lebenden Germanen gefehlt, während sich die Führungsschicht der Stämme mit bäuerlicher Landnahme ohne Zweifel Grundbesitz in herrschaftlichen Formen aneignete. Eine überwiegend herrschaftliche Landnahme haben Ostgoten, Westgoten, Wandalen, Burgunder und wohl auch Langobarden vollzogen, während bei den Franken, Alemannen und Bayern die bäuerliche Landnahme überwog.

Westgoten, Ostgoten und Burgunder knüpften an die römische Einquartierungspraxis an und führten dann eine Teilung der Besitzungen zwischen den römischen Possessoren und ihren germanischen Hospites durch. Betroffen waren wohl in erster Linie die Großgrundbesitzer, doch dürften auch mittlere und kleinere Grundbesitzer herangezogen worden sein, wenn die Volkszahl des Stammes dies erforderlich machte. Die Könige nahmen die kaiserlichen Güter in Besitz, der germanische Adel rückte in die Positionen der römischen Possessoren ein und benutzte das vorgefundene Wirtschaftssystem, um ein herrenmäßiges Leben führen zu können. Einfache freie Krieger erhielten kleinere Landanteile *(sortes)*, die sie selbst mit Hilfe von Sklaven bewirtschafteten. Der Übergang von einer freibäuerlichen zu einer herrschaftlichen Lebensweise dürfte gerade in der Periode der Eroberung und Landnahme fließend gewesen sein. Nach der Konsolidierung der Verhältnisse verstärkte sich die wirtschaftlich-soziale Differenzierung auch innerhalb der Stämme, und auch Leute germanischer Herkunft gerieten in persönliche und grundherrliche Abhängigkeit.

> »Die Germanen wachsen als größere oder kleinere Grundbesitzer und Grundherren, als heerfahrtspflichtige Siedler auf Fiskalland, bald aber auch als abhängige Kolonen in das bestehende System hinein.«

Theodor Schieffer, Die wirtschaftliche und soziale Grundstruktur des frühen Europa. In: Handbuch der europäischen Geschichte, Stuttgart 1979, Bd. I, S. 136.

Die germanische Landnahme in Italien, Südfrankreich, Burgund und Spanien führte zu gravierenden Veränderungen im Besitzstand durch die Landteilungen, hatte aber dennoch keine generelle Beseitigung und Enteignung der römischen Oberschicht zur Folge. Das vorgefundene Wirtschaftssystem wurde in wesentlichen Teilen übernommen.

In anderen Bahnen verlief die Entwicklung der Agrarverfassung im Frankenreich, das zur Zeit seiner größten Ausdehnung sowohl Gebiete mit starker römischer Tradition als auch rein germanisch besiedelte Räume umfaßte. Hier erwuchs aus der Verschmelzung von spätantiken und germanischen Komponenten eine neue agrarische Strukturform, die frühmittelalterliche Grundherrschaft. Dieser für die weitere Gestaltung der mittelalterlichen Feudalgesellschaft so grundlegende Prozeß ist allerdings in einigen fundamentalen Punkten noch nicht hinreichend geklärt. So gibt es in der Forschung sehr divergierende Auffassungen über den Charakter der fränkischen Reichsgründung und Landnahme, über den Einfluß genuin germanischer Herrschaftsformen auf die Entstehung der frühmittelalterlichen Grundherrschaft und über die Ausbildung grundherrlicher Strukturformen in den germanischen Siedlungsgebieten östlich des Rheins.

Die Ausdehnung der fränkischen Herrschaft in Gallien war wahrscheinlich nur bis zur Seine von einer dichteren germanischen Volkssiedlung begleitet, während es zwischen Seine und Loire nur eine recht geringe Zahl von fränkischen Siedlungen gegeben hat. Auch in Nordfrankreich bildeten die Franken nur eine zahlenmäßige Minderheit. Ihr Anteil an der Gesamtbevölkerung betrug nach vorsichtigen Schätzungen zwischen 15 und maximal 25%. Als das kriegerische Eroberervolk haben sie jedoch einen starken Einfluß auf alle Lebensbereiche ausgeübt.

Südlich der Loire fehlt eine fränkische Volkssiedlung. Die politisch-herrschaftliche Unterwerfung dieses Raumes durch das fränkische Königtum ließ spätrömische Institutionen und Lebensformen in stärkerem Maß fortdauern und beeinflußte die weitere Entwicklung.

Während auch im fränkischen Reich auf der einen Seite der spätrömische Großgrundbesitz und seine Organisations- und Sozialformen wenigstens in manchen Gebieten überlebten und zum Ansatzpunkt für die Ausbildung der spezifisch frühmittelalterlichen Grundherrschaft wurden, gewann in den Gebieten mit germanischer Bevölkerung das freie Bauerntum an Boden. In der Lex Salica, dem altfränkischen Stammesrecht, wird der Hof des freien Franken, der mit Hilfe von unfreien Knechten und Mägden bewirtschaftet wird, klar bezeugt, während zinspflichtige Hufen und Hintersassen nicht erwähnt werden. Die Franken haben die Institution der Grundherrschaft ohne Zweifel noch nicht aus ihrem ursprünglichen Siedlungsgebiet nach Gallien mitgebracht. Das testimonium e silentio ist beweiskräftig, da die Lex Salica auf die grundherrschaftlichen Verhältnisse bei den Gallo-Romanen Rücksicht nimmt und den freien Grundbesitzer *(Romanus possessor)* von dem auf fremdem Grund und Boden sitzenden Pächter *(Romanus tributarius)* unterscheidet.

Alexander Bergengruen, Adel und Grundherrschaft im Merowingerreich. Siedlungs- und standesgeschichtliche Studie zu den Anfängen des fränkischen Adels in Nordfrankreich und Belgien, Wiesbaden 1958 (=VSWG Beiheft 41).

Bergengruen ist der Meinung, daß die Franken in Nordfrankreich und Belgien zunächst eine Volkssiedlung durchgeführt hätten. Das fränkische Königtum habe die römischen Staatsländereien übernommen, und erst gegen Ende des 6. Jahrhunderts seien Grundherrschaften weltlicher Großer nach königlichem Vorbild entstanden. Die Ergebnisse der Arbeit von Bergengruen sind allerdings in der deutschen Forschung überwiegend auf Kritik gestoßen.

Im Verlaufe der späten Merowinger- und der frühen Karolingerzeit erfolgte die Ausformung der frühmittelalterlichen Grundherrschaft als eines spezifischen wirtschaftlich-sozialen Strukturtypus. Dieser Prozeß ging in den Gebieten mit einer intensiveren spätantiken Kontinuität von der spätrömischen Agrarverfassung aus, während in den stärker germanisch beeinflußten Gegenden die Keimzelle für die Ausbildung grundherrschaftlicher Organisationsformen mehr der mit Hilfe von Unfreien bewirtschaftete Fronhof war. Durch die Ansiedlung von Unfreien auf abhängigen Höfen *(servi casati)* entstanden grundherrliche Hofverbände. Diese Tendenz wurde ohne Zweifel in karolingischer Zeit dadurch verstärkt, daß die ostrheinischen Stammesgebiete wieder der unmittelbaren königlichen Herrschaft unterworfen und »frankisiert«, d. h. politisch, verfassungsmäßig, wirtschaftlich und kulturell von der westfränkischen Reichskultur beeinflußt wurden. Dabei dürften auch die Organisations- und Wirtschaftsformen der westfränkischen Grundherrschaft nach dem Osten übertragen worden sein, wo sie Modellcharakter erlangten. Als Initiatoren dieser Entwicklung kommen in erster Linie das Königtum und die Kirche in Betracht.

Eckhard Müller-Mertens, Die Genesis der Feudalgesellschaft im Lichte schriftlicher Quellen. In: ZfG 12, 1964, S. 1384—1402.

Müller-Mertens sieht in den »Großbauern- und Adelshöfen«, auf denen »Hofsklaverei«, »Leibherrschaft« und »Tributknechtschaft« eine wichtige Rolle spielten, einen besonderen Typus von Produktionsverhältnissen, nicht bloße Vorstufen der Grundherrschaft. Über die These »Der spezifisch okzidentale mittelalterlich-feudale Charakter der Gesellschaft ist erst dort gegeben, wo die große Grundherrschaft dominiert« (S. 1394) ist es in der marxistischen Forschung zu einer heftigen Auseinandersetzung gekommen:

Hans-Joachim Bartmuss, Die Genesis der Feudalgesellschaft in Deutschland. Bemerkungen zu einigen neuen Hypothesen von E. Müller-Mertens. In: ZfG 13, 1965, S. 1001—1010.

Waltraud Bleiber, Bemerkungen zum Anteil westfränkischer Kircheninstitutionen an der Feudalisierung des östlichen Frankenreiches. In: ZfG 13, 1965, S. 1206—1219.

Hannelore Lehmann, Bemerkungen zur Sklaverei im frühmittelalterlichen Bayern und zu den Forschungsmethoden auf dem Gebiet germanischer Sozialgeschichte. In: ZfG 13, 1965, S. 1378—1387.

Durch ihre Eroberungspolitik waren die Merowingerkönige in den Besitz von ausgedehnten Ländereien gelangt. In Gallien haben sie nach einhelliger Forschungsmeinung das römische Staatsland, den Fiskus, übernommen und sich auch manche Güter geflohener, getöteter oder enteigneter gallo-romanischer Großgrundbesitzer angeeignet. Dazu kam ihr Anspruch auf alles herrenlose Land innerhalb des Reiches. In der Karolingerzeit wurde das Königsgut, das in der späten Merowingerzeit große Einbußen erlitten hatte, wieder vermehrt, vor allem in den östlichen Teilen des Reiches durch die Konfiskation des Herzogsgutes und des Besitzes oppositioneller Adelsgruppen. Soweit das Reichsgut unmittelbar vom Königtum als Krondomäne genutzt wurde, geschah dies in grundherrschaftlichen Formen.

Neben dem Königtum war es vor allem die Kirche, die zur Ausbreitung grundherrschaftlicher Verhältnisse im Frankenreich einen entscheidenden Beitrag leistete. Bistümer, Stifter und Klöster konnten ihre religiösen und gesellschaftlichen Funktionen nur dann erfüllen, wenn sie über ausreichende Einkünfte verfügten, die im frühen Mittelalter nur aus dem Grundbesitz zu erlangen waren. Die rationellste Form der Nutzung von Grund und Boden war aber die Grundherrschaft. Die Christianisierung und die Schaffung der notwendigen Kirchenorganisation hatten daher die Verbreitung der Grundherrschaft im Gefolge. Eine besondere Rolle haben in diesem Prozeß die großen Benediktinerabteien gespielt, die über umfangreichen und zum Teil weit gestreuten Grundbesitz verfügten.

Von nicht zu unterschätzender Bedeutung war auch der Grundbesitz weltlicher Herren. In den ehemals römischen Gebieten waren germanische Große in den Besitz größerer Güter gekommen, und in manchen Teilen dieses Raumes hatte die gallo-romanische Oberschicht ihren Besitz bis zu einem gewissen Grade behaupten können. Die fränkischen Herrscher statteten ihre Gefolgsleute und Getreuen vielfach mit Grundbesitz aus. Die königlichen Amtsträger, namentlich die Herzöge, Grafen und Markgrafen, waren zumeist im Besitz von Grundherrschaften von beträchtlicher Ausdehnung. Nicht zu vergessen ist der Grundbesitz kleinerer Herren als Allod oder Lehen, der durch die Entstehung der Vasallität noch an Gewicht erhielt. Große Teile der ländlichen Bevölkerung kamen daher direkt oder indirekt mit grundherrlichen Herrschafts- und Organisationsformen in Berührung.

Ein Vorgang, der seit langem die Aufmerksamkeit der Geschichtswissenschaft auf sich gezogen hat, ist die Ausdehnung der Grundherrschaften auf Kosten des kleinen freien Grundeigentums, d. h. die Akkumulation von Grund und Boden in den Händen von Königtum, Kirche und Aristokratie und die Depression großer Teile der freibäuerlichen Bevölkerung im Verlaufe des frühen Mittelalters.

Umfang und Relevanz dieses Prozesses sind in der Forschung allerdings umstritten, da man sich vor allem in der deutschen Mediävistik über die Ausgangslage nicht einig ist. Folgt man den Ansichten von Dannenbauer und seinen Anhängern, so hat es den freien germanischen Bauernkrieger nicht gegeben. Die *liberi* und *ingenui* der fränkischen Zeit waren nach seiner Auffassung nur auf Königsland angesiedelte »Königsfreie«. Da es also keinen freien Bauern gab, konnte auch keine Depression im Sinne einer »Vergrundholdung« stattfinden. Diese Theorie dürfte in ihren wesentlichsten Punkten inzwischen widerlegt sein.

Hans K. Schulze, Rodungsfreiheit und Königsfreiheit. Zu Genesis und Kritik neuerer verfassungsgeschichtlicher Theorien. In: HZ 219, 1974, S. 529 bis 550.

Wege und Formen der Akkumulation von Grundbesitz lassen sich wegen der günstigeren Quellenlage am besten für den Sektor der kirchlichen Grundherrschaften beobachten. Der weitaus größte Teil der überlieferten Urkunden betrifft die Übertragung von Grund und Boden an kirchliche Institutionen. Vielfach war der Grundbesitz, der an eine Kirche oder ein Kloster gegeben wurde, bereits in grundherrlicher Form organisiert. Dies war nicht nur bei Schenkungen aus Reichsgut in der Regel der Fall, sondern auch ein großer Teil der zahlreichen Tradenten weltlichen Standes nutzte seinen Grundbesitz in herrschaftlichen Formen. In einigen anderen Fällen handelte es sich eindeutig um bescheidenen, von den Inhabern selbst in bäuerlicher Weise bewirtschafteten Besitz, der durch die Tradierung nun in die kirchliche Grundherrschaft einbezogen wurde. Nicht selten galt das auch für den Tradenten selbst, wenn er sich das Nutzungsrecht an seinem bisherigen Eigentum gegen die Zahlung eines Zinses vorbehielt. Er wurde damit zum zinspflichtigen Hintersassen der Kirche. Eine besonders häufig vorkommende Form der rechtlichen Bindung an eine Grundherrschaft war die prekarische Leihe. Sie scheint in vielen Fällen zu einer nur losen Verknüpfung des Prekaristen mit dem Grundherrn geführt zu haben. Die Einbeziehung in die Grundherrschaft war da intensiver und nachhaltiger, wo die Landleihe mit persönlichen Abhängigkeitsverhältnissen gekoppelt war.

Die unterschiedlichen Gründe, die zur Übergabe von Besitz an die Kirche führten, sind aus den meist formelhaften Wendungen der Urkundensprache oft nicht klar zu erkennen. Die fast regelmäßig als Grund angegebene Sorge um das Seelenheil war gewiß in vielen Fällen das auslösende Moment, zumal sie von der Geistlichkeit selbst kräftig angeheizt wurde. Veranlassung zu frommen Stiftungen gab nicht selten auch der Eintritt eines Familienmitgliedes in den geistlichen Stand oder in ein Kloster. In manchen Fällen stand hinter einer Übergabe von Grundbesitz an eine Kirche der Wunsch, den Kindern aus einer unebenbürtigen Ehe mit einer Unfreien eine günstigere Rechtsstellung zu verschaffen und die persönliche Unfreiheit in grundherrliche Zins- und Dienstpflicht umzuwandeln. Einen materiellen Gewinn konnte die Übergabe von Eigengut in der Form der *precaria remuneratoria* bringen, denn dadurch erhielt der Prekarist das bisherige Allod zur Nutzung zurück, vergrößert um Grund und Boden aus Kirchenbesitz. Eine

Rolle dürfte vielfach auch der Wunsch gespielt haben, durch die Anerkennung grundherrlicher Verpflichtungen den Schutz einer mächtigen geistlichen Institution zu erlangen. Die Lebensbedingungen unter geistlicher Herrschaft galten als erträglich. Der bekannte Satz »Unter dem Krummstab ist gut wohnen«, stammt freilich erst aus jüngerer Zeit.

Für den Vorgang der Akkumulation in der Hand weltlicher Großer, die eine nicht unbeträchtliche Dimension besessen haben muß, gibt es nur wenige Quellenzeugnisse. Kleine freie Grundbesitzer sind offenbar nicht selten durch außerökonomischen Zwang veranlaßt worden, sich in grundherrliche Abhängigkeit zu begeben. Der Mißbrauch der Amtsgewalt durch königliche Amtsträger zu diesem Zweck machte sogar ein Einschreiten des Königtums erforderlich. Andere Gründe waren wirtschaftliche Notlagen, der Wunsch nach Schutz und Schirm durch einen mächtigeren Herrn oder das Bestreben, sich den Ansprüchen des Staates, speziell der beschwerlichen Wehrpflicht, zu entziehen.

In der Karolingerzeit ist die Tendenz zur raschen Ausbreitung grundherrschaftlicher Strukturen deutlich zu erkennen. Die Agrarverfassung wird mehr und mehr von der Grundherrschaft bestimmt, die zur dominierenden Organisationsform wird, obgleich der freie Allodialbesitz keineswegs vollkommen aufgesogen wurde. Die Hauptquellen zur Wirtschafts- und Sozialgeschichte, die Stammesrechte, Kapitularien und Urkunden, zeigen mit aller Deutlichkeit, daß es in der Karolingerzeit eine große Zahl von freien Leuten gab, die zwar einem Rechtsstand angehörten, deren wirtschaftlich-sozialer Status aber sehr unterschiedlich war. Die Skala innerhalb dieses »Einheitsstandes der Freien« (Walter SCHLESINGER) reichte von den Angehörigen der sog. »Reichsaristokratie« über größere und kleinere Grundherren, freie Bauern, Freie in grundherrlicher Abhängigkeit bis hinunter zu armen und landlosen freien Leuten.

Eckhard Müller-Mertens, Karl der Große, Ludwig der Fromme und die Freien, Berlin 1963 (= Forschungen zur mittelalterlichen Geschichte, Bd. 10).
Johannes Schmitt, Untersuchungen zu den Liberi Homines der Karolingerzeit, Frankfurt am Main/Bern 1977 (= Europäische Hochschulschriften, Reihe III, Bd. 83).

Für die Angehörigen des Rechtsstandes der Freien dürfte ein Wechsel zwischen bäuerlicher und grundherrlicher Lebensweise durchaus möglich gewesen sein, da die Form der Existenz als Grundherr oder Bauer in dieser Zeit offenbar primär von der Größe des verfügbaren Grundbesitzes und den Modalitäten der Bewirtschaftung abhing. Der Aufstieg zu einer grundherrlichen Daseinsform gelang durch die Übernahme von Ämtern im Dienste von Königtum und Kirche ebenso wie durch den Eintritt in die Vasallität, die sich in karolingischer Zeit stark verbreitete. Die vorzugsweise als Panzerreiter dienenden Vasallen erhielten in aller Regel Grundbesitz zu Lehen, den sie nicht in bäuerlicher, sondern in grundherrlicher Weise nutzten. Die freien Grundbesitzer konnten ihren Besitz auch durch Landesausbau und Rodungstätigkeit vermehren. Andererseits konnte durch Erbteilungen, Verlust von Ämtern und Lehen, Konfiskationen oder wirtschaftliche Schwierigkeiten die materielle Basis einer grundherrlich lebenden Familie zerstört werden, so daß ihre Angehörigen auf eine bäuerliche Existenz zurückgeworfen wurden.

Das fränkische Königtum hat sich mehrfach bemüht, die Leistungsfähigkeit der kleinen heerfahrtspflichtigen Freien zu erhalten und sie vor der Unterdrückung durch die weltlichen und geistlichen Großen zu schützen. Es hat den Heeresdienst für die weniger begüterten Freien erleichtert, ihre Gerichtspflicht reduziert und Maßnahmen gegen den Mißbrauch der gräflichen Amtsgewalt und der Autorität des geistlichen Standes getroffen. Der Niedergang der königlichen Macht am Ende der Karolingerzeit stellte den Erfolg dieser Bemühungen rasch in Frage. Der Prozeß der »Vergrundholdung« des freien Bauerntums war auf die Dauer nicht aufzuhalten. Gleichzeitig war eine andere, nicht weniger wichtige Entwicklung im Gange, der Aufstieg von Unfreien zu selbständig wirtschaftenden Bauern im Rahmen der Grundherrschaft. Viele Manzipien wurden auf grundherrlichem Land angesiedelt; als *servi casati* werden sie in den Quellen erwähnt. Sie bewirtschaften die *mansi serviles* der großen Grundherrschaften. Auch Freilassungen zur Vollfreiheit oder Minderfreiheit waren nicht selten, so daß die leibherrlichen Bindungen abgestreift oder gelockert und durch grundherrliche Abhängigkeitsformen ersetzt wurden.

Aus diesen beiden gegenläufigen Bewegungen erwächst der Bauernstand des Mittelalters, der sich aus persönlich freien, unfreien und halbfreien Leuten zusammensetzt. Die Bauern befanden sich zum größten Teil in grundherrschaftlicher Abhängigkeit, waren jedoch im Rahmen der Grundherrschaft selbständig wirtschaftende und rechtlich handlungsfähige Personen. Zu diesem in Wirtschaftsweise und Kultur, Lebens- und Denkweise relativ einheitlichen Bauerntum gehören auch diejenigen, die auf freiem Eigen in bäuerlicher Form leben, ohne einer Grundherrschaft zugeordnet zu sein. Der Anteil freier Bauern an der Gesamtbevölkerung war in den einzelnen Landschaften sehr unterschiedlich.

Das alte Gliederungsprinzip der Gesellschaft nach Rechtsständen mit der grundlegenden Unterscheidung von Freien und Unfreien wurde allmählich überwunden durch eine vorherrschend berufsständische Schichtung, gekennzeichnet durch die fundamentale Trennung zwischen dem Bauernstand und dem Adel.

4. Die Grundherrschaft im Hoch- und Spätmittelalter

Die Grundherrschaft bleibt auch im hohen und späten Mittelalter eine der fundamentalen Strukturformen der Agrarverfassung. In ihren äußeren Erscheinungsformen ist sie seit dem Ausgang der Karolingerzeit permanenten Wandlungsprozessen unterworfen, die selbstverständlich von der allgemeinen geschichtlichen Entwicklung dieser Jahrhunderte nachhaltig beeinflußt wurden, vor allem von den grundlegenden wirtschafts- und bevölkerungsgeschichtlichen Veränderungen.

Auf eine Periode wirtschaftlichen Wachstums, die vom 11. bis in die erste Hälfte des 14. Jahrhunderts reichte, folgte die Agrarkrise des 14./15. Jahrhunderts. Im Rahmen dieser langfristigen Trends vollzogen sich einige Prozesse, die auf die Entwicklung der Grundherrschaft mehr oder weniger tiefgreifend einwirkten.

Eine wesentliche Voraussetzung für den wirtschaftlichen Aufschwung der ersten Periode war ein stetiges Wachstum der Bevölkerung, auf das dann ein gravierender Rückschlag im Pestzeitalter folgte. Diese Zunahme der Bevölkerung war nur möglich durch eine Steigerung der landwirtschaftlichen Produktion. Sie wurde erreicht durch die Ausdehnung der landwirtschaftlichen Nutzfläche und durch eine verbesserte Bodenbearbeitung, die zu einer fühlbaren Ertragssteigerung führten. Ein Anreiz für eine Erhöhung der landwirtschaftlichen Produktivität war vor allem durch die Entstehung des mittelalterlichen Städtewesens gegeben, die eine rege Nachfrage nach Nahrungsmitteln und Rohstoffen zur Folge hatte. Zugleich lockte das reiche Warenangebot der Städte und führte zu einem ansteigenden Geldbedarf auf seiten der Grundherren und der bäuerlichen Bevölkerung. Die Blüte des städtischen Handwerks verstärkte die Tendenz zur Arbeitsteilung, obgleich in vielen Städten auch Landwirtschaft betrieben wurde und in der bäuerlichen Wirtschaft noch viele Gegenstände des täglichen Bedarfs weiterhin selbst angefertigt wurden. Trotzdem erlangten Marktproduktion und Warenaustausch in Verbindung mit einer zunehmenden Geldwirtschaft immer größeres Gewicht im hoch- und spätmittelalterlichen Wirtschaftsleben. Daran änderte auch die Agrarkrise des 14./15. Jahrhunderts mit dem Preisverfall für die meisten landwirtschaftlichen Erzeugnisse, dem Wüstungsprozeß, dem Anstieg der Arbeitslöhne und der Geldentwertung nicht viel.

Weitere Faktoren, die das grundherrlich-bäuerliche Verhältnis stark beeinflußten, waren die Entstehung des niederen Adels als besonderer Schicht der Gesellschaft, die Gründung zahlreicher neuer Klöster und Stifter und die Konsolidierung der landesfürstlichen Herrschaft.

Diese verschiedenen Faktoren, die ihrerseits mehr oder weniger eng miteinander verbunden waren, haben auf die Entwicklung der Grundherrschaft in mannigfaltiger Weise eingewirkt und zur Entstehung einer Vielfalt von regionalen Sonderformen geführt. Der Versuch, die Grundtendenzen der keineswegs gradlinig verlaufenden Entwicklung darzustellen, stößt deswegen auf fast unüberwindliche Schwierigkeiten. In der Tendenz ist eine Auflockerung der Villikationsverfassung zu beobachten, die zu einer Milderung der Formen der Unfreiheit führt. Die Zins- oder Rentengrundherrschaft gewinnt an Boden, das bäuerliche Besitzrecht wird im allgemeinen verbessert, neue Formen der Bodenleihe entstehen. Die Bevölkerungsvermehrung und die Liberalisierung des Bodenrechtes haben in manchen Gegenden eine Parzellierung des bäuerlichen Besitzes zur Folge, verbunden mit einem Anwachsen der dörflichen Unterschichten. Charakteristisch sind eine Mobilisierung und Kommerzialisierung der grundherrlichen Rechte, die weit mehr als zuvor zur Ware werden. Einen bezeichnenden Ausdruck findet dies in der Zunahme des bürgerlichen und kommunalen Grundbesitzes seit dem späteren Mittelalter. Charakteristisch ist ferner das deutliche Auseinandertreten der verschiedenen Herrschaftsformen wie Grundherrschaft, Gerichtsherrschaft, Dorfobrigkeit, Vogtei, Leibherrschaft und Landesherrschaft. Die vielfach zu beobachtende Lockerung grundherrlicher Abhängigkeitsverhältnisse erleichtert die Konsolidierung von genossenschaftlichen Verbänden wie Dorf- und Landgemeinde, die in der Regel die Angehörigen verschiedener Grundherrschaften umfassen. Gerade im späten Mittelalter erweist sich die ländliche Gemeinde als eine Institution von nicht unbeträchtlicher Bedeutung.

Friedrich Lütge, Geschichte der deutschen Agrarverfassung vom frühen Mittelalter bis zum 19. Jahrhundert, Stuttgart 1967 (= Deutsche Agrargeschichte, hrsg. von Günther Franz, Bd. III), S. 83–115.
Die Grundherrschaft im späten Mittelalter, hrsg. von Hans Patze, 2 Bde. Sigmaringen 1983 (= Vorträge und Forschungen, Bd. XXVII/I, II).

Der Sammelband enthält vorwiegend Untersuchungen auf landesgeschichtlicher Basis. Die neueren Forschungen, die oft ins Hochmittelalter zurückgreifen, haben zahlreiche neue Ergebnisse gebracht, ohne das in der älteren Forschung erarbeitete Bild in den Grundzügen entscheidend zu verändern.

Die Villikationsverfassung (vgl. S. 123 ff.), die in den Quellen der Karolingerzeit vor allem auf Reichsgut und den Besitzungen der großen Kirchen entgegentritt, war die am höchsten entwickelte Form der frühmittelalterlichen Grundherrschaft. Sie repräsentierte zwar den klassischen Typus, war aber keineswegs die einzige Form der grundherrschaftlichen Organisation der fränkischen Zeit. Neben den Fronhofsverbänden gab es Höfe, die nur gegen Zins ausgeliehen waren und in keinem unmittelbaren funktionalen Zusammenhang mit der Fronhofswirtschaft standen und damit dem Typus der Zins- oder Rentengrundherrschaft zuzuordnen sind. Es ist mit einer weiten Verbreitung von Misch- und Übergangsformen zwischen dem Villikationssystem und der Rentengrundherrschaft zu rechnen. Wie weit das Villikationssystem den weniger umfangreichen Besitz der weltlichen Grundherren erfaßt hatte, ist eine noch nicht befriedigend geklärte Frage. Die beiden Typen »Villikation« und »Zins- oder Rentengrundherrschaft« sollten daher nicht generell als historisch-genetische Typenreihe betrachtet werden, da sie vermutlich schon früh nebeneinander bestanden haben.

In der Forschung wird ziemlich einhellig die Auffassung vertreten, es sei im hohen und späten Mittelalter allmählich zur Auflösung der großen Fronhofsverbände und zum Übergang zur Zins- oder Rentengrundherrschaft gekommen. Tendenziell ist das ohne Zweifel richtig, obgleich die grundherrliche Eigenwirtschaft keineswegs generell aufgegeben wurde. In vielen Grundherrschaften wurden die Villikationen als geschlossene Wirtschaftsverbände aufgelöst. Der Fronhof wurde nicht selten verpachtet und die abhängigen Bauernstellen von ihm gelöst und gegen Zins verliehen. Nicht selten wurden auch Teile des Sallandes an Bauern als Zinsland vergeben. Da die Frondienste der Hintersassen dadurch überflüssig wurden, konnten sie abgelöst oder in eine Geldrente umgewandelt werden.

Der Hauptgrund für die tendenzielle Auflösung der kompakten Form der Villikationsverfassung ist in der allgemeinen wirtschaftlich-sozialen Entwicklung des hohen Mittelalters zu suchen. Die Villikation entsprach als wirtschaftlich-soziale Organisationsform in hervorragender Weise den Bedürfnissen einer fast rein agrarischen Wirtschaftsordnung mit gering ausgeprägter Marktwirtschaft und bescheidenem Geldverkehr. Mit der Intensivierung von Handelsverkehr und handwerklicher Produktion, wachsendem Markt- und Geldverkehr und dem Aufblühen der Städte hatte sie sich als agrarische Wirtschafts- und Sozialform überlebt, da sie stärker auf wirtschaftliche Autarkie als auf Marktproduktion ausgerichtet war. Zwar bot sie auch den Hintersassen ein gewisses Maß an Sicherheit, unterwarf aber den einzelnen auch wirtschaftlichen und sozialen Zwängen, so daß die für die erforderlichen ökonomischen Innovationen notwendige Initiative gebremst wurde. Das Fronhofssystem band weitgehend die bäuerliche Arbeitskraft und erschwerte eine weitere Steigerung der landwirtschaftlichen Produktion.

Die Absatzchancen, die sich den Bauern durch die Verstärkung des Marktverkehrs boten, lockten zu einer Erhöhung der Produktion, doch war die Verpflichtung zur Ableistung von Frondiensten der Intensivierung der Arbeit auf dem Bauernhof abträglich. Vielfach wurden die Dienste nur widerwillig geleistet und waren damit auch für den Grundherrn wenig effektiv. Die Umwandlung der Frondienste in regelmäßige Zinsleistungen bot daher für beide Seiten einen befriedigenden Ausweg.

Welche Rolle der bäuerliche aktive oder passive Widerstand gegen die Frondienste bei der Lockerung der persönlichen Abhängigkeit und der Aufweichung der Hofverbände gespielt hat, ist schwer zu sagen, da die quellenmäßige Überlieferung für diese wichtige Seite des grundherrlich-bäuerlichen Verhältnisses sehr schlecht ist. Die Bedeutung des Klassenkampfes für die Gestaltung der mittelalterlichen Agrarverfassung wird von den Vertretern der marxistischen Geschichtsauffassung besonders hervorgehoben.

Siegfried Epperlein, Bauernbedrückung und Bauernwiderstand im hohen Mittelalter, Berlin 1960 (= Forschungen zur mittelalterlichen Geschichte, Bd. 6).

Die Selbständigkeitsbestrebungen vieler Fronhofsverwalter verstärkten die Krise des Systems. Sie entstammten meist der grundherrlichen Familie, hatten aber auf Grund ihrer Verwaltungsfunktionen und ihrer richterlichen Kompetenzen gute Chancen zum sozialen Aufstieg, die viele von ihnen zu nutzen wußten. Erstrebenswert war vor allem der Aufstieg in die Schicht der ritterlichen Dienstmannen. Besonders kirchliche Institutionen hatten Probleme mit einer wirksamen Kontrolle über ihre weltlichen Amtsträger. Um einer Entfremdung des Besitzes zu begegnen, wurden daher manche Fronhofsbezirke aufgeteilt.

Auch wenn die alte Villikationsverfassung gelockert wurde, blieben unter Umständen die ehemaligen Fronhöfe im Besitz gewisser zentraler Funktionen, etwa als Hebestellen für die Abgaben oder als

Ort der hofrechtlichen Gerichtsbarkeit. Manche große Höfe waren Rudimente ehemaliger Fronhofsverbände (»Meierhöfe«, »Kellhöfe«, »Dinghöfe«). Als Überreste alter Villikationen gelten die »Meierdingsverbände« in Nordwestdeutschland.

Die Auflockerung der Fronhofsverfassung führte nicht überall zu einem Verzicht der Grundherren auf Eigenwirtschaft. Im allgemeinen wurde ein gewisser Teil des grundherrlichen Besitzes weiterhin selbst bewirtschaftet. Das Gewicht der Eigenwirtschaft war im einzelnen sehr unterschiedlich, und man kann wohl annehmen, daß in der Regel die Einkünfte aus der Rentengrundherrschaft die aus dem eigenen Wirtschaftsbetrieb weit überstiegen.

Es kam im hohen und späten Mittelalter sogar zur Vergrößerung und zur Neuanlage von grundherrlichen Wirtschaftsbetrieben. Vor allem in den Gebieten, die von der deutschen Ostsiedlungsbewegung erfaßt wurden, sind zahlreiche Ritterhöfe gegründet worden, die den kleinen ritterlichen Grundherren als Wohnsitz dienten und von ihnen selbst bewirtschaftet wurden. Ihr Umfang und ihre wirtschaftliche Bedeutung waren allerdings bis zum 15. Jahrhundert zumeist gering.

Größere Bedeutung hatten die Wirtschaftshöfe der Zisterzienser und Prämonstratenser, die von diesen beiden Orden auf Rodungsboden, vielfach aber auch auf ehemaligem Bauernland aufgebaut wurden. Dieses neue, auf Eigenwirtschaft beruhende agrarische System der Grangienwirtschaft kann eigentlich nur mit Einschränkungen als eine Form der Grundherrschaft angesehen werden. Es ließ sich auch auf die Dauer nicht aufrechterhalten, und die Orden waren gezwungen, mehr und mehr zu einer grundherrlichen Nutzung ihrer Besitzungen überzugehen.

Die Eigenwirtschaft des Hoch- und Spätmittelalters ist nicht mit dem Wirtschaftsbetrieb des frühmittelalterlichen Villikationssystems identisch. Abgesehen von der Produktion für den Markt, die sich deutlich gegen das Autarkiestreben des frühmittelalterlichen Fronhofsverbandes abhebt, bestand ein wesentlicher Unterschied in der arbeitskräftemäßigen Form der Bewirtschaftung. Auf dem grundherrlichen Gutshof gab es in der Regel freies, fest engagiertes Gesinde, keine Manzipien. Dazu kamen Tagelöhner und gegebenenfalls auch saisonbedingt Lohnarbeiter. Es entwickelte sich ein ländlicher Arbeitsmarkt als ein neues Element des Erwerbslebens. In manchen Gegenden wurden auch später noch Frondienste zur Bewirtschaftung des Herrenhofes gefordert, die aber vielfach nicht grundherrlichen, sondern gerichtsherrlichen Ursprungs gewesen sind.

Zu beobachten ist auch der Trend zur Umwandlung von Natural-abgaben in Geldrenten. Der städtische Markt bot den Bauern die Möglichkeit zum Absatz der Überschüsse und damit zur Ablösung von Diensten und Belastungen durch Geldzahlungen. Andererseits stieg der Geldbedarf der Grundherren, die nach der Abkehr von der auf Autarkie gerichteten Fronhofsverfassung viele Produkte auf dem städtischen Markt einkaufen mußten. Für die Bauern waren die fixierten Geldzinse in der Regel günstiger als die Verpflichtung zu Naturalabgaben. Es kam jedoch nicht zu einer vollständigen Ablösung der Arbeits- und Produktenrente durch die Geldrente. In manchen Gebieten breitete sich sogar der Teilbau aus, der dem Grundherrn einen bestimmten Anteil am jeweiligen Ernteertrag sicherte.

Im hohen Mittelalter lockerten sich auch die Formen der persön-lichen Abhängigkeit. Die Unfreiheit des frühen Mittelalters, die die Person des Unfreien der vollen Verfügungsgewalt des Herren über-ließ, wurde mehr und mehr abgemildert. Die Verpflichtungen ge-genüber dem Leibherrn bestanden vielfach nur noch in der Zahlung von Abgaben wie Kopfzins, Wachszins, Besthaupt, Bestkleid oder Bedemunt, einer Heiratsabgabe.
Dieser Periode der Lockerung im 12. und 13. Jahrhundert folgte am Ende des 14. Jahrhunderts in einigen Gegenden wieder eine Pe-riode der Verstärkung persönlicher Bindungen. Im Zusammenhang mit der Agrarkrise des 14./15. Jahrhunderts versuchten die Grund-herren, die Mobilität ihrer Bauern einzuschränken und sie an die Scholle zu binden (»Schollenpflichtigkeit«). Die Bauern erhielten einerseits vielfach erbliche Rechte an Grund und Boden, Haus und Hof, mußten aber andererseits auf das Recht des freien Abzuges verzichten. Um den Verlust von Grundbesitz zu verhindern, haben die Herren in manchen Fällen auch Heiratsbeschränkungen ver-fügt; Eheschließungen sollten nur zwischen den Angehörigen einer Grundherrschaft stattfinden, die »ungenoßsame Ehe« wurde unter-sagt oder erschwert.

Unter »Leibeigenschaft« werden im allgemeinen die spätmittelalterlich-frühneuzeitlichen Formen der persönlichen Abhängigkeit verstanden. Der Leibherr hatte Anspruch auf bestimmte Abgaben. Schollenpflichtigkeit und Heiratsbeschränkungen konnten, aber mußten nicht mit der Leibeigen-schaft gekoppelt sein.

Die ländliche Bevölkerung wird im hohen und späten Mittelalter einer Vielzahl von Herrschaftsansprüchen unterworfen. Die Grundherrschaft ist nur eine dieser Herrschaftsformen, allerdings in der Regel diejenige, die auf das tägliche Leben am nachhaltigsten einwirkte. Deutlicher als in der vorangegangenen Zeit lassen die Quellen die verschiedenen Herrschaftsformen und ihr rechtliches Fundament erkennen. Während im Frühmittelalter die verschiedenen Herrschaftsbefugnisse nicht selten in einer Hand lagen, kann man nun Grund-, Leib-, Gerichts-, Dorf- und Vogteiherrschaft meist deutlich unterscheiden. Als neue und auch für die grundherrlich-bäuerlichen Beziehungen wichtige Herrschaftsform kommt die Landesherrschaft hinzu.

Die Grundherrschaft erfaßt die Hintersassen mit unterschiedlicher Intensität, niemals aber vollständig. Sie kommt sogar relativ häufig in reiner Ausprägung ohne Verbindung mit anderen Herrschaftsrechten vor, obgleich in den Gebieten, in denen die Leibherrschaft verbreitet war, für größere Teile der Bauernschaft Grundherr und Leibherr ein und dieselbe Person waren. Die Kombination von Grundherrschaft und anderen Herrschaftsbefugnissen führte natürlich zu einer Intensivierung der Abhängigkeit, während die Konkurrenz verschiedener Herrschaftsinhaber das Los der Bauern erleichtern konnte. Allerdings wurde die Bevölkerung durch die Kämpfe der Herren untereinander nicht selten schwer geschädigt.

Charakteristisch für die Herrschaftsentwicklung ist das Streben der Landesherren nach Zurückdrängung der anderen Feudalgewalten und nach der Intensivierung ihrer Herrschaft über alle Bewohner ihres Territoriums. Sie beanspruchten mit mehr oder weniger Erfolg auch Leistungen und Herrschaftsrechte öffentlich-rechtlicher Art von allen grundherrlich abhängigen Bauern.

Die Beziehungen zwischen dem Grundherrn und seinen Grundholden basierten primär auf der Landleihe, die im Zusammenhang mit der Lockerung persönlicher Abhängigkeitsverhältnisse im hohen und späteren Mittelalter besonderes Gewicht erhielt. Die Entwicklung der Leiheformen tendierte in Richtung auf eine Verbesserung der bäuerlichen Rechtsstellung, denn vor allem im Hochmittelalter mußten die Grundherren ihren Bauern günstige Bedingungen zugestehen, um eine Abwanderung in die aufblühenden Städte oder in die Kolonisationsgebiete des Ostens zu verhindern.

Insgesamt verbreitete sich mehr und mehr das für den Hintersassen günstige Erbzinsrecht, während kurzfristigere Leiheformen (Zeitleihe) im allgemeinen zurückgingen. Allerdings blieb in manchen Gegenden die Zeitleihe die vorherrschende Form. Für die weitere Entwicklung war es von großer Bedeutung, daß seit dem späteren Mittelalter neben das alte Leiherecht der Pachtvertrag trat. Der grundherrlich gebundene Bauer wurde so gegebenenfalls zum freien Pächter.

Die mittelalterliche Bodenleihe begründete nicht nur ein Nutzungsrecht, sondern verlieh dem Hintersassen auch dingliche Rechte an Grund und Boden, Haus und Hof. Die Pacht beruhte auf dem Vertrag *(pactum)*, der dem Pächter das Nutzungsrecht einräumt. Der Verpächter hatte Anspruch auf den Pachtzins in Naturalien oder Geld, nicht aber auf Frondienste.

Das Leiherecht des späteren Mittelalters wird durch eine Vielfalt an regionalen Ausprägungen der drei Grundformen Erbleihe, Zeitleihe und Pacht gekennzeichnet. Zwar war der erbliche Besitz in der Regel für den Bauern günstiger, da die Zugriffs- und Einwirkungsmöglichkeiten des Grundherrn stark eingeschränkt waren, doch konnten auch kurzfristige Leihe- und Pachtformen für den Beliehenen von Nutzen sein, denn der Herr war in diesem Falle in der Regel für die Betriebsbereitschaft des Hofes verantwortlich und mußte nach Ablauf der vereinbarten Zeit dem abziehenden Bauern die »Besserung«, d. h. seine Investitionen, erstatten. Aus dem Leiherecht allein kann daher nicht auf die tatsächliche wirtschaftliche Lage des Bauern geschlossen werden, da sie auch von verschiedenen anderen Faktoren, der Ertragsfähigkeit des Bodens, der Größe des Besitzes, der Höhe der Abgaben, dem Umfang des Frondienstes und nicht zuletzt den Absatzchancen abhängig war.

Im Zusammenhang mit dem Wachstum der Bevölkerung, den verbesserten Absatzmöglichkeiten für landwirtschaftliche Erzeugnisse und der Lockerung der grund- und leibherrlichen Abhängigkeit verstärkten sich die wirtschaftlichen und sozialen Unterschiede auf dem Lande. In manchen Gegenden kam es zu einer Aufteilung der alten Höfe in Halb-, Viertel- und sogar Achtelhufen. Die Schicht der Dorfbewohner unterhalb des eigentlichen Bauernstandes wurde immer größer. Die Parzellierung von Grund und Boden schwächte die Wirtschaftskraft, soweit sie nicht durch arbeitsintensive Spezialkulturen aufgefangen wurde. Die Grundherren haben die Teilung der Höfe, soweit sie über ein vertretbares Maß hinausging, bekämpft und das Anerbenrecht gegenüber der Realteilung bevorzugt.

Charakteristisch für die weitere Entwicklung im späteren Mittelalter und der frühen Neuzeit ist die Ausbildung einer landschaftlichen Vielfalt in den grundherrlich-bäuerlichen Beziehungen. Zwar stößt der Versuch einer Typologisierung auf große Schwierigkeiten, doch zeichnen sich einige regionale Grundtypen ab, zwischen denen es noch mannigfache Übergangsformen gibt. Man kann zwischen der mitteldeutschen, nordwestdeutschen, westdeutschen, südwestdeutschen und südostdeutschen Grundherrschaft unterscheiden. Eine besondere Ausprägung erfuhr die Grundherrschaft im Bereich der deutschen Ostsiedlung östlich von Elbe und Saale, wo zunächst reine Grundherrschaft mit günstigem Besitzrecht der Bauern und ohne Frondienste herrschte. Erst am Ende des Mittelalters begann die Entwicklung der Grundherrschaft zur ostelbischen Gutsherrschaft. Diese von Friedrich LÜTGE entwickelte Typologie geht stark von verfassungsrechtlichen Kriterien aus und besitzt Gültigkeit für die frühe Neuzeit. Ihre Geltung für das spätere Mittelalter ist umstritten.

Friedrich Lütge, Geschichte der deutschen Agrarverfassung (vgl. S. 116), S. 182 ff.

5. Die Elemente des grundherrlichen Systems

a) Villikation, Rentengrundherrschaft, Gutsherrschaft

Eine Systematisierung der verschiedenen Erscheinungsformen der Grundherrschaft ergibt drei Hauptformen, das Villikationssystem oder die Betriebsgrundherrschaft, die Zins- oder Rentengrundherrschaft und die Guts- oder Patrimonialherrschaft. Es handelt sich dabei nicht einfach um eine historisch-genetische Typenreihe, sondern um unterschiedliche Organisationsmodelle. Dem widerspricht nicht, daß im frühen Mittelalter das Villikationssystem vorherrschte, während sich im hohen und späten Mittelalter die Rentengrundherrschaft ausbreitete und die Gutsherrschaft erst eine Erscheinung der frühen Neuzeit war.

Unter einer Villikation oder einem Fronhofsverband versteht man in der wissenschaftlichen Terminologie einen wirtschaftlichen Organismus, der sich aus einem Herrenhof und einer Anzahl von grundherrlich abhängigen Bauernhöfen zusammensetzte. Mittelpunkt einer Villikation war der grundherrliche Wirtschaftshof (Fronhof, ahd. *vronehof*, Salhof, ahd. *selihof*, mlat. *villa, curtis, curtis dominica* oder *indominicata, mansus dominicalis* oder *indominicatus*). Seinem äußeren Erscheinungsbild nach war er eine Art Gutshof, zu dem nicht nur Ackerland, Wiesen und Gärten gehörten, sondern oft auch Waldungen, Gewässer, Weinberge und Mühlen. Dieses unmittelbar zum Herrenhof gehörige Land (Salland, ahd. *seliland*, mlat. *terra salica, mansi dominicales*) war von sehr unterschiedlichem Umfang, in der Regel jedoch größer als ein normaler Bauernhof. In der Forschung wird angenommen, daß es im allgemeinen in geschlossenen Blöcken lag, nicht im Gemenge mit den Feldern der Grundholden. Allerdings ist ein klarer Nachweis dafür nicht zu erbringen.

Der Fronhof wurde entweder vom Grundherrn selbst bewohnt und bewirtschaftet oder von einem Fronhofsverwalter (*villicus, maior*, seltener *iudex* und *actor*) geleitet. Der Villikus war für die Wirtschaftsführung verantwortlich, zog die Abgaben der Grundholden ein und führte den Vorsitz im grundherrlichen Hofgericht. Seine Hilfskräfte suchte er sich unter den Knechten und Mägden, die im frühen Mittelalter offenbar ausschließlich Unfreie (*mancipia, servi, ancillae*) gewesen sind.

Charakteristisch für das Fronhofssystem ist nun die Tatsache, daß die Bewirtschaftung des Herrenhofes nicht allein durch das dort ansässige Gesinde erfolgte, sondern auch mit Hilfe der Frondienste der Grundholden. Deshalb waren ihm stets einige Bauernhöfe zugeordnet, deren Inhaber zwar selbständig wirtschaftende Bauern waren, aber doch in einem vielschichtigen wirtschaftlichen Konnex zum Fronhof standen. Die Bewirtschaftung des Sallandes geschah also im Zusammenwirken von herrschaftlichem Gesinde und frondienstpflichtigen Hufenbauern. Im Laufe des Mittelalters stieg jedoch die Bedeutung der Lohnarbeit, deren Anfänge wohl schon im frühen Mittelalter liegen.

Für die Hintersassen war der Fronhof auch die Hebestelle für die Abgaben und der Sitz des grundherrlichen Gerichts. In bedeutenderen Grundherrschaften waren spezialisierte Handwerker ansässig, gab es Webhütten, Kalkbrennereien, Salzgewinnung und bisweilen sogar Ansätze zu einer überregionalen Handelstätigkeit. Eine zusätzliche Funktion erhielt manche Villikation durch das Vorhandensein einer grundherrlichen Eigenkirche.

Die Organisationsstruktur einer Grundherrschaft war natürlich sehr stark von ihrer Größe und ihrer Zweckbestimmung abhängig, vor allem im frühen Mittelalter. In besonders ausgedehnten Grundherrschaften gab es sogar ein mehrstufiges Villikationssystem mit Haupt- und Nebenhöfen. Derartige mehrstufige Villikationen sind auf den Besitzungen bedeutender Benediktinerklöster im frühen Mittelalter anzutreffen und für den königlichen Grundbesitz wenigstens zu vermuten. Die Quellen, die über das Villikationssystem genauere Auskunft geben, betreffen fast ausschließlich die Grundherrschaften des Königtums und der großen kirchlichen Institutionen und liefern ein idealtypisches Bild der frühmittelalterlichen Fronhofsverfassung. Das Ausmaß der Verbreitung dieses Typus sollte nicht überschätzt werden, denn selbst der königliche und der kirchliche Großgrundbesitz war wohl kaum durchgängig in Fronhofsverbände gegliedert, obgleich sich Königtum und Kirche um eine effektive Organisation ihrer Güter bemüht haben. Bei den Besitzungen der weltlichen Herren ist wohl nur in der Spitzengruppe mit einem mehrstufigen Villikationssystem zu rechnen, während bei der Masse der weltlichen Grundbesitzer das einstufige Modell vorherrschte, soweit nicht noch Vorformen grundherrschaftlicher Organisation vorhanden waren. Der Herrenhof war vielfach zugleich der Wohnsitz des kleinen Grundherrn, der die Wirtschaftsführung selbst überwachte.

Während beim Villikationssystem die Eigenwirtschaft des Grundherrn eine beachtliche Rolle spielte, waren bei der Zins- oder Rentengrundherrschaft die Herrenhöfe reine Hebestellen ohne einen eigenen Gutsbetrieb. De facto treten uns jedoch meist Mischformen entgegen, da die Grundherren vorzugsweise die dichter massierten Besitzungen als Villikationen zu organisieren pflegten, während zerstreute Güter und weit entfernte Besitzungen gegen Zins ausgegeben wurden. Auch begnügte man sich vielfach bei Gütern, die nur durch eine prekarische Leihe grundherrlich gebunden waren, mit der bloßen Zinspflicht. Man kann wohl davon ausgehen, daß bereits in der Karolingerzeit Villikationssystem und Zinsgrundherrschaft nebeneinander existierten. Seit dem Hochmittelalter setzte sich die Zins- oder Rentengrundherrschaft durch. In den Rodungs- und Kolonisationsgebieten war sie der bei weitem dominierende Typus.

Im späten Mittelalter entwickelte sich in den Gebieten östlich der Elbe aus der dort vorherrschenden reinen Zins- oder Rentengrundherrschaft die Gutsherrschaft, die in Brandenburg, Mecklenburg, Pommern, Ost- und Westpreußen, Schlesien, der Ober- und Niederlausitz bis ins 19. Jahrhundert die Agrarverfassung bestimmte und zu den wichtigsten Kräften des wirtschaftlichen, sozialen und politischen Lebens dieser Länder gehörte. Mittelpunkt einer Gutsherrschaft war das oft burg- oder schloßartige Herrenhaus mit dem großen Gutshof, dem nicht selten kleinere Wirtschaftshöfe (Vorwerke) zugeordnet waren. Charakteristisch für die Gutsherrschaft ist die große Bedeutung der marktorientierten Eigenwirtschaft. Daher strebten die Gutsherren in der frühen Neuzeit nach der Ausdehnung ihrer Güter durch Rekultivierung von wüsten Fluren und durch Einziehung und Aufkauf von Bauernland (Bauernlegen). Auf diese Weise wurde aus manchem Bauerndorf eine Gutssiedlung, die nur noch aus dem Rittergut und den Häuschen für das Gesinde und die Gutsarbeiter bestand.

Bewirtschaftet wurde das Gutsland durch das auf dem Hof wohnende Gesinde und mit Hilfe der Frondienste (Hand- und Spanndienste) der gutsuntertänigen Bauern und Kleinstellenbesitzer (Büdner, Gärtner, Kossäten usw.). Die Belastung der Gutsuntertanen durch die Dienste war unterschiedlich, vor allem in der Zeit von Aussaat und Ernte aber sehr hoch. Die Angehörigen einer Gutsherrschaft befanden sich in einer mehr oder weniger drückenden persönlichen Abhängigkeit von ihrem Gutsherrn (Erbuntertänigkeit mit Schollenpflichtigkeit und Gesindezwangsdienst), die in manchen Gegenden bis zur »zweiten Leibeigenschaft« intensiviert wurde.

Von großer Bedeutung für die Ausbildung der Gutsherrschaft war der Übergang obrigkeitlicher Rechte in die Hände der adligen Grundherren. Der Grundherr wurde durch die Ausdehnung der Gutswirtschaft zur wirtschaftlich dominierenden Gestalt und übte außerdem innerhalb seines meist räumlich geschlossenen Gutsbezirks obrigkeitliche Rechte gegenüber allen Gutsuntertanen aus, besonders die Polizeigewalt und die Patrimonialgerichtsbarkeit.

b) Die Inhaber der grundherrlichen Gewalt

Grundherrschaft läßt sich abstrakt definieren als eine wirtschaftlich-rechtliche Beziehung zwischen Grundherrn und Grundholden. In der Realität gehören die Inhaber der grundherrlichen Gewalt aber unterschiedlichen sozialen Schichten an und haben auch höchst unterschiedliche gesellschaftliche Positionen inne. Als Grundherren treten der König und die Landesfürsten, Angehörige des hohen und niederen Adels, hohe kirchliche Würdenträger wie Erzbischöfe und Bischöfe, Äbte und Äbtissinnen, aber auch Domherren, Stiftsgeistliche und Pfarrer, geistliche und weltliche Korporationen verschiedener Art, Städte und einzelne Bürger in Erscheinung. Ihre jeweilige politische, rechtliche und soziale Stellung und die mit ihr verbundenen gesamtgesellschaftlichen Funktionen und Zielsetzungen hatten Auswirkungen auf die Organisations- und Nutzungsformen der Grundherrschaft und auf die Intensität der grundherrlichen Machtausübung.

Für die Stellung eines Grundherrn gegenüber seinen Grundholden war der Besitz von weiteren Rechten und Machtmitteln von Bedeutung. Ein Landesherr konnte seinen Domänenbauern anders gegenübertreten als ein kleiner Ritter oder ein Bürger ihren Hintersassen.

Wesentlich waren auch die Zielsetzungen, die ein Grundherr mit seiner Grundherrschaft verband. So wurde zum Beispiel die königliche Grundherrschaft mittelbar oder unmittelbar in den Dienst der Reichspolitik gestellt, während die Grundherrschaft eines Klosters primär der wirtschaftlichen Versorgung dieser Institution diente. Städte erwarben Grundbesitz in ihrem Umland, um die Zufuhr von Nahrungsmitteln und Rohstoffen zu sichern und sich gegebenenfalls ein eigenes städtisches Territorium aufzubauen, während für den einzelnen Bürger der Erwerb einer Grundherrschaft als Kapitalanlage oder zur Erhöhung seines Sozialprestiges verlockend sein konnte. In aller Regel waren mehrere Intentionen miteinander verbunden.

Die Position des einzelnen Grundherrn war in starkem Maße von dem Herrschaftsgefüge abhängig, in das er eingeordnet war, d. h., er befand sich in einer permanenten Konkurrenzsituation mit anderen Grundherren, die er bei der Ausübung seiner grundherrlichen Rechte gegenüber den Hintersassen in Rechnung stellen mußte.

Die grundherrliche Gewalt kann individuell oder auch im Namen von Korporationen und Institutionen ausgeübt werden, sie kann allodiale oder lehnrechtliche Grundlagen haben, und sie kann Privatbesitz sein oder wie das Reichsgut und die landesfürstlichen Domänen Pertinenz von Amt und Würde. Unter typologischen Gesichtspunkten lassen sich in stark vereinfachender Art und Weise königliche, kirchliche, landesherrliche, adlige und bürgerlich-städtische Grundherrschaft unterscheiden.

Das *Reichsgut* (Königsgut, Krongut) als Institution der Reichsverfassung war vermutlich nicht germanisches, sondern antikes Erbe und beruhte auf der Stellung der fränkischen Herrscher als Rechtsnachfolger im Fiskus, dem römischen Staatsland. Der germanische König hatte gewiß auch über Grundbesitz und abhängige Leute verfügt, doch war das kein integraler Bestandteil seines Königtums, während im frühen Mittelalter der königliche Grundbesitz mit seinen Pfalzen und Königshöfen zum materiellen Substrat der königlichen Herrschaft wurde. Im frühen Mittelalter werden Reichsgut und Hausgut der königlichen Familie noch nicht unterschieden; der Besitz einer jeden neuen Dynastie verschmilzt mit dem alten Reichsgut. Erst im 11. Jahrhundert beginnt man, zwischen Krongut und Hausgut zu unterscheiden, doch wird auch später diese Trennung »terminologisch nicht immer exakt durchgehalten und auch in der Regierungspraxis nicht durchgehend beachtet« (M. HERBERGER, Art. »Krongut«. In: HwbDt.RG II, Sp. 1219).

Der königliche Grundbesitz war nicht gleichmäßig über das ganze Reich verteilt. In der fränkischen Zeit verfügten die Könige über reichen Grundbesitz im Pariser Becken, der Champagne, um

Aachen, am Mittelrhein und in Mainfranken. Mit dem Ausgriff der Karolinger nach Osten kamen Krongutkomplexe in Alemannien, Bayern, Thüringen und Sachsen hinzu. Auch im langobardischen Italien wurde nach der Eroberung des Langobardenreiches neues Reichsgut geschaffen. Unter den Kaisern aus sächsischem Hause (Ottonen) kam deren reicher Besitz im sächsischen Raum hinzu, während sich unter den Saliern und Staufern der Schwerpunkt des Reichsgutes wieder nach dem Südwesten verlagerte. Danach verlor das Krongut durch den Wandel in der Reichsverfassung, der durch die Herausbildung der Territorialstaaten bewirkt wurde, seine Funktion als materieller Rückhalt der königlichen Herrschaft. Die Versuche der Salier und Staufer, die königliche Grundherrschaft mit anderen Herrschaftsrechten zu kombinieren und aus Grundbesitz, Pfalzen, Burgen, Städten und Vogteien königliche Territorien aufzubauen, sind letztlich gescheitert. Das nachstaufische Königtum mußte von der Reichsgutpolitik auf »Hausmachtpolitik« umstellen.

Im frühen und auch noch im hohen Mittelalter mußte das Königtum wegen der noch wenig ausgebildeten Geldwirtschaft das Reichsgut und die daraus fließenden Erträge zur Erfüllung staatlicher Aufgaben einsetzen. Mit Schenkungen aus Reichsgut wurden treue Anhänger und Gefolgsleute belohnt, Bistümer und Klöster ausgestattet. Ein Teil des Grundbesitzes wurde als Amtsgut oder Kronlehen ausgegeben. Ein großer Teil wurde für die königliche Hofhaltung gebraucht. Auf Reichsgut lagen die Pfalzen und Königshöfe, die für längere oder kürzere Zeit der königlichen Familie und dem Hof als Aufenthaltsorte dienten. Die Erträge aus der Grundherrschaft wurden bei dieser Gelegenheit verbraucht.

Das Reichsgut läßt sich nach seiner Funktion in drei Kategorien einteilen. Die königliche Grundherrschaft im engeren Sinne war das Tafelgut, das unmittelbar im Auftrag des Königs bewirtschaftet und von ihm genutzt wurde. Die zweite Kategorie war das Amtsgut, das als Zubehör des Amtes an die königlichen Beamten, besonders an Grafen, ausgegeben wurde. Es war an das Amt gebunden und dem jeweiligen Amtsträger nur zur Nutzung überlassen. Eine dritte Gruppe bestand aus dem Reichslehngut, das vom König benutzt wurde, um Vasallen zu gewinnen.

Der Bestand an Reichsgut war ständigen Schwankungen unterworfen, obgleich sich die Könige in der Regel bemüht haben, ihre Grundherrschaft wenigstens im Bereich der zentralen Pfalzen zu behaupten oder sogar auszubauen. Durch Schenkungen, Ausstattung von Amtsträgern und Belehnungen, aber auch durch Usurpation und stillschweigende Aneignung schrumpfte das Reichsgut zusammen, durch Eroberung und Konfiskationen wurde es wieder vermehrt. Der König hatte einen Rechtsanspruch auf erbenlosen Nachlaß und konnte außerdem alles herrenlose Land für das Reich in Besitz nehmen.

Bewirtschaftung und Verwaltung des Krongutes waren stets ein wichtiger Bestandteil der königlichen Regierungstätigkeit. In der Merowingerzeit gehörten die Krongutsverwalter *(domestici)* zu den ranghöchsten königlichen Amtsträgern. In der Karolingerzeit waren die einzelnen Königshöfe *(villae)* zu Fiskalbezirken *(fisci)* zusammengefaßt, die jeweils einem Domänenamtmann *(iudex, actor, exactor, procurator)* unterstanden. Zu seinem Amtsbereich *(ministerium)* gehörten meist mehrere kleinere Wirtschaftshöfe, die von den »Meiern« *(maiores)* bewirtschaftet und verwaltet wurden. Dieses gut organisierte Villikationssystem war sicher nicht im gesamten Reich verbreitet; in manchen Gegenden war der königliche Grundbesitz mehr in der Form der Zins- oder Rentengrundherrschaft organisiert.

Der Zusammenhang zwischen der politischen Macht des Königtums und dem Umfang und der rationellen Nutzung des Reichsgutes ist besonders deutlich zur Zeit Karls des Großen zu erkennen, der nicht nur gewaltige Besitzkomplexe dem Krongut einverleibte, sondern auch die Verwaltung und Bewirtschaftung zu verbessern suchte. Er ließ eine Bestandsaufnahme des königlichen und auch des kirchlichen Grundbesitzes durchführen, die ihren quellenmäßigen Niederschlag in den Brevium exempla ad res ecclesiasticas et fiscales describendas und im Lorscher und Churrätischen Reichsurbar gefunden hat. Das eindrucksvollste Zeugnis für das Gewicht, das Karl der Große der Reichsgutsverwaltung beigemessen hat, ist das Capitulare de villis, das sehr genaue Vorschriften über die Verwaltung und Bewirtschaftung der Fiskalgüter und ein Programm zur Bekämpfung von Mißständen enthält.

Wolfgang Metz, Das karolingische Reichsgut. Eine verfassungs– und verwaltungsgeschichtliche Untersuchung, Berlin 1960.

Ders., Zur Erforschung des karolingischen Reichsgutes, Darmstadt 1971 (= Erträge der Forschung, Bd. 4).

Das Königsgut besaß rechtlich eine Sonderstellung, denn es stand unter einem erhöhten Friedensschutz. Über die rein wirtschaftlichen Funktionen hinaus hatte es eine politische und ideologische Bedeutung. Vor allem die Pfalzen dienten der Repräsentation und waren zugleich Zentren der königlichen Macht. Über das Königsgut übte der König eine besonders intensive Herrschaft aus, da er hier als Grundherr und Staatsoberhaupt öffentliche und private

Rechte in seiner Hand vereinigte. Allerdings erstreckte sich die Herrschaft des Königs keineswegs allein oder auch nur vorrangig über das Königsgut, wie dies von einigen deutschen Historikern (Adolf WAAS, Theodor MAYER, Karl BOSL) behauptet worden ist. Die Königsherrschaft galt im Prinzip für das gesamte Reichsgebiet, nur wurde ihre Intensität de iure und de facto durch die Herrschaftsansprüche des Adels und der Kirche mancherorts eingeschränkt.

Ein beträchtlicher Teil des gesamten Grund und Bodens ist im Laufe des Mittelalters unter *kirchliche Grundherrschaft* geraten. Dennoch wäre es eine zu starke Vereinfachung, wenn man die Kirche als den größten Grundherrn bezeichnen würde, denn der kirchliche Grundbesitz bildete keine wirkliche Einheit, sondern unterlag der Verfügungsgewalt der einzelnen kirchlichen Institutionen. Bischöfe und Domkapitel, Klöster und Stifter, Kirchen und Kapellen besaßen Grundbesitz. Die einzelnen kirchlichen Grundherrschaften standen untereinander im allgemeinen in keinem wirtschaftlich-organisatorischen Zusammenhang.

Die Anfänge des kirchlichen Grundbesitzes reichen bis in die Spätantike zurück, und in manchen Regionen ist sogar mit einer mehr oder weniger ausgeprägten Kontinuität des Kirchenbesitzes zu rechnen. In merowingischer und karolingischer Zeit wuchs der kirchliche Grundbesitz stark an. Die bereits bestehenden Bistümer, Kirchen und Klöster erhielten reiche Zuwendungen durch das Königtum und die weltlichen Großen. Zahlreiche Bistümer und Klöster wurden gegründet und reich ausgestattet, ihre Besitzungen im Laufe der Zeit durch Schenkungen, Kauf und Tausch vermehrt. Zwar haben die Karolinger zeitweilig Teile des Kirchengutes wieder säkularisiert, indem sie Bischöfe und Äbte zwangen, Kirchenbesitz zur Ausstattung von königlichen Vasallen abzugeben *(Precaria verbo regis)*, aber dennoch erreichte der kirchliche Grundbesitz einen ersten Gipfelpunkt. Große Stifter und Klöster besaßen im 9. Jahrhundert einige tausend Hufen Landes, auf denen Tausende von Hintersassen lebten.

Auch in der späteren Zeit wuchs der kirchliche Grundbesitz stetig an, obwohl die Geschichte der einzelnen Klöster und Kirchen neben Perioden der wirtschaftlichen Blüte auch Zeiten des Verfalls aufzuweisen hatte. Im hohen und späten Mittelalter kamen viele neue Kirchen, Klöster und Ordensniederlassungen hinzu, die zwar an Reichtum selten mit den alten Bistümern und Klöstern wetteifern konnten, aber doch über mehr oder weniger ausgedehnten Grundbesitz verfügten und durch ihre große Zahl und weite Verbreitung ins Gewicht fielen. Erst die Säkularisationen der Reformationszeit bedeuteten eine Zäsur.

Die Überlieferung ist für die kirchlichen Grundherrschaften meist erheblich besser als für den königlichen und adligen Grundbesitz, denn die Kirchen haben versucht, ihre Besitzrechte durch schriftliche Fixierung zu sichern. Manche Urkundenbestände sind erhalten geblieben und geben Aufschluß über die Entstehung des geistlichen Grundbesitzes. Neben den Urkunden, die im Original oder in Abschriften in Kopial- und Traditionsbüchern überliefert sind, stellen die Besitz- und Zinsregister (Urbare, Polyptica, Salbücher, Lagerbücher, Zinsrodel usw.) wichtige Quellen für Ausdehnung und Struktur der kirchlichen Grundherrschaften dar. Sie verdanken ihre Abfassung den Bemühungen um die Sicherung der Rechte und eine rationelle Wirtschaftsführung.

Diese günstige Quellenlage ist zu berücksichtigen, da sonst die Gefahr einer Überbewertung des Anteils der kirchlichen Grundherrschaft besteht. Das gilt vor allem für das frühe Mittelalter, wo der weltliche Grundbesitz weit überwiegend nur mit Hilfe der Quellen kirchlicher Provenienz zu erfassen ist.

Von großer Bedeutung sind die Quellen für die Bistümer und Klöster St. Gallen, Fulda, Hersfeld, Corvey, Lorsch, Werden an der Ruhr, Weißenburg im Elsaß, Prüm in der Eifel, Freising, Regensburg, Passau, Salzburg, Niederalteich, Kremsmünster und Echternach sowie St. Germain des Prés bei Paris und St. Remi zu Reims.

Erwerb und wirtschaftliche Nutzung von Grundbesitz waren für die Kirchen zur Sicherung ihrer Existenz und Funktionsfähigkeit unerläßlich, denn Einnahmen kirchlicher Provenienz, wie Gebühren für geistliche Handlungen, Spenden, Ablässe und Zehnten, standen nur in einem begrenzten Umfang zur Verfügung. Vor allem der Kirchenzehnt, der nach kanonischem Recht zu gleichen Teilen für den Bischof, den Pfarrer, die Armen und die Instandhaltung der Kirchen verwendet werden sollte, wurde oft von weltlichen Mächten in Anspruch genommen.

Primär dienten die Einkünfte der Kirchen, die in der Regel zum größten Teil grundherrlichen Ursprungs waren, zur Ernährung und Bekleidung der Geistlichkeit, der Mönche und Nonnen und der Laien, die im Dienste der Kirche standen, ferner zur Anschaffung der notwendigen Gebrauchsgegenstände, der Gewänder und Gerätschaften, zum Ankauf oder der Anfertigung von Büchern usw. Große Kosten verursachten die Errichtung und Instandhaltung der Kirchen und anderer Gebäude, die Ausschmückung und Beleuchtung der Gotteshäuser. Nicht selten bestanden auch enge Beziehungen zwischen kirchlicher Grundherrschaft, Mission und Seelsorge, denn vielfach erhielten Bistümer und Klöster Grundbesitz zum Zwecke der Missionierung und der Übernahme seelsorgerischer Funktionen.

Ein wichtiger Bereich war die Erfüllung karitativer Aufgaben durch die Errichtung von Hospitälern und Herbergen, die Versorgung von Armen und Kranken, Witwen und Waisen, die Aufnahme von Pilgern, die Milderung von Hungersnöten und anderen Katastrophen oder die Aufnahme von Findelkindern. Im frühen Mittelalter spielte der Freikauf von Gefangenen und Versklavten offenbar eine recht bedeutende Rolle.

Geistliche und weltliche Funktionen waren im Mittelalter vielfach eng miteinander verbunden. Bistümer und Klöster wurden besonders bis zum Investiturstreit für staatlich-politische Zwecke eingesetzt, und nicht wenige Bischöfe und Äbte waren mehr Politiker als Hirten ihrer Herde und setzten die Einkünfte ihrer Kirchen rücksichtslos im Dienste des Königs oder für eigene machtpolitische Ziele ein. Der König hatte ohnehin das Recht, die Bischofssitze und die Reichsabteien aufzusuchen, dort Herberge und Gastung in Anspruch zu nehmen, Abgaben zu erheben und Waffenhilfe zu fordern *(servitium regis)*. Um diesen Anforderungen entsprechen und sich gegen rivalisierende weltliche und geistliche Herren behaupten zu können, nutzten Bischöfe und Äbte die Institution des Lehnswesens, um sich ein ritterliches Gefolge zu schaffen. Kirchlicher Grundbesitz mußte als Lehen an Vasallen und Ministeriale vergeben werden.

Die geistliche Grundherrschaft weist einige charakteristische Züge auf. Ein wesentliches Merkmal ist ihre relative besitzgeschichtliche Konstanz, denn die Kontinuität der Organisation bewirkte eine Kontinuität des Grundbesitzes. Eine Verminderung des Kirchengutes war nach kanonischem Recht untersagt, und die in der Kirche gepflegte Schriftlichkeit war der Wahrung von besitzrechtlichen Ansprüchen günstig. Natürlich konnten wirtschaftliche Krisen auch zu Verlusten führen. Zudem war der kirchliche Grundbesitz stets der Gefahr der Entfremdung durch die Kirchenvögte, Lehnsleute, Dienstmannen und Fronhofsverwalter ausgesetzt.

Ein weiteres Charakteristikum ist die oft weite Streuung des Kirchenbesitzes. Zwar gab es in der Regel eine Konzentration um den Bischofssitz, das Kloster oder Stift, aber vielfach waren die Besitzungen über weite Gebiete verteilt, denn sie stammten meist aus größeren und kleineren Schenkungen. Zu erkennen ist eine Tendenz zur Arrondierung und zur Veräußerung von Außenbesitzungen, soweit dem nicht besondere Interessen entgegenstanden.

Der Besitz einer Kirche bildete zunächst vermögensrechtlich und verwaltungsmäßig einen einzigen Komplex, doch begann in karolingischer Zeit eine Aufgliederung in Sondervermögen, zunächst an den Bischofskirchen, wo man zwischen dem bischöflichen Tafelgut *(mensa episcopalis)* und dem Kapitelsgut unterschied. In den Klöstern trennte man Abts- und Kapitelsgut und schied vielfach Sondervermögen für die Klosterschule, das Hospital, die Armenpflege und die Bautätigkeit (»Kirchenfabrik«) aus. Bei den Pfarrkirchen, die oft nur mäßig ausgestattet waren, gab es dennoch nicht selten den Sonderfundus für Bau- und Reparaturmaßnahmen. Durch die Schaffung dieser Sondervermögen sollte die kontinuierliche Erfüllung der einzelnen Aufgaben gewährleistet und einer Zweckentfremdung der dafür erforderlichen Mittel vorgebeugt werden.

Charakteristisch für die kirchliche Grundherrschaft ist ferner der große Einfluß, der von drei anderen verfassungsrechtlichen Institutionen auf sie ausgeübt wurde, dem Eigenkirchenrecht, der Vogtei und der Immunität.

Nach dem noch aus der Antike stammenden Eigenkirchenrecht behielt derjenige, der eine Kirche gründete, eine Reihe von Rechten über diese Kirche, ihre Geistlichkeit und ihren Besitz. Der Grundbesitz einer Eigenkirche unterlag der Verfügungsgewalt des Eigenkirchenherrn, der ihn zwar prinzipiell der Kirche nicht entfremden, wohl aber auch für eigene Zwecke nutzen konnte. Darüber hinaus hatte er die Möglichkeit, die Eigenkirche und den dazugehörigen Grundbesitz zu vererben, verkaufen, verschenken oder vertauschen. Viele Eigenkirchen waren in die Grundherrschaft weltlicher Herren eingegliedert, aber auch Bischöfe und Äbte besaßen zahlreiche Eigenkirchen als Bestandteile ihrer Grundherrschaften. Das Eigenkirchenwesen war von großer Bedeutung im frühen Mittelalter, denn die Kirche war bei der Gründung neuer Gotteshäuser auf die Mitwirkung der Grundherren angewiesen. Die kirchliche Reformbewegung des 11. und 12. Jahrhunderts bekämpfte das Eigenkirchenrecht, das dann in abgeschwächter Form als Patronat fortlebte.

Besonders bei Bistümern und Klöstern verbanden sich eigenkirchenrechtliche Vorstellungen mit der Vogtei, der Schutzherrschaft über Geistlichkeit und Kirche. Bei Bistümern und Reichsabteien war der König selbst der oberste Schirmherr *(defensor)*, der einen Vogt *(advocatus)* einsetzte, falls er die Wahl eines Vogtes nicht dem Bischof oder dem Abt und ihren Kapiteln überließ. Hatte ein Kloster einen adligen Herren als Stifter, behielt sich dieser nach Möglichkeit die Vogtei für sich und seine Nachkommen vor (Erbvogtei). Der Mißbrauch der Vogteirechte vor allem durch Erhebung von Abgaben in der kirchlichen Grundherrschaft führte vielfach zu harten Auseinandersetzungen zwischen den Kirchen und ihren

Vögten. Einzelne Bistümer und Klöster, aber auch ganze Orden strebten nach Vogtfreiheit, und die kirchlichen Reformbewegungen des Hochmittelalters drängten die Vogtei als Institution zurück. Mit der Intensivierung der Landesherrschaft übernahmen die Landesherren in der Regel den allgemeinen Kirchenschutz und machten die Vogtei damit überflüssig.

Einen Sonderstatus erhielten diejenigen Bistümer, Klöster und Stifter, denen vom König die Immunität verliehen wurde, die zumeist mit dem Königsschutz *(defensio, tuitio* oder *mundiburdium regis)* verbunden war. In den Immunitätsprivilegien wurde den öffentlichen Beamten, vor allem den Grafen, das Betreten des Immunitätsbezirkes verboten und die Erhebung von Abgaben untersagt. Die bisher dem König zustehenden Einkünfte fielen an die Kirche, die vielfach auch die Gerichtsbarkeit erwerben konnte. Die Immunität erstreckte sich zunächst nur über die Kirche selbst und den Bereich ihrer Grundherrschaft, doch konnten die Bistümer und eine Reihe von Abteien ihren Immunitätsbezirk über die Grundherrschaft hinaus ausdehnen und in Verbindung mit anderen Hoheitsrechten (Grafenrechten, Forst- und Bannrechten, Hochgerichtsbarkeit) zur Landesherrschaft steigern. Auch der Prozeß der Ausbildung einer geistlichen Landesherrschaft vollzog sich in der Regel im Widerstreit zwischen dem kirchlichen Würdenträger und den Vögten.

Diese Merkmale sind in erster Linie bei den Grundherrschaften der Bistümer, Benediktinerklöster und Chorherrenstifter anzutreffen, die zumeist sehr große Grundherrschaften besaßen. Die meist nur aus wenigen Hufen bestehenden Besitzungen der Pfarrkirchen wiesen eine Organisation auf, die man nur mit Vorbehalt als grundherrschaftlich bezeichnen kann. Die hoch- und spätmittelalterlichen Orden haben der Grundherrschaft und dem Grundbesitz gegenüber eine unterschiedliche Haltung eingenommen. Große Grundherrschaften haben die Ritterorden, vor allem der Johanniterorden, der Templerorden und der Deutsche Orden, erworben, während die sog. Bettelorden (Franziskaner, Dominikaner, Augustinereremiten, Karmeliter) zunächst das Armutsideal in vollkommener Weise zu verwirklichen suchten und die Erwerbung von Grundbesitz ablehnten.

Eine Sonderstellung haben die Zisterzienser, ein Reformzweig des Benediktinerordens, eingenommen. Sie erwarben zwar Grundbesitz, lehnten aber die Ausbeutung fremder Arbeitskraft ab und suchten mit der alten benediktinischen Forderung nach der Verbindung von Gebet und körperlicher Arbeit *(ora et labora)* wieder Ernst zu machen. Da aber eine Trennung zwischen den geistlichen Aufgaben und dem Wirtschaftsbetrieb in der Praxis kaum zu umgehen war, unterschied man zwischen den Mönchen und Konversen (Laienbrüder, *fratres barbati).* Die Laienbrüder trugen die Hauptlast der Bewirtschaftung der Grangien. Die Grangien (mlat. *grangia,* abgeleitet

von *granum* = Korn) waren Gutsbetriebe, zu denen keine abhängigen Bauernhöfe gehörten und die auch nicht mit Hilfe von Frondiensten bewirtschaftet wurden. Die Grangienwirtschaft erforderte größeren zusammen-
hängenden Grundbesitz, den der Orden durch Schenkungen, Kauf, Tausch
und Rodungstätigkeit erwarb. Dabei kam es auch zur Umwandlung von
Dörfern in Grangien. Große Zisterzienserklöster hatten mehrere hundert
Mönche und Laienbrüder und waren durch ihre wirtschaftliche Tätigkeit in
der Agrarproduktion und im Handel bedeutende wirtschaftliche Faktoren.
Wichtig war auch der Einsatz des Ordens in der deutschen Ostsiedlungsbewegung. Zu Beginn des 13. Jahrhunderts mußte die Grangienwirtschaft zu-
gunsten der Rentengrundherrschaft eingeschränkt werden.

Mehr noch als die königlichen und die kirchlichen Grundherrschaften haben die vielen *adligen Grundherrschaften* das wirtschaftliche und soziale Gefüge des mittelalterlichen Dorfes bestimmt und auf das tägliche Leben der Landbevölkerung eingewirkt. Nicht zufällig ist im allgemeinen Geschichtsbewußtsein der
Ritter zum Prototyp des Grundherrn geworden.

Eine strukturgeschichtliche Analyse der adligen Grundherrschaft ist nicht
nur wegen der Mannigfaltigkeit ihrer Erscheinungsformen, sondern auch
wegen der Vielschichtigkeit des Adelsbegriffes sehr schwierig. Für das frühe
Mittelalter ist die Geltung des Adelsbegriffs umstritten, und für das hohe
und späte Mittelalter wird der Begriff für eine recht heterogene Gesell-
schaftsschicht verwendet, die die Angehörigen der wirtschaftlich-sozial und
rechtlich differenzierten Ritterschaft (niederer Adel), aber auch die freien
Herren, Grafen und Landesfürsten umfaßte (Hochadel).

Auch die Grundherrschaft der weltlichen Großen hat Wurzeln, die
bis in die Spätantike zurückreichen. In den südlichen und west-
lichen Teilen des fränkischen Reiches knüpfte die frühmittelalter-
liche Grundherrschaft wenigstens partiell an den spätrömischen
Großgrundbesitz an. Im nördlichen Gallien ist eine solche Kontinuität nicht nachweisbar, und Alter und Ursprung der adligen
Grundherrschaft sind für dieses Gebiet, das zu den fränkischen
Kernlanden gehört, in der Forschung umstritten (vgl. S. 109). Der
Grundbesitz der weltlichen Großen wurde durch königliche
Schenkungen vermehrt, sicher aber auch durch Usurpationen,
durch die Unterwerfung kleiner freier Grundbesitzer unter die
Herrschaft mächtigerer Herren und durch grundherrliche Rodungstätigkeit. Die Ausbreitung grundherrlicher Verhältnisse wurde ohne Zweifel durch die Entstehung des Lehnswesens beschleunigt, denn der König und die weltlichen und geistlichen Großen
statteten ihre Vasallen mit Grundbesitz aus, der diesen die Existenz
als Berufskrieger gewährleisten sollte. Als adäquate Nutzungsform
für diese Lehngüter bot sich die Grundherrschaft an.

In der Karolingerzeit ist die weltliche Grundherrschaft in allen Teilen des Frankenreiches verbreitet, auch in den Stammesgebieten östlich des Rheins. Die Familien der politischen Führungsschicht, die sog. »Reichsaristokratie«, zu der die Herzöge, Markgrafen und ein Teil der Kronvasallen gehörten, verfügten über sehr große Besitzungen. Daneben gab es eine Vielzahl von mittleren und kleineren Grundbesitzern. Der große und mittlere Grundbesitz wies eine grundherrliche Organisations- und Wirtschaftsstruktur auf, während die weniger begüterten freien Grundbesitzer ihren Grund und Boden offenbar vielfach selbst mit Hilfe von Unfreien (Manzipien) bewirtschafteten. Es gab wohl fließende Übergänge von dieser archaischen Nutzungsform zur Grundherrschaft im rechtlichen und betriebstechnischen Sinne, denn stand genügend Land zur Verfügung, konnten überzählige Unfreie darauf angesiedelt werden, die zu Abgaben und Diensten auf dem Herrenhof verpflichtet blieben.

Für die Karolingerzeit ergibt sich eine sowohl in quantitativer wie in qualitativer Hinsicht bereits vielschichtige und differenzierte Besitzstruktur. Sie ist dadurch gekennzeichnet, daß eine relativ breite Schicht von freien Grundbesitzern auf einer Zwischenstufe zwischen einer rein bäuerlichen und einer rein grundherrlichen Wirtschafts- und Lebensführung stand. Die Grenzen zwischen bäuerlicher und grundherrlicher Existenz waren wohl noch fließend. Die Akkumulation von Grundbesitz in den Händen eines Freien führte zu wirtschaftlich-sozialem Aufstieg, während der Verlust der materiellen Basis eine herrenmäßige Lebenshaltung unmöglich machte.

In der deutschen Mediävistik dominierte bis vor wenigen Jahren eine andere Vorstellung von der frühmittelalterlichen Gesellschaftsstruktur. Für die extremsten Vertreter der »Adelsherrschaftstheorie« gab es auch damals nur Herrschende und Beherrschte, und die in den Quellen oft genannten Freien (liberi, ingenui, franci) wurden als sog. »Königsfreie« angesehen, die nicht wirklich frei waren, sondern nur »freie Unfreie«.
Neuere Forschungen haben dieses Bild korrigiert. Die Freien des Frühmittelalters bildeten einen einheitlichen Rechtsstand, gehörten aber unterschiedlichen wirtschaftlich-sozialen Schichten an. Freie erscheinen als Grundherren, als freie Bauern, als Vasallen, als Hintersassen der königlichen, kirchlichen und weltlichen Grundherrschaften und sogar als Angehörige der landlosen und entwurzelten Unterschichten. Vgl. dazu die Literatur auf S. 113f.

Bereits im Verlaufe des Frühmittelalters begann ein Prozeß der rechtlichen und geburtsständischen Abschließung der gesellschaftlichen Führungsschicht zum Stand der »Edelfreien« *(liberi et nobiles)*. Aus ihnen ging der Hochadel hervor, dessen Stellung durch die Verwaltung von Ämtern, die Ausübung von Herrschaftsrechten und den Besitz von Burgen und Grundherrschaften gekennzeichnet war. Im 11. und 12. Jahrhundert formierte sich dann als eine neue politisch-kriegerische Schicht der niedere Adel (Ministerialität oder Dienstmannschaft). Zur Erfüllung militärischer und verwaltungsmäßiger Aufgaben bedurften der König und die weltlichen und geistlichen Großen einer Dienstmannschaft, die sie zum größten Teil aus den Angehörigen ihrer eigenen grundherrlichen Familia rekrutierten. Die Ministerialen wurden zunächst mit Dienstlehen, später auch mit echten Vasallenlehen ausgestattet und rückten damit in eine grundherrliche Position ein.

Mit der Abschließung des niederen Adels im 12. Jahrhundert wurden die Grenzen zwischen dem hoch- oder niederadligen Grundherren und dem Bauern fest und nahezu unüberschreitbar. Der Bauer konnte nun auch durch den Erwerb von Grundeigentum nicht mehr zum Grundherrn werden. Die adlige Standesqualität, die auch zur Voraussetzung für die Ausübung der grundherrlichen Rechte gemacht wurde, hing von der Abstammung ab, nicht vom Besitz von Grund und Boden. Prinzipiell verlor auch der verarmte Ritter sein Ritterrecht nicht, doch kam es vor, daß Angehörige der ärmsten Schicht des niederen Adels ins Bauerntum zurücksanken.

Für eine wirklich standesgemäße adlig-ritterliche Lebenshaltung war bei der geringen Arbeitsproduktivität in der mittelalterlichen Landwirtschaft eine mittelgroße Grundherrschaft erforderlich. Viele kleine adlige Grundherren haben daher ihre Hintersassen stark ausgebeutet und in einer oft drückenden Abhängigkeit gehalten. Wie weit sie dabei gehen konnten, hing natürlich von verschiedenen Faktoren ab, etwa der Stärke des bäuerlichen Widerstandes, den Möglichkeiten der Landflucht oder den zwischen den verschiedenen Feudalgewalten bestehenden Rivalitäten.

Auch für die adligen Grundherrschaften war eine Streuung der Besitzungen mit einer gewissen Zentrierung um die Herrschaftsmittelpunkte charakteristisch. Der Grad der Mobilität war höher als bei der königlichen und kirchlichen Grundherrschaft, bedingt durch politische und wirtschaftliche, vor allem aber biologische Faktoren, die zur Vergrößerung der Grundherrschaften durch Erbfall oder zur Verkleinerung durch Erbteilungen führten.

Die adlige Grundherrschaft wird ferner dadurch gekennzeichnet, daß sie aus Besitzstücken unterschiedlicher rechtlicher Qualität bestehen konnte, aus Eigengut (Allod), Amtsgut und Lehen. Der

Lehnsbesitz stammte dabei nicht selten aus der Hand verschiedener Lehnsherren. Das jeweilige Besitzrecht des Grundherrn spielte für seine Stellung gegenüber den Grundholden eine untergeordnete Rolle.

Von besonderer Bedeutung war die *landesherrliche Grundherrschaft*. Der Besitz von grundherrlichen Rechten war für die Ausbildung der landesherrlichen Gewalt zwar wichtig, nicht aber ausschlaggebend, denn die Landesherrschaft basierte verfassungsrechtlich nie auf bloßer Grundherrschaft. Nur in einigen sehr kleinen Territorien deckten sich die Bereiche von Grund- und Landesherrschaft.

Der Umfang des landesherrlichen Grundbesitzes (Domäne, Kammergut) war für die Stellung des Landesherrn gegenüber dem landsässigen Adel, den Prälaten und den Städten wichtig, denn die Einnahmen aus der eigenen Grundherrschaft bildeten einen wesentlichen Teil der Staatsfinanzen. Sie sicherten dem Landesherrn eine gewisse finanzielle Unabhängigkeit, da sie nicht wie einige andere landesherrliche Einkünfte, zum Beispiel die Bede, vom Steuerbewilligungsrecht der Landstände abhängig waren. Die Größe und Ertragsfähigkeit der Domäne war in den einzelnen Territorien sehr unterschiedlich. Manche Landesherren betrieben eine erfolgreiche Wirtschaftspolitik und arrondierten ihren Grundbesitz, in anderen Territorien schrumpfte der landesherrliche Besitz durch Verlehnung, Verkauf und Verpfändung im späten Mittelalter stark zusammen. Erst Reformation und Säkularisation von Kirchengut brachten den protestantischen Landesfürsten wieder einen starken Zuwachs.

Die Organisations- und Wirtschaftsformen entsprachen in der Regel denen der jeweiligen Landschaft, doch führte die Verbindung von Grundherrschaft und Landesherrschaft vielfach zu einer Verknüpfung von grundherrlichen und staatlichen Verwaltungsfunktionen in den Händen der Domänenverwalter. Die Bedeutung der Domänen wuchs in der frühen Neuzeit noch an, da sie über ihre finanzpolitische Funktion hinaus zum Instrument der landesfürstlichen Wirtschafts- und Sozialpolitik wurden.

Im späteren Mittelalter gewann der *bürgerliche und städtische Grundbesitz* zunehmend an Gewicht. Das Bürgertum drang in den zuvor von Adel und Kirche beherrschten ländlichen Raum ein und adaptierte dabei auch die grundherrschaftlichen Rechts- und Wirtschaftsformen.

Die Angehörigen der städtischen Oberschichten erwarben nicht

selten in der näheren oder weiteren Umgebung ihrer Stadt Grundbesitz, den sie nicht selbst bewirtschafteten, sondern im allgemeinen in der Form der Rentengrundherrschaft nutzten. Der Umfang
des bürgerlichen Grundbesitzes war natürlich höchst unterschiedlich und reichte vom Erwerb einiger Grundrentenbezüge bis zu
sehr beachtlichen Großgrundherrschaften.

Der Bürger Heinrich Toppler aus Rothenburg ob der Tauber (gestorben
1408) schuf sich eine Grundherrschaft, zu der mehr als 300 Höfe mit dem
dazugehörigen Land, 31 Häuser, 23 Hofreiten, 7 Mühlen, 8 Wirtshäuser,
zahlreiche Waldungen und Gewässer gehörten. Die jährlichen Einkünfte
dürften mehr als 5000 Gulden betragen haben.
Ludwig Schnurrer, Der Bürger als Grundherr. Die Grundherrschaft Hein-
    rich Topplers von Rothenburg. In: Städtisches Um- und Hinterland in
    vorindustrieller Zeit, hrsg. von Hans K. Schulze (= Städteforschung Rei-
    he A, Bd. 22), Köln/Wien 1985.

Für die patrizische Spitzengruppe war die Erwerbung von Grundherrschaften sicher eine Frage des Sozialprestiges, und in der Tat
führte die Angleichung an den Lebensstil des Adels in einigen Fällen zum Aufstieg in den Ritterstand. In der Regel handelte es sich
aber um die Anlage von Handels- und Finanzkapital in Grundbesitz. Da diese relativ risikolose Kapitalanlage oft nur vorübergehend war, wechselte der Grundbesitz in der Umgebung der Städte
recht oft seinen Besitzer. Die Auswirkungen der Ausbreitung des
bürgerlichen Grund- und Rentenbesitzes auf die Lage der bäuerlichen Bevölkerung ist schwer zu beurteilen. Der Bürger als
Grundherr war ohne Zweifel ein scharfer, auf Gewinn bedachter
Rechner, hatte aber im allgemeinen keine außerökonomischen
Zwangsmittel zur Verfügung, da ihm die gerichtsherrlichen und
obrigkeitlichen Rechte fehlten. Die bürgerliche Grundherrschaft
war zumeist auf Zins- und Rentenbezug reduziert.
Zu einem beträchtlichen Teil war auch der Grundbesitz der Bürger
lehnrechtlich gebunden, d. h. der Bürger war nicht Besitzer, sondern Lehnsinhaber seiner grundherrlichen Güter. Der »Lehnbürger« besaß allerdings nur die passive Lehnsfähigkeit und konnte
selbst daher keine Vasallen haben. Er war im allgemeinen auch
nicht wie die ritterlichen Lehnsträger zum Heeresdienst und zur
Hoffahrt verpflichtet, sondern er zahlte seinem Lehnsherrn eine
Abgabe, die »Lehnware« (vgl. S. 86).
Von den ländlichen Gütern der einzelnen Bürger sind die grundherrlichen Besitzungen der Kommunen zu unterscheiden. Die meisten größeren Städte erwarben in ihrem Umland Grundbesitz,
darunter ganze Dörfer. In diesem Falle war die Stadt als Korpo-

ration Grundherr. Der Rat übte über diese Ratsdörfer (Stadtdörfer, Kämmereidörfer) die grundherrlichen Rechte aus und zog die Abgaben ein, die der Stadtkasse zugeführt wurden. Nicht nur der Rat, sondern auch andere städtische Institutionen erwarben Grundbesitz, etwa die Hospitäler, Gilden und Zünfte.

Im 14. Jahrhundert zeigen sich kräftige Ansätze zur Ausbildung städtischer Territorien durch den Erwerb von grundherrlichen Rechten, zu denen dann auch andere obrigkeitliche Rechte kamen. Hinter der zielgerichteten Territorialpolitik, die vor allem bei den Reichsstädten zur Entstehung von unabhängigen Territorien führte, standen nicht immer nur wirtschaftliche Interessen, sondern auch politische. Für alle Städte war der Schutz ihrer unmittelbaren Umgebung von größter Bedeutung. Innerhalb dieser städtischen Territorien dominierten die kommunalen, korporativen und bürgerlichen Grundherrschaften.

c) Die grundherrschaftliche Familia

Die Angehörigen einer Grundherrschaft bildeten eine Gemeinschaft, die in den früh- und hochmittelalterlichen Quellen oftmals als »familia« bezeichnet wird. »Familia« ist demnach ein von der Geschichtswissenschaft übernommener Quellenbegriff. Um Mißverständnisse zu vermeiden, wird meist von der »grundherrschaftlichen Familia« im Unterschied zur »Familie« im üblichen Wortsinne gesprochen.

In der Antike bezeichnete *familia* (verwandt mit *famulus* = Diener) den Kreis der zum Hause eines Herrn gehörenden Personen, aber auch die Familie im modernen Sinne. Im Mittelalter erweiterte sich der Bedeutungsgehalt auf die zu einer Grundherrschaft gehörenden Hintersassen. Der ahd. Ausdruck dafür war offenbar *hîwiski* = zum Hause gehörig. Daneben hatte *familia* aber auch im Mittelalter die Bedeutung »Familie«.

Die grundherrschaftliche Familia als »Rechts-, Arbeits- und soziale Gemeinschaft« (LINCK, Sozialer Wandel) wird durch die gemeinsame Zugehörigkeit zu einer Grundherrschaft gekennzeichnet. Sie ist damit ein auf Herreneigentum an Grund und Boden beruhender Personenverband, dessen Angehörige dem Hofrecht unterstanden. Der Zusammenschluß der Grundholden zu einer Familia ist nachweisbar für die königliche Grundherrschaft *(Capitulare de villis)*, für kirchliche Grundherrschaften und für die Besitzungen großer weltlicher Herren. Man darf annehmen, daß auch in kleineren

Grundherrschaften Ansätze zu Ausbildung eines Hofverbandes vorhanden waren.

Die Familia umfaßte keineswegs nur »Leibeigene«, sondern Personen in unterschiedlicher rechtlicher, wirtschaftlicher und sozialer Stellung. Zum engeren Kreis der Familia gehörten Unfreie und Minderfreie, die weitgehend dem Hofrecht unterlagen, zum weiteren die Hintersassen freien Standes, für die das Hofrecht nur in bezug auf ihre grundherrlich abhängigen Güter galt.

Im frühen und hohen Mittelalter wurden die Fronhöfe mit Hilfe von Unfreien *(mancipia, servi)* bewirtschaftet. Diese »unbehausten Unfreien« *(servi non casati)* besorgten dort die täglich anfallenden Arbeiten und wurden bei der Bestellung des Sallandes durch die frondienstpflichtigen Grundholden unterstützt. Rechtlich waren sie der Teil der Familia, der der Verfügungsgewalt des Herren am stärksten unterworfen war. Sie konnten auf Grund ihrer leibherrlichen Abhängigkeit verkauft, vertauscht oder verschenkt werden. Die Ansiedlung von Unfreien ist bereits in altgermanischer Zeit üblich gewesen, in der sie den Ausgangspunkt für die Ausbildung grundherrschaftlicher Abhängigkeitsverhältnisse bildete. Diese Form der Ausnutzung unfreier Arbeitskraft war unter bestimmten gesellschaftlichen Verhältnissen offenbar besonders effektiv. Der Herr übergab dem Unfreien Grundbesitz zur relativ selbständigen Bewirtschaftung. Die Sklaven wurden dadurch zu selbständig wirtschaftenden Bauern mit beschränkter Rechts- und Geschäftsfähigkeit.

Als »behauste Unfreie« *(servi casati)* werden sie im frühen Mittelalter in den Quellen erwähnt. Sie waren unmittelbar am Ergebnis ihrer Arbeit beteiligt. Ihre Güter blieben im grundherrlichen Verband und treten in den Quellen als *mansi serviles* in Erscheinung. Der Rechtsstand des Unfreien änderte sich durch die Übergabe eines Hofes *(mansus, huoba)* nicht prinzipiell, doch besserte sich de facto seine Lage. Er und seine Familie wurden als Pertinenz des Gutes betrachtet und in der Regel nicht mehr ohne den Hof veräußert. Auf diese Weise wurde er an einer guten Bewirtschaftung des Landes interessiert. Es entstand allmählich eine Art Miteigentum am grundherrlichen Land auch für den Unfreien, der kleinere Rechtsgeschäfte selbständig, größere mit Zustimmung des Herrn tätigen konnte.

Während des ganzen Mittelalters gab es Personengruppen, die rechtlich eine Zwischenstellung zwischen den Freien und Unfreien einnahmen. Sie werden in der wissenschaftlichen Terminologie als »Halbfreie« oder »Minderfreie« bezeichnet, in den Quellen als *liti, liberti, coloni, aldiones,* Bargilden usw. Ihre Zahl nahm in der Karolingerzeit zu, denn die Ansiedlung von Unfreien war recht oft mit einer Form der Freilassung verbunden, die nicht zur vollen rechtsständischen Freiheit führte. Die Freigelassenen blieben in einer Art von Schutzhörigkeit gegenüber ihrem Herrn. Bei einer Freilassung in der Kirche wurde dem Freigelassenen vielfach die Verpflichtung zu einer jährlichen Abgabe in Wachs auferlegt (»Wachszinsigkeit« oder »Zerozensualität«).

Die Zahl der Minderfreien wurde aber auch dadurch vergrößert, daß sich freie Leute veranlaßt sahen, sich nicht nur in grundherrliche, sondern auch gleichzeitig in persönliche Abhängigkeit zu begeben. Dies bedeutete für die Vollfreien einen rechtlich-sozialen Abstieg, der dadurch gemildert wurde, daß zumeist leichtere Formen der persönlichen Unfreiheit zur Anwendung kamen.

Innerhalb der grundherrlichen Familia bildeten die Minderfreien als *familia lidilis* eine eigene Gruppe; ihre Güter werden in manchen Güterverzeichnissen als Litenhufen oder Latenhufen *(mansi lidiles)* aufgeführt. Sie waren in geringerer Weise mit Abgaben und Diensten belastet als die Angehörigen der *familia servilis.*

Eine Sonderstellung innerhalb der grundherrlichen Familia nahmen die freien Hintersassen ein, da sie auf Grund ihres freien persönlichen Rechtsstandes im frühen Mittelalter zunächst dem König weiterhin zu Heeres- und Gerichtsfolge verpflichtet blieben. Ihrem Grundherrn unterstanden sie nur in den Angelegenheiten, die sich aus dem grundherrlich-bäuerlichen Rechtsverhältnis ergaben. Allerdings machte sich bereits in der Karolingerzeit die Tendenz zu einer Intensivierung der grundherrlichen Rechte gegenüber den freien Hintersassen bemerkbar. Vor allem die mit Immunität ausgestatteten großen Grundherren schoben sich zwischen den König und die Grafen als »Vertreter der Staatsgewalt« und die freien Grundholden, die immer stärker in die Familia einbezogen wurden. Ihre Besitzungen werden in den Quellen als *mansi ingenuiles* (Ingenuilhufen) bezeichnet.

Für die Karolingerzeit gibt es zahlreiche Belege für freie Hintersassen, zusammengestellt von Johannes Schmitt, Untersuchungen zu den Liberi Homines der Karolingerzeit (vgl. S. 113) S. 136 ff. Man wird annehmen dürfen, daß auch die freien Grundholden zur Familia gehörten, so daß diese keineswegs ausschließlich aus »Leibeigenen« bestand. Karl Bosl, Die »familia« als Grundstruktur der mittelalterlichen Gesellschaft. In: Zeitschrift für bayerische Landesgeschichte 38, 1975, kommt zu diesem falschen Schluß, da er auch die in den Quellen als *liberi* und *ingenui* erwähnten Personen irrtümlich für Leibeigene hält.

Die Unterschiede im persönlichen Rechtsstand der Grundholden (Freie, Minderfreie, Unfreie) verloren zwar allmählich an Bedeutung, spielten aber auch im hohen und späten Mittelalter vor allem im Eherecht und Erbrecht noch eine Rolle. Auch bestimmte Abgaben basierten auf dem persönlichen Rechtsstand des Pflichtigen. Insgesamt wirkte das Hofrecht, dem alle Angehörigen der Familia unterworfen waren, in sozialer Hinsicht nivellierend. Allerdings entstand daraus keine ganz homogene Schicht, denn es kommt zu einer funktionalen Differenzierung innerhalb der Familia größerer Grundherrschaften. Aus der Familia kommen die Verwalter der Fronhöfe (Meier, *villici*), die Inhaber der Hofämter (Marschall, Kämmerer, Truchseß, Mundschenk) und anderer Funktionen. Auf diese Weise entsteht eine Oberschicht innerhalb der Familia, besonders in den großen Grundherrschaften, deren Inhaber auch Befugnisse »öffentlich-rechtlicher Art« ausüben.

Aus den Angehörigen der Familia des Königs, der geistlichen und weltlichen Fürsten, Grafen und Herren steigt die Schicht der ritterlichen Dienstmannen *(ministeriales)* empor. Die Ministerialen, die im 11. und beginnenden 12. Jahrhundert noch zur Familia gehören, streifen die hofrechtlichen Bindungen ab und werden zu einer neuen sozialen Schicht, dem niederen Adel. Mit Dienstlehen und später sogar mit echten Lehen ausgestattet, werden sie selbst in aller Regel zu kleineren Grundherren. Die Merkmale der ursprünglichen persönlichen Unfreiheit gehen verloren. Im 12. Jahrhundert kommt es zur Abschließung des Ritterstandes nach unten; ein Aufstieg in den niederen Adel ist nun nur noch ausnahmsweise möglich.

Karl Kroeschell, Art. »Familia«. In: HwbDt.RG I, Sp. 1066f.

Ludolf Kuchenbuch, Bäuerliche Gesellschaft und Klosterherrschaft im 9. Jahrhundert. Studien zur Sozialstruktur der familia der Abtei Prüm, Wiesbaden 1978 (= Beiheft der VSWG 66).

Eberhard Linck, Sozialer Wandel in klösterlichen Grundherrschaften des 11. bis 13. Jahrhunderts. Studien zu den familiae von Gembloux, Stablo-Malmedy und St. Trond, Göttingen 1979 (= Veröff. d. Max-Planck-Instituts f. Geschichte, Bd. 57).

d) Hofrecht und Hofgericht

Die Angehörigen einer Grundherrschaft bildeten auch einen Gerichtsverband, denn das Zusammenleben innerhalb einer Grundherrschaft bedurfte rechtlicher Regelungen. Für Fragen des grundherrlich-bäuerlichen Verhältnisses und Streitigkeiten, die ausschließlich grundherrschaftliche Angelegenheiten betrafen, war das jeweilige Hofgericht zuständig. Die Gerichtsgewalt des Grundherrn über seine Hintersassen war eine partielle Gerichtsbarkeit, denn für Kriminalfälle und Prozesse mit Personen außerhalb der grundherrlichen Familia waren in der Regel Gerichte mit landrechtlicher Kompetenz zuständig. Nur falls der Grundherr durch Privilegierung oder auf anderem Wege eine weitergehendere Gerichtsgewalt erlangt hatte, waren die Grundholden ihm über die hofrechtlichen Fragen hinaus unterstellt. Allerdings waren Hofgerichtsbarkeit und die auf der Immunität basierende Hoch- und Niedergerichtsbarkeit nicht immer klar zu unterscheiden. Mit der Herausbildung von Dorfgerichten kam es vielfach zu einer Konkurrenz zwischen Hof- und Dorfgericht.

Für die Regelung der Rechtsbeziehungen innerhalb der Grundherrschaften entwickelten sich spezielle Hofrechte oder Hofordnungen. Anfangs war Hofrecht wohl ungeschriebenes Recht, das erst seit dem 11. Jahrhundert in zunehmendem Maße schriftlich fixiert wurde. Die schriftliche Festlegung hängt wahrscheinlich mit Differenzierungs- und Emanzipationsprozessen innerhalb der grundherrlichen Familia im 11./12. Jahrhundert zusammen (Wormser, Limburger und Bamberger Hof- und Dienstrechte des 11. Jahrhunderts). Die Kodifizierung des Hofrechts stellte die Beziehungen zwischen Grundherrn und Grundholden auf eine feste rechtliche Basis, denn auch der Grundherr war künftig an diese Regelungen gebunden.

Es ist zu beachten, daß es kein einheitliches Hofrecht gab, sondern eine Vielzahl von einzelnen Hofrechten, denn im Prinzip konnte sich im Rahmen eines jeden Fronhofsverbandes ein besonderes Recht ausbilden. Größere Grundherren strebten danach, die Hofrechte wenigstens innerhalb ihrer Grundherrschaft zu vereinheitlichen. Wesentlicher Inhalt der verschiedenen Hofrechte ist die Regelung der Höhe und Art von Abgaben und Diensten, des bäuerlichen Besitz- und Erbrechtes, der Modalitäten der Hofübergabe und der Formen der Ausübung der grundherrlichen Gerichtsbarkeit.

In den älteren Hofrechten ist auch das Dienstrecht der Ministerialen enthalten, die sich im 11./12. Jahrhundert zu einer besonderen, ständisch gehobenen Gruppe innerhalb der Familia formieren. Das ›ius ministerialium‹ spaltet sich schließlich als Sonderrecht der ritterlichen Dienstmannen vom Hofrecht ab und wird zum »Dienstrecht«.

Die Anwendung des Hofrechts erfolgte im Hofgericht (Hubgericht, Bauding, *iudicium hubaticum* usw.), das als gebotenes und ungebotenes Ding im Fronhof zusammentrat, der deshalb in manchen Gegenden auch als »Dinghof« bezeichnet wurde. Den Vorsitz führte der Grundherr selbst oder sein Vertreter (Villikus, Meier, Vogt, Schultheiß usw.). Die Teilnahme war für alle Grundholden Pflicht; wer nicht erschien, hatte Buße zu zahlen, es sei denn, er konnte sich mit »echter Not« entschuldigen. Das Urteil selbst wurde von den Gerichtspflichtigen gefunden. Meist fungierten einige als Schöffen, während die übrigen Hofgenossen den »Umstand« bildeten. Durch die Urteilsfindung, die den hofhörigen Schöffen oblag, wurden die Hintersassen vor grundherrlicher Willkür geschützt und ihre Rechte gewahrt. Die Aufzeichnung der Hofrechte erfolgte ebenfalls nicht selten im Hofgericht; die rechtskundigen Männer, die das Hofrecht kund taten, waren in der Regel Grundholde. Die Aufzeichnung erfolgte im späten Mittelalter und der frühen Neuzeit oft in der Form des Weistums.

Dieter Werkmüller, Artikel »Hofrecht«. In: HwbDt.RG II, 1972, Sp. 213–215.

e) Leiherecht und Leiheformen

Grundlegend für das grundherrlich-bäuerliche Rechtsverhältnis ist die Tatsache, daß die Bauern ihre Güter nicht zu eigen besaßen, sondern damit von der Herrschaft beliehen waren. Diese bäuerliche »Leihe« wird in der Wissenschaft begrifflich und terminologisch vom vasallitischen »Lehen« unterschieden, obgleich in den Quellen selbst diese Unterscheidung nicht immer deutlich hervortritt. Die für das Lehnsverhältnis typischen Bezeichnungen ›beneficium‹ und ›lehen‹ werden auch nicht selten für die bäuerliche Bodenleihe verwendet.

Durch den Rechtsakt der Leihe erlangte der Beliehene die Nutzungsrechte an Haus und Hof, Grund und Boden. Die Eigentumsrechte des Grundherrn konnten dadurch so weit eingeschränkt werden, daß dieser über die vertraglich festgelegten Abgaben und Dienste hinaus kaum noch ein Zugriffsrecht behielt. Grundherr und Grundholden hatten Rechte verschiedener Art an ein und demselben Objekt. Da sich die Rechtsposition des Beliehenen unter Umständen praktisch der des Eigentümers annäherte, schuf man in der juristischen Theorie des Mittelalters die Rechtsfigur des »geteilten Eigentums« (vgl. S. 78), die auch im Lehnrecht als Hilfskonstruktion verwendet wurde.

Werner Ogris, Art. »Leihe«. In: HwbDt.RG II, Sp. 1820–1824.

Karl Siegfried Bader, Rechtsformen und Schichten der Liegenschaftsnut-
zung im mittelalterlichen Dorf, Wien/Köln/Graz 1973 (= Studien zur
Rechtsgeschichte des mittelalterlichen Dorfes, Bd. 3).
Wilhelm Ebel, Über den Leihegedanken in der deutschen Rechtsgeschichte.
In: Studien zum mittelalterlichen Lehnswesen, Sigmaringen 1960
(= Vorträge und Forschungen, Bd. V), S. 11−36.

Charakteristisch für das Leiherecht des Mittelalters und auch der
frühen Neuzeit ist die Mannigfaltigkeit der Leiheformen, die eine
systematische Darstellung erschwert. Es entwickelten sich im Laufe der Zeit zahlreiche regionale Sonderformen in den einzelnen
deutschen Landschaften. Ebenso ist es problematisch, allgemeine
Tendenzen in der Entwicklung des Leiherechtes und der Leiheformen anzugeben.

Eine im frühen Mittelalter offenbar weit verbreitete Rechtsform
war die Prekarie *(precaria)*. Es handelt sich dabei um eine für den
Prekaristen sehr günstige Leiheform, die vor allem im Zusammenhang mit »bedingten Schenkungen« an die Kirche angewandt wurde. Dabei wollte der bisherige Besitzer auf die Nutzung der tradierten Güter nicht verzichten und behielt sich die Nutzungsrechte auf
Lebenszeit vor. Er erhielt nach dem Vollzug der Schenkung seinen
bisherigen Allodialbesitz »auf Bitten« *(per precariam)* als zins-
pflichtiges Leihegut zurück. In formaler Hinsicht werden vier verschiedene Formen der prekarischen Leihe unterschieden. Bei der
precaria data werden Güter, die sich bereits in der Hand eines
Grundherrn befinden, an den Prekaristen verliehen. Bei der *precaria oblata* wird Eigengut einem Grundherrn übergeben und im Anschluß daran dem bisherigen Allodialbesitzer zur Nutzung überlassen. Von *precaria remuneratoria* wird gesprochen, wenn der tra-
dierte Allodialbesitz um grundherrliches Land vermehrt wird. Bei
der *precaria remuneratoria* wird also eine wirtschaftliche Verbesserung mit einer besitzrechtlichen Verschlechterung erkauft. Die *precaria ad excolendum* gehört in die Gruppe der Rodungsrechte,
denn der Prekarist erhielt vom Grundherrn Ländereien, die erst ur-
bar gemacht werden mußten.
Die Prekarie war ein sehr variables Instrument, denn sie ermöglich-
te sowohl die Herstellung lockerer als auch fester grundherrlicher
Bindungen. Die tatsächliche Stellung der Prekaristen war sehr unterschiedlich. Vornehme Leute tradierten ihre Güter gegen die
Zahlung eines Zinses, der sehr niedrig war und als Rekognitionszins nur die Anerkennung des kirchlichen Besitzrechtes sicherte.
Andere Prekaristen hatten sogar Frondienste zu übernehmen, die
sich allerdings unter Umständen von ihren Unfreien verrichten las-

sen konnten. Die Prekarie war eine Rechtsform, die es freien Leuten gestattete, ohne Minderung ihres freien Standes grundherrliche Bindungen einzugehen. Prekaristen mit größerem Besitz lebten ihrerseits als Grundherren und erkannten durch den Rekognitionszins nur das Obereigentum der Kirche an. Sie dürften nicht selten auch über Allodialbesitz verfügt haben.

Ein Beleg für diese Doppelstellung findet sich in einem Kapitular von 829 (Capit. II 193 c. 6). Es wird dort ein Unterschied gemacht zwischen denjenigen Hintersassen freien Standes, die kein Allod besitzen *(qui proprium non habent, sed in terra dominica resident)* und denen, die neben dem grundherrlichen Leiheland noch über Eigengut verfügen *(qui et proprium habent et tamen in terra dominica resident).* In Liegenschaftsprozessen waren nur die Freien *(liberi homines)* unbeschränkt zeugnisfähig, die Allod besaßen.

Die Skala der Leiheformen, die sich seit dem Hochmittelalter deutlicher abzeichnet, reicht vom Erbzinsrecht bis zur »Leihe auf Herrengunst«. Drei Hauptformen lassen sich unterscheiden:

1. *Erbzinsrecht:*
Haus und Hof, Grund und Boden werden an die Nachkommen vererbt, die in Rechte und Pflichten des Grundholden eintreten. Verkauf und Tausch waren in der Regel mit Zustimmung des Grundherrn möglich. Sofern keine persönlichen Bindungen bestanden, konnte der Bauer das Gut unter Wahrung bestimmter Fristen und unter Einhaltung bestimmter Rechtsformen aufgeben. Der Grundherr besaß nur geringe Eingriffsmöglichkeiten, solange Abgaben und Dienste fristgerecht geleistet wurden.

2. *Leihe auf Lebenszeit:*
Das Gut wird auf Lebenszeit an den Bauern verliehen (»Leibzucht«, »Lebtagrecht«, »Leibgeding«). Der Grundherr war nicht verpflichtet, es an die Erben zu verleihen. Wurde die Bäuerin mit einbezogen, spricht man vom »Zweileibgedinge«.

3. *Kurzfristige und widerrufliche Leiheformen:*
Bei kurzfristigen Leiheformen wurden die Güter in der Regel für einen Zeitraum von 3, 6, 9 oder 12 Jahren vergeben. Damit war eine Anpassung an den Rhythmus der Dreifelderwirtschaft intendiert. Das Leiheverhältnis konnte nach Ablauf der vereinbarten Frist verlängert werden. Für den Bauern ungünstig war die Leihe zu Freistiftrecht, da sie vom Grundherrn jährlich widerrufbar war.

In der Forschung wird allgemein die Auffassung vertreten, daß sich das Besitzrecht der Grundholden allmählich verbessert hat. In vielen deutschen Landschaften dominierte im späteren Mittelalter das Erbzinsrecht. Neben der Leihe entwickelten sich seit dem 13. Jahrhundert freie Pachtverhältnisse. Die Pacht ist ein rein dingliches Vertragsverhältnis, das keine personenrechtlichen Bindungen beinhaltet. Der grundherrlich gebundene Bauer wurde zum freien Pächter. Das Erbzinsrecht war für den Bauern im allgemeinen günstiger, da er im festen Besitz seines Hofes war und der Grundherr kaum Zugriffsmöglichkeiten besaß.

Der Grundherr konnte das Gut zurückfordern, wenn der Beliehene die Leistung von Zins und Dienst verweigerte, grundherrliches Land ohne Zustimmung des Herrn veräußerte oder den Hof vernachlässigte. Ebenso galt Ungehorsamkeit gegen den Herrn als zureichender Grund.

Auch kurzfristige Leihe- und Pachtformen konnten für den Beliehenen von Nutzen sein, denn die Herrschaft war vielfach für die Betriebsbereitschaft des Gutes verantwortlich und mußte nach Ablauf der vereinbarten Frist dem abziehenden Bauern die »Besserung«, d. h. seine Investitionen, abgelten.

Es ist klar, daß das Leiherecht die Position der Grundholden stark beeinflußt hat, doch kann aus ihm allein noch nicht auf die tatsächliche wirtschaftliche Lage des Bauern geschlossen werden, da sie noch von anderen Faktoren wie der Ertragsfähigkeit des Bodens, der Größe des Gutes, der Höhe der Abgaben und dem Umfang der Frondienste und nicht zuletzt den Absatzchancen abhängig war.

f) Abgaben und Dienste

Der primäre Zweck der Grundherrschaft war selbstverständlich die Versorgung des Grundherrn mit Subsistenzmitteln in Form von landwirtschaftlichen Produkten, Erzeugnissen des ländlichen Handwerks und Geld. Abgaben und Dienstleistungen stehen daher im Zentrum der alltäglichen grundherrlich-bäuerlichen Beziehungen. Die Auseinandersetzungen zwischen den Grundherren und ihren Hintersassen spielen sich zum größten Teil auf dieser Ebene ab, denn den Wünschen der Herrschaft nach Steigerung der grundherrlichen Einkünfte steht das Streben der Bauern nach Fixierung oder sogar Verringerung der Zins- und Dienstpflichten gegenüber. Umfang und Art der Abgaben und Dienste, die von der Grundherrschaft gefordert wurden, waren im einzelnen sehr unterschiedlich. Sie waren nicht nur von lokalen und regionalen Gewohnheiten abhängig, sondern sehr oft auch von der speziellen persönlichen und dinglichen Rechtsstellung des einzelnen Grundholden. Selbstverständlich unterlagen sie auch im Laufe der Jahrhunderte mannigfachen Wandlungen. Hinzu kommt, daß es neben den spezifischen grundherrlichen Lasten noch Abgaben und Dienste verschiedener Art gab, die ihren Rechtsgrund in der Leib-, Gerichts-, Vogtei- oder Landesherrschaft hatten. Eine klare Trennung ist bei der oft gegebenen Vermischung der verschiedenen Herrschaftsrechte nicht immer möglich.

Grundzins: Der Grundzins *(census, census de rure, landsculdi* usw.) ist die für das grundherrlich-bäuerliche Rechtsverhältnis besonders charakteristische Abgabe. Er war das Entgelt für die Nutzung von Grund und Boden, das generell, aber in unterschiedlicher Höhe gefordert wurde. Die Leistung erfolgte überwiegend in Form von Getreide oder Geld, zum kleineren Teil in Vieh, Geflügel und Eiern.

Der Grundzins war meist in seiner Höhe festgelegt, so daß der Zinspflichtige gegen willkürliche Steigerungen geschützt war. Bei Teilbau war der Grundholde verpflichtet, einen bestimmten Teil des Ernteertrages an den Grundherrn abzuliefern. Vorherrschend war der Halbbau, doch kamen auch andere Quoten vor. Der Halbpächter hieß *Halfe* oder *mediarius,* der Teilpächter allgemein *parciarius.* Beim Teilbau waren auch die Einkünfte des Grundherrn von den Schwankungen des Ernteertrages abhängig.

Weidezins: Für die Nutzung grundherrlicher Wälder und Weideflächen wurde ein Weidezins *(pascuarium, decima silvatica)* erhoben.

Laudemium: Bei einem Wechsel des Besitzers erhielt der Grundherr Handänderungsgebühren, die in den Quellen unter den verschiedensten Bezeichnungen auftreten. Der abziehende Bauer entrichtete ein »Abfahrtsgeld«, der neue Hofinhaber ein »Auffahrtsgeld«. Damit wurde die Zustimmung des Grundherrn zu dem Besitzwechsel erkauft. Vielfach wurde auch beim Tode des Hofinhabers ein Laudemium fällig, das vom Erben gezahlt werden mußte. Wenn die Höhe vom Wert des Gutes abhängig war, konnte es eine starke Belastung für den neuen Hofinhaber darstellen.

Bei den sog. Bauernlehen war beim Besitzwechsel die »Lehnware« fällig, doch konnte auch das einfache Laudemium als Lehnware bezeichnet werden.

Mortuarium: Das Mortuarium (Todfall) ist seiner Herkunft nach eine leibherrliche Abgabe. Ursprünglich hatte der Herr Anspruch auf den gesamten Nachlaß seiner Unfreien, doch wurde er dann reduziert auf das beste Stück Vieh (Besthaupt, Kurmede, Sterbhaupt) beim Tode des Mannes und das beste Gewand beim Tode einer Frau (Bestkleid, Gewandfall). Da das Mortuarium von den Erben zu leisten war, nahm es allmählich den Charakter einer Handänderungsgebühr an und konnte häufig durch eine Geldzahlung abgelöst werden.

Kopfzins und Heiratsgebühr: Ebenfalls leibherrlichen Ursprungs waren der Kopfzins *(census de capite, census capitalis)* und die Heiratsgebühr *(maritagium, Bedemund, Bumede),* die Unfreie an ihren Leibherrn zu zahlen hatten. Die Heiratsgebühr wurde meist nur von Frauen gefordert, die eine »ungenossame Ehe« eingingen, d. h. einen fremden Leibeigenen oder Grundholden heirateten. An die Person geknüpft war auch die *Wachszinsigkeit* (Zerozensualität). Die Zerozensualen waren zu einer Abgabe in Wachs an eine Kirche verpflichtet, doch galt diese Abgabe im Unterschied zum Kopfzins nicht als Zeichen der Unfreiheit, sondern gerade als Zeichen der Freiheit unter dem Schutz der Kirche.

Zehnt: Der Zehnt *(decima)* ist eine Abgabe kirchenrechtlichen Ursprungs, die im Prinzip kirchlichen Zwecken dienen sollte. Allerdings ergaben sich enge Verbindungen zur Grundherrschaft, denn vor allem die Klöster strebten danach, die Zehntrechte für ihren grundherrschaftlichen Besitz zu erlangen. Grundherrschaft und Zehntherrschaft lagen so in einer Hand. Zisterzienser und Prämonstratenser besaßen für ihren Grundbesitz Zehntfreiheit. Auch weltliche Grundherren haben vielfach den Zehnten für sich beansprucht und die Kirchen gezwungen, ihnen die Zehntrechte als Lehen zu überlassen.

Der Zehnt war eine Ertragsquote in Höhe des zehnten Teiles des Ernteertrages an Getreide (»großer Zehnt«). Dazu wurde von Obst und Gemüse der »kleine Zehnt« und vom Schlachtvieh der »Fleisch- oder Blutzehnt« gefordert. In manchen Landschaften kam es auch zur Fixierung des Zehnten. Eine besondere Form war der Neubruchzehnt (Novalzehnt, Rottzehnt, *decima novalium*), der von allen neu gerodeten Ländereien zu leisten war.

Weitere Abgaben grundherrlicher, gerichtsherrlicher, vogteilicher oder landesherrlicher Art waren unter anderem das Rauchhuhn und das Herdgeld, der Wurtzins, der Gerichtshafer, der Vogthafer, das Vogthuhn und das Vogtgeld, die Bede *(petitio)* oder die Steuer *(exactio).*

Frondienste: Verpflichtungen gegenüber dem Grundherrn waren in der Regel die Frondienste *(servicia, operae, opus servile,* Robot, Scharwerk usw.). Im frühen Mittelalter waren die Unfreien auf Grund ihrer leibherrlichen Abhängigkeit unbegrenzt dienstpflichtig. Vor allem die am Fronhof selbst lebenden Manzipien waren zu täglichen Arbeiten verpflichtet. Bauern unfreien Standes hatten in der Regel drei Tage pro Woche Frondienst zu leisten. Günstiger gestellt waren die Hintersassen freien Standes, deren Arbeitskraft oft nur in der Zeit der Aussaat und der Ernte benötigt wurde.

Der Umfang der Frondienste wurde meist durch die Festlegung einer bestimmten Anzahl von Tagen pro Woche fixiert, doch konnte statt dessen auch die Erledigung von bestimmten Arbeiten gefordert werden, zum Beispiel einige Morgen pflügen, eggen, umzäunen, säen und ernten. Die Belastungen durch die Frondienstpflicht waren im einzelnen sehr unterschiedlich; sie waren nicht nur von der absoluten Zahl der Frontage abhängig, sondern auch von der Zahl der Arbeitskräfte, die auf dem fronpflichtigen Gut zur Verfügung standen.

Das Hauptgewicht lag im allgemeinen auf den Ackerfronden, doch wurden in unterschiedlichem Umfang auch andere Dienste gefordert, zum Beispiel Fuhrdienste, Baufronden, Wachdienste und Mithilfe bei der Jagd (Jagdfronden). Besonders unbeliebt waren wegen der beschwerlichen und gefährlichen Wege die Fronfuhren *(angariae)*, um deren Dauer und Entfernung immer wieder Streitigkeiten ausbrachen.

Der Frondienst mußte in der Regel mit Zugvieh und Arbeitsgeräten der Fröner abgeleistet werden, daher spielte die Unterscheidung von Hand- und Spanndiensten eine große Rolle. In manchen Grundherrschaften war es Sitte, daß den Frönern Speise und Trank gereicht wurden.

Im Verlaufe des Mittelalters kam es vielfach zu einer Ablösung von Frondiensten durch Geldabgaben (Frongeld usw.). Eine Sonderentwicklung begann am Ausgang des Mittelalters in Ostdeutschland mit der Ausbildung der Gutsherrschaft und der Einführung von Frondiensten in diesem Raum, in dem zuvor dem Grundherrn nur der Grundzins zugestanden hatte.

Die tatsächlichen Belastungen der Bauern durch Abgaben und Dienste waren sehr unterschiedlich. Man kann davon ausgehen, daß zwar jeder Hof mit einem Grundzins und dem Zehnt belastet war, aber keineswegs mit allen hier aufgeführten Leistungen. Die Lage der Bauern war von verschiedenen Faktoren abhängig, nicht nur von der Höhe der Abgaben und Frondienste. Im allgemeinen dürfte den grundherrlich abhängigen Bauern nicht viel mehr als das Existenzminimum geblieben sein.

6. Die Grundherrschaft als Forschungsproblem

Die wichtigsten Vertreter der deutschen Rechts-, Verfassungs- und Wirtschaftsgeschichtsforschung des 19. und beginnenden 20. Jahrhunderts sahen in der Konzentration von Grund und Boden in wenigen Händen den Ausgangspunkt für die Entstehung der mittelalterlichen Grundherrschaft. Die Akkumulation von Grundbesitz führte nach dieser Auffassung zu sozialer Differenzierung und zur Ausbildung von Herrschaftsrechten über Grund und Boden und die darauf ansässigen Leute. Zu diesen grundherrlichen Rechten, die als Ausfluß des privaten Grundeigentums betrachtet wurden, seien dann durch Privilegierung oder Usurpation noch Befugnisse öffentlich-rechtlicher Art hinzugekommen, die den Grundherrn zum Träger staatlicher Funktionen im Bereich seiner Grundherrschaft machten. Die Rechtsfigur, die dabei häufig zur Anwendung kam, war die Immunität, der Ausschluß oder wenigstens die Einschränkung der Amtsgewalt des öffentlichen Richters über den grundherrlichen Besitz. Heftig umstritten war die Frage, ob die Entstehung der auf dem Grundeigentum basierenden Immunitätsbezirke eine Privatisierung und Auflösung des Staates bedeutete oder nicht.

Hinter dieser »Akkumulationstheorie« stand die Vorstellung von einer durch Freiheit und Gleichheit charakterisierten germanischen Verfassung und Sozialstruktur, die allmählich dadurch zerstört wurden, daß der Adel durch die Ansammlung von wirtschaftlicher Macht in Form von Großgrundbesitz auch politische Rechte erwarb. Als Hauptvertreter können INAMA-STERNEGG, LAMPRECHT, SCHMOLLER und CARO genannt werden. SEELIGER hielt ebenfalls an der Akkumulationstheorie fest, betrachtete aber die grundherrlichen Herrschaftsrechte nicht nur als verliehene oder usurpierte staatliche Rechte: »Grundherrschaft werden wir demnach als die mit dem Grundeigentum verbundenen und aus angehäuftem Grundeigentum selbständig entstandenen Herrschaftsgerechtsame charakterisieren« (Staat und Grundherrschaft in der älteren deutschen Geschichte, 1909, S. 2). Nach SEELIGERS Auffassung sind die obrigkeitlichen Herrschaftsrechte der großen Grundherren nicht auf staatliche Übertragung zurückzuführen, sondern wurzeln im Grundeigentum selbst, das seinem Inhaber politische Rechte über die dort Ansässigen verleiht. SEELIGER hält an der für die stark juristisch orientierte Forschung seiner Zeit selbstverständlichen Unterscheidung von Privatrecht und öffentlichem Recht im Mittelalter fest und nimmt für diese Herrschaftsrechte privaten Ursprung an, da sie nach seiner Meinung Attribut des Grundeigentums sind.

Mit dem Wesen der Grundherrschaft hat sich der Wiener Historiker Alfons Dopsch mehrfach beschäftigt und nachdrücklich die These vertreten, daß die grundherrliche Gewalt nicht einfach aus dem Grundbesitz abgeleitet werden könne. Durch bloße Akkumulation von Grundeigentum sei man nicht zum Grundherrn geworden, sondern nur dadurch, daß der Grundeigentümer eine hervorgehobene adlige Standesqualität besaß:

»Die öffentlichen Rechte, deren Übergang in private Hände als charakteristische Eigentümlichkeit des Lehenswesens gewertet wurde, konnten nicht von jedem Grundherrn erworben werden, auch nicht von sehr großen, sondern es mußten bestimmte Standesqualitäten vorhanden sein. Der hohe Adel, geistlich wie weltlich, erwarb jene Rechte nicht deshalb, weil er großer Grundbesitzer war, sondern vermöge seiner politischen Stellung neben dem König.«

Alfons Dopsch, Herrschaft und Bauer in der deutschen Kaiserzeit. Untersuchungen zur Agrar- und Sozialgeschichte des hohen Mittelalters mit besonderer Berücksichtigung des südostdeutschen Raumes, Wien 1939, 2. Aufl. Stuttgart 1964 (= Quellen und Forschungen zur Agrargeschichte, Bd. X), S. 5.

Dopsch gibt zu, daß der große Grundbesitz eine wichtige Rolle bei der Herrschaftsbildung gespielt hat, betont aber die besondere Bedeutung der adligen Herrengewalt für diesen Prozeß:

»Im ganzen betrachtet zeigt sich also, daß das Grundeigentum besonders dort, wo es in geschlossenem Umfang vorhanden war, eine wichtige Grundlage für die Ausbildung von Herrschaften gebildet hat; deren Gewalten sich aber aus sehr verschiedenen Rechten zusammensetzten und vielfach autogen, ohne Herleitung aus staatlichen Rechten, zustande gekommen sind, jedoch nur bei einer bestimmten adeligen Standes- bzw. Familienqualität der Grundeigentümer, nicht bei allen« (ebda. S. 21).

Da Dopsch der Meinung war, daß die sogenannte Grundherrschaft überhaupt nicht in erster Linie aus der Verfügungsgewalt über Grund und Boden herzuleiten sei, wollte er diesen nach seiner Ansicht unzutreffenden und sogar irreführenden Begriff aus der wissenschaftlichen Terminologie ausmerzen.

In der deutschen Mediävistik sind im Verlauf der letzten 50 Jahre vor allem von Theodor Mayer, Otto Brunner, Walter Schlesinger, Heinrich Dannenbauer und Karl Bosl neue Vorstellungen über Herrschaft und Staat im Mittelalter entwickelt worden, die auch für die Frage nach dem Wesen der Grundherrschaft von Belang sind.

Nicht in der Verfügungsgewalt über Grund und Boden, sondern in einer aus der germanischen Hausherrschaft erwachsenen »adligen Herrengewalt« sah man das für die Grundherrschaft entscheidende Element.

»Die Rechte des Herrn über die Hintersassen ... können nicht aus der bloßen Verfügungsgewalt über Grund und Boden abgeleitet werden. Insbesondere gilt das für seine gerichtsherrlichen Rechte und für jene dorfherrliche Gewalt, die in späterer Zeit in Südwestdeutschland als Zwing und Bann bezeichnet wird, der Sache nach aber auch anderwärts vorhanden ist, im mitteldeutschen Osten z. B. als dominium villae schon im 12. Jahrhundert voll ausgebildet entgegentritt. Dort, wo Grundherrschaft sich am einfachsten, klarsten und geschlossensten ausprägt, auf Rodungsboden und im ›Kolonialgebiet‹ des Ostens, lassen sich diese Rechte vielfach auch nicht aus Verleihung oder Usurpation erklären, sondern sind ein Ausfluß der adligen Herrengewalt selbst, und die Forschung ist heute geneigt, solche ›autogene Immunität‹, wie man gesagt hat, auch sonst anzuerkennen. Der Adel übte kraft eigenen Rechts eine Herrschaft aus, die Gerichtsbarkeit einschloß, deren Funktionen wir also heute ›staatlich‹ nennen würden. Es ist daher unzureichend, sie mit ›Grundherrschaft‹ zu bezeichnen, wie seit längerem erkannt ist. Sie ist vielmehr Herrschaft über Land und Leute.«

Walter Schlesinger, Herrschaft und Gefolgschaft in der germanisch-deutschen Verfassungsgeschichte (vgl. S. 40), S. 42 f.

Die von der neueren deutschen Forschung zu einem der entscheidenden Elemente der mittelalterlichen Verfassungsstruktur erhobene adlige Herrengewalt enthält Momente, die nach formaljuristischer Definition »öffentlich-rechtlicher« Natur sind, aber keiner besonderen Verleihung durch den König bedurften, sondern dem Adel gleichsam angeboren waren. Der Wirkungsbereich dieser autogenen adligen Herrengewalt konnte unter Umständen über den Grundbesitz hinaus ausgedehnt werden. Die Herrschaft des Adels war »Herrschaft über Land und Leute« (SEELIGER, Otto BRUNNER, SCHLESINGER), wie die des Königs auch. Königsherrschaft und Adelsherrschaft sind, so vermutete SCHLESINGER, aus einer alten, ursprünglich einheitlichen Herrengewalt hervorgegangen. Die in der älteren Forschung vieldiskutierte Frage nach den privatrechtlichen und öffentlich-rechtlichen Elementen in der mittelalterlichen Grundherrschaft wird in der modernen Mediävistik relativ einhellig als anachronistisch abgelehnt, da der einheitliche mittelalterliche Herrschaftsbegriff eine solche Trennung nicht zulasse.

Die grundherrliche Gerichtsbarkeit wird nicht mehr als ein Attribut des Grundeigentums aufgefaßt, sondern als Ausfluß der adligen Herrengewalt, die sich über den unter seiner Verfügungsgewalt stehenden Grund und Boden und die darauf ansässigen freien und unfreien Leute erstreckt und in mancherlei Formen darüber hinausgreift. Eine Privilegierung durch den König war für den Adel nicht erforderlich, da die Herrschaft des Adels über Land und Leute eben Herrschaft »kraft eigenen, angestammten Rechts« war. Der von DOPSCH geprägte Begriff der »autogenen Immunität« des Adels gehört inzwischen zu den fundamentalen Kategorien der Lehre von der mittelalterlichen Adelsherrschaft, deren Hauptwurzeln in der germanischen Hausherrschaft und Gefolgsherrschaft gesucht werden.

Die in der deutschen Mediävistik der letzten Jahrzehnte entwickelten Auffassungen über das Wesen mittelalterlicher Herrschaft sind zur herrschenden Lehre geworden, an der nur selten Kritik geübt wurde. Eine Überprüfung der Tragfähigkeit einiger Grundpfeiler des neuen Lehrgebäudes steht noch aus. Sie ist dringend erforderlich, denn der generelle Ersatz des Begriffes »Staat« durch den der »Herrschaft«, die Ableitung aller Herrschaft aus Hausherrschaft und Gefolgsherrschaft und die Annahme einer ursprünglich einheitlichen adligen Herrengewalt sind ebenso problematisch wie die Reduzierung der Freiheit auf ein bloßes Attribut der Herrschaft.

Karl Kroeschell, Haus und Herrschaft im frühen deutschen Recht. Ein methodischer Versuch, 1968 (= Göttinger rechtswissenschaftliche Studien, Bd. 70). Kroeschell übt prinzipielle Kritik an der Ableitung der mittelalterlichen Herrschaft aus der germanischen Hausherrschaft und an der Lehre von der ursprünglichen Einheitlichkeit aller Herrschaft.

Obgleich nicht zu bezweifeln ist, daß ein Grundherr »Herrschaft über Land und Leute« ausübt, hat sich der Vorschlag, den Begriff »Grundherrschaft« durch den der »Herrschaft über Land und Leute« zu ersetzen, nicht durchgesetzt, da dies nicht nur ein Kennzeichen der Grundherrschaft, sondern auch anderer Herrschaftsformen ist. Auch in der neueren Forschung wird der Terminus »Grundherrschaft« als Bezeichnung für eine spezielle, wenngleich vielschichtige Herrschaftsform verwendet. Die Diskussion darüber, ob und gegebenenfalls wie weit dem Besitz von Grund und Boden eine konstitutive Wirkung auf die Entstehung von Herrschaft zukommt, ist gewiß noch nicht abgeschlossen.

Gerhard Seeliger, Die soziale und politische Bedeutung der Grundherrschaft im frühen Mittelalter, Leipzig 1904 (= Abhh. d. Philolog.-hist. Kl.
d. kgl.-sächs. Gesell. d. Wiss. XXII).
Ders., Staat und Grundherrschaft in der älteren deutschen Geschichte,
Leipzig 1909.
Otto Brunner, Land und Herrschaft. Grundfragen der territorialen Verfassungsgeschichte Österreichs im Mittelalter, Wien 1939, 5. Aufl. 1965.
Walter Schlesinger, Herrschaft und Gefolgschaft in der germanisch-deutschen Verfassungsgeschichte. In: HZ 176, 1953, S. 225—275 (Wiederabdruck in: Ders., Beiträge zur deutschen Verfassungsgeschichte des Mittelalters I, Göttingen 1963, S. 9—52, Ergänzungen S. 335—338).

7. Ausblick

Für Wirtschaftsleben und Gesellschaftsordnung des Mittelalters
hat die Grundherrschaft über Jahrhunderte eine außerordentliche
Rolle gespielt. Königtum und Adel bezogen einen beträchtlichen
Teil ihrer Einkünfte aus ihren grundherrschaftlichen Besitzungen,
und auch für die Landesherren waren die Domänen wichtige Fi-
nanzquellen. Der niedere Adel, die Ritterschaft, war im allgemeinen weitgehend auf die Erträge aus seinen Grundherrschaften angewiesen. Auf Einkünften grundherrschaftlichen Ursprungs beruhte zum großen Teil die materielle Existenz der kirchlichen Institutionen; Bistümer und Domkapitel, Klöster und Stifter, Ritterorden und nicht selten auch Pfarreien waren zugleich Grundherren. Die für die Armen- und Krankenpflege so bedeutungsvol-
len Hospitäler bezogen in der Regel einen Großteil ihrer Einkünfte
aus ländlichem Grundbesitz, der in grundherrschaftlicher Weise
organisiert war. Selbst durch die Entstehung des mittelalterlichen
Städtewesens, die eine Intensivierung des Marktverkehrs und des
Geldwesens bewirkte und damit wesentliche Veränderungen im
wirtschaftlichen Gefüge hervorrief, wurde das System der Grundherrschaft nicht prinzipiell in Frage gestellt. Sowohl die Stadtge-
meinden als Korporationen als auch wohlhabende Bürger als Pri-
vatpersonen erwarben Grundbesitz auf dem Lande und wurden damit zu Grundherren.

Die Wirkungen der Grundherrschaft blieben aber nicht auf den
wirtschaftlichen Sektor der mittelalterlichen Gesellschaft beschränkt, sondern erstreckten sich auch auf andere Bereiche des Lebens. Die mittelalterliche Grundherrschaft war ein sehr komplexes
Sozialgebilde, in dem nicht nur ökonomische Beziehungen, sondern auch persönliche Bindungen und Abhängigkeiten zum Tragen

kamen. Sie war außerdem eine der Grundformen mittelalterlicher Herrschaft, die noch dadurch an Bedeutung gewann, daß sie vielfach eine enge Symbiose mit anderen Herrschaftsformen einging.

Obwohl die Grundherrschaft Beherrschung und Ausbeutung der Grundholden zur Folge hatte, darf man ihre Entstehung nicht allein unter dem Gesichtspunkt der Vernichtung eines freien Bauerntums sehen. Vielmehr dürfte sie notwendige gesellschaftliche Funktionen erfüllt und letztlich zum wirtschaftlichen Fortschritt beigetragen haben. Im Rahmen der Grundherrschaften vollzog sich eine Steigerung der Produktivität durch eine Verbesserung der Technik, die Pflege von Spezialkulturen und die Möglichkeit zur Arbeitsteilung. Dem einzelnen Bauern bot die Grundherrschaft ein gewisses Maß an sozialer Sicherheit durch ein festes System von Verpflichtungen und Rechten.

Die Grundherrschaft verdient auch deshalb die besondere Aufmerksamkeit des Historikers, weil sie eine periodenübergreifende Grundstruktur darstellt. Trotz der beträchtlichen Wandlungen, die sich im Laufe des Mittelalters und der frühen Neuzeit auf allen Gebieten des geschichtlichen Lebens vollzogen haben, blieben grundherrliche Abhängigkeitsverhältnisse bis zum Beginn des 19. Jahrhunderts erhalten. Auch die ostelbische Gutsherrschaft der frühen Neuzeit ist eine regionale Sonderform der Grundherrschaft. Die grundherrschaftliche Bindung von Grund und Boden und die mit ihr gekoppelten rechtlich-sozialen Beziehungen gehörten für mehr als ein Jahrtausend zu den charakteristischen Merkmalen der deutschen Agrarverfassung.

Strukturen der Grundherrschaft im frühen Mittelalter, hrsg. von Werner Rösener, Göttingen 1989 (= Veröffentlichungen des Max-Planck-Instituts für Geschichte 92).

Werner Rösener, Grundherrschaft im Wandel. Untersuchungen zur Entwicklung geistlicher Grundherrschaften im südwestdeutschen Raum vom 9. bis 14. Jahrhundert, Göttingen 1991 (= Veröffentlichungen des Max-Planck-Instituts für Geschichte, 102).

Werner Rösener, Agrarwirtschaft, Agrarverfassung und ländliche Gesellschaft im Mittelalter, München 1992 (= Enzyklopädie deutscher Geschichte, 13).

Abkürzungs- und Siglenverzeichnis

AfK	Archiv für Kulturgeschichte
ahd.	althochdeutsch
anord.	altnordisch
Bll. f. dt. LG	Blätter für deutsche Landesgeschichte
DA	Deutsches Archiv für Erforschung des Mittelalters
got.	gotisch
HistJb.	Historisches Jahrbuch
HwbDt. RG	Handwörterbuch zur deutschen Rechtsgeschichte
HZ	Historische Zeitschrift
JbbNat.-Ök.	Jahrbücher für Nationalökonomie und Statistik
JbMOD	Jahrbuch für Geschichte Mittel- und Ostdeutschlands
Kl.	Klasse
MGH Capit.	Monumenta Germaniae Historica Capitularia
MGH Const.	Monumenta Germaniae Historica Constitutiones
MGH DD	Monumenta Germaniae Historica Diplomata
MGH Form.	Monumenta Germaniae Historica Formulae Merowingici et Karolini aevi
MGH SS	Monumenta Germaniae Historica Scriptores
mhd.	mittelhochdeutsch
MIÖG	Mitteilungen des Instituts für Österreichische Geschichtskunde
mlat.	mittellateinisch
RhVjbll.	Rheinische Vierteljahrsblätter
SB	Sitzungsberichte
Ssp. Ldr.	Sachsenspiegel Landrecht
Ssp. Lnr.	Sachsenspiegel Lehnrecht
VSWG	Vierteljahrsschrift für Sozial- und Wirtschaftsgeschichte
ZAA	Zeitschrift für Agrargeschichte und Agrarsoziologie
ZfG	Zeitschrift für Geschichtswissenschaft
ZfO	Zeitschrift für Ostforschung
ZGOberrhein	Zeitschrift für die Geschichte des Oberrheins
ZSRG GA	Zeitschrift der Savigny-Stiftung für Rechtsgeschichte, Germanistische Abteilung
ZSRG KA	Zeitschrift der Savigny-Stiftung für Rechtsgeschichte, Kanonistische Abteilung

Sachregister

VERLAG FÜR GEISTES-, SOZIAL- UND WIRTSCHAFTSWISSENSCHAFTEN

Karl - Friedrich Krieger
Die Habsburger im Mittelalter
Von Rudolf I. bis Friedrich III.

268 Seiten. Kart. DM 30,-
ISBN 3-17-011867-6
Urban -Taschenbücher, Band 452

In der siegreichen Schlacht auf dem Marchfeld (1278) und mit dem Erwerb der österreichischen Herzogtümer schuf Rudolf von Habsburg (1218 – 1291) die Voraussetzung für den Aufstieg seines Geschlechts zur reichsfürstlichen Familie mit dem Anspruch auf die römisch-deutsche Königswürde. Bei der Durchsetzung dieses Anspruchs wurden die Nachfolger in erbitterte Auseinandersetzungen mit den rivalisierenden Dynastien Nassau, Wittelsbach und Luxemburg verwickelt und schließlich nach dem gescheiterten Gegenkönigtum Friedrichs des Schönen für über hundert Jahre von der Königsherrschaft ausgeschlossen.

Daneben ist es ihnen jedoch gelungen, ihre Besitzungen unter dem Begriff der „Herrschaft zu Österreich" zu einem relativ geschlossenen Territorialverband auszubauen, der allerdings durch die Teilung am Ende des 14. Jahrhunderts in eine schwere Krise gestürzt wurde.

Erst unter Kaiser Friedrich III. (1415 – 1493) konnte die Einheit wiederhergestellt und die Grundlage für den Aufstieg zur europäischen Großdynastie geschaffen werden.

Der vorliegende Band schildert diesen spannungsreichen Prozeß, wobei nicht nur die einzelnen Herrscherpersönlichkeiten gewürdigt, sondern auch die historischen Herrschaftsstrukturen und die Machtgrundlagen untersucht werden, die den machtpolitischen Spielraum der Herrschenden entscheidend geprägt haben.

MEDIEN+WISSEN ⋁⋁⋗⋘ Kohlhammer

W. Kohlhammer GmbH · 70549 Stuttgart · Tel. 0711/78 63 -280 · Fax 0711/78 63 -263

253-1194 336 MFG 4